全国铁道交通运营管理专业高职高专规划教材

Tielu Yunshu Anquan Guanli
铁路运输安全管理

杨松尧　主　编
于伯良　李海荣　副主编
冯春祥[沈阳铁路局]　主　审

U0328651

人民交通出版社股份有限公司
China Communications Press Co.,Ltd.

内 容 提 要

本书为全国铁道交通运营管理专业高职高专规划教材,内容包括:铁路运输安全管理概述、铁路行车事故处理、铁路行车安全管理、铁路货运安全管理、铁路客运安全管理和铁路运输事故的预防。

本书为高职、中职院校铁道交通运营管理专业教材,可作为铁路行业从业人员培训教材,也可供铁路相关行业人员参考。

* 为方便教学,本书配有教学课件,可通过加入职教铁路教学研讨 QQ 群索取(群号:211163250)。

图书在版编目(CIP)数据

铁路运输安全管理 / 杨松尧主编. —北京:人民交通出版社股份有限公司,2015.2
全国铁道交通运营管理专业高职高专规划教材
ISBN 978-7-114-11997-2

Ⅰ.①铁… Ⅱ.①杨… Ⅲ.①铁路运输—交通运输安全—安全管理—高等职业教育—教材 Ⅳ.①U298

中国版本图书馆 CIP 数据核字(2015)第 013646 号

全国铁道交通运营管理专业高职高专规划教材

| 书　　名:铁路运输安全管理
| 著 作 者:杨松尧
| 责任编辑:袁　方
| 出版发行:人民交通出版社股份有限公司
| 地　　址:(100011)北京市朝阳区安定门外外馆斜街 3 号
| 网　　址:http://www.ccpress.com.cn
| 销售电话:(010)59757973
| 总 经 销:人民交通出版社股份有限公司发行部
| 经　　销:各地新华书店
| 印　　刷:北京盈盛恒通印刷有限公司
| 开　　本:787×1092　1/16
| 印　　张:14.25
| 字　　数:341 千
| 版　　次:2015 年 2 月　第 1 版
| 印　　次:2018 年 5 月　第 5 次印刷
| 书　　号:ISBN 978-7-114-11997-2
| 定　　价:39.00 元

(有印刷、装订质量问题的图书由本公司负责调换)

全国铁道交通运营管理专业高职高专规划教材
编 委 会

委 员：（按姓氏笔画排序）

    王 琛 王 越 申金国 石 瑛

    刘 奇 刘柱军 吉增红 张 玮

    张 燕 张敬文 李玉学 李慧玲

    杨 亚 孟祥虎 夏 栋 蔡登飞

秘 书：袁 方

序　言

　　铁路作为国民经济的大动脉、国家重要基础设施和大众化交通工具,在国民经济社会发展中具有重要作用。经过近几年的建设和发展,我国铁路运输能力得到进一步扩充,技术装备现代化水平有了显著提高。目前,我国铁路的旅客周转量、货物发送量、货运密度和换算周转量均为世界第一。预计到2020年,全国铁路营业里程将达到12万km以上。

　　在大交通格局形成以及铁路快速发展的背景下,我国铁路职业院校招生、就业形势较好,培养的铁路从业人员素质也得到了普遍提高。我们为满足各职业院校对教材建设差异化的需求,针对目前职业教育"校企合作、工学结合"的教学改革形势,组织湖北、辽宁、陕西、天津、黑龙江、四川等铁路职业院校,编写了铁道交通运营管理专业高职高专规划教材,于2013年后陆续推出以下教材:

《铁道概论》
《铁路客运组织》
《铁路货运组织》
《铁路车站工作组织》
《铁路行车规章》
《铁路客运服务礼仪》
《铁路线路及站场》
《铁路运输安全管理》
《铁路运输法律法规》
《铁路客运组织习题集》
《铁路货运组织习题集》

　　本套教材具有以下特点:

　　1. 体现了工学结合的优势。教材编写过程中努力做到校企结合,聘请各地一线铁道运营管理人员参与进来,丰富了教材内容。

　　2. 突出了职业教育的特色。教材内容的组织围绕职业能力的形成,侧重于实际工作岗位操作技能的培养。

　　3. 遵循了形式服务于内容的原则。教材对理论的阐述以应用为目的,以够用为尺度。语言简洁明了,通俗易懂;版式生动活泼、图文并茂。

　　4. 整套教材配有教学课件,读者可于人民交通出版社网站免费下载;课后附有复习思考题和实践训练,方便教学使用。

　　希望该套教材的出版对职业院校铁道交通运营管理专业教材改革有所裨益。

全国铁道交通运营管理专业高职高专规划教材
编委会
2013年7月

前　言

　　2014年6月23日全国职业教育工作会议在北京召开，会议就《国务院关于加快发展现代职业教育的决定》意见进行了部署，科学总结近年来职业教育改革发展的经验，进一步明确了今后一个时期加快发展现代职业教育的方针政策、目标任务和重大举措，全面开创职业教育工作新局面。

　　本书是根据高等职业教育迅速发展的需要而编写的铁道交通运营管理专业教材，主要内容包括：铁路运输安全管理概述、铁路行车事故处理、铁路行车安全管理、铁路货运安全管理、铁路客运安全管理、铁路运输事故的预防。

　　本书由辽宁铁道职业技术学院杨松尧老师担任主编，吉林铁道职业技术学院于伯良老师、辽宁铁道职业技术学院李海荣老师担任副主编，沈阳铁路局运输处高级工程师冯春祥担任主审。参加编写工作的有：辽宁铁道职业技术学院杨松尧老师编写了第二章、第三章；吉林铁道职业技术学院于伯良老师编写了第四章；辽宁铁道职业技术学院李海荣老师编写了第五章、第一章第五节；南京铁道职业技术学院白荣老师编写了第六章；辽宁铁道职业技术学院孙志辉老师编写了第一章第一节至第四节。

　　本书在编写过程中，收集和参考了大量铁路现场关于运输安全管理方面的资料和事故处理的实际案例，得到了沈阳铁路局有关站段的大力支持，得到了兄弟院校教师的大力帮助，在此表示感谢。

　　由于编者水平有限，书中难免有不少疏漏之处，恳请各位老师和读者批评指正，以便今后改进。

编　者

2015年1月

目 录

第一章 铁路运输安全管理概述 ... 1
- 第一节 安全在铁路运输中的地位 ... 2
- 第二节 我国铁路运输安全现状及铁路运输安全特殊性 ... 7
- 第三节 铁路运输安全监察工作 ... 13
- 第四节 影响铁路运输安全的因素分析 ... 17
- 第五节 铁路运输安全管理的基础工作 ... 24
- 思考题 ... 35

第二章 铁路行车事故处理 ... 36
- 第一节 铁路运输安全法律体系 ... 36
- 第二节 铁路行车事故的分类和构成条件 ... 43
- 第三节 事故的报告、调查和处理 ... 52
- 第四节 铁路行车事故救援 ... 72
- 第五节 铁路突发情况的应急处理 ... 77
- 思考题 ... 87

第三章 铁路行车安全管理 ... 89
- 第一节 接发列车安全管理 ... 89
- 第二节 调车安全管理 ... 103
- 第三节 停留车安全管理 ... 112
- 第四节 行车调度指挥安全管理 ... 116
- 第五节 电气化铁路行车安全 ... 125
- 第六节 行车作业人身安全 ... 132
- 思考题 ... 137

第四章 铁路货运安全管理 ... 138
- 第一节 铁路货物安全运输管理特点及意义 ... 139
- 第二节 铁路货运安全保障体系 ... 143
- 第三节 货运安全管理的方针及主要措施 ... 146
- 第四节 货运事故处理 ... 148
- 思考题 ... 157

第五章 铁路客运安全管理 ... 158
- 第一节 安全检查管理 ... 158
- 第二节 旅客乘降安全管理 ... 160
- 第三节 列车秩序安全管理 ... 163
- 第四节 安全设备管理 ... 175
- 第五节 班组安全管理 ... 182

第六节　突发事件应急处置管理…………………………………183
　　思考题………………………………………………………………193
第六章　铁路运输事故的预防……………………………………………194
　　第一节　贯彻"安全第一、预防为主"的方针……………………194
　　第二节　培养职工健康的心理素质………………………………198
　　思考题………………………………………………………………203
附录　《铁路安全管理条例》……………………………………………204
参考文献……………………………………………………………………215

第一章　铁路运输安全管理概述

★ **教学目标**

本章主要讲述了安全在铁路运输中的地位；我国铁路运输安全现状及铁路运输安全的特殊性；铁路运输安全监察工作；影响铁路运输安全的因素分析；铁路运输安全管理的基础工作等内容。通过本章的学习，使学生了解安全在铁路运输中的重要地位、我国铁路运输安全的现状、铁路运输各级监察机构的职责，掌握铁路运输安全的特殊性、人员因素对铁路运输安全的影响、行车安全系统的管理原则、行车重点管理工作、安全管理的手段，使学生树立安全第一的意识。通过实际案例讲解，使学生吸取前人的教训，总结经验，将所学规章制度的理论知识充分与实际结合，为将来工作奠定良好的基础，为铁路运输事业做出贡献。

★ **建议学时**

16 学时。

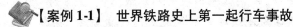
【案例 1-1】　世界铁路史上第一起行车事故

1825 年，世界上第一条铁路通车时就发生了行车事故。事故不大，却意味深长……

1825 年 9 月 27 日，世界上的第一条铁路——英国达林顿至斯托克顿铁路正式通车营业，并举行盛况空前的表演。检阅式由 5 列列车组成。第一列由运动号（Locmotion）蒸汽机车牵引，后挂煤水车、若干辆货车和 11 辆客车。客车编挂在列车中间，专供铁路公司的官员乘坐；在一些货车内加上座位供一般旅客乘用；其他货车则满载着煤和面粉。除第一列车外，其余 4 列车均由 1 匹马拖 6 辆货车。第一列车由机车的设计者乔治·斯蒂芬森（George Stepeson）亲自操纵机车。上午 9 时，列车在奏乐声和欢呼声中出发，铁路两旁人山人海，许多小伙子和孩子跟着火车奔跑，也有人骑马沿路相随。途中曾发生过脱轨，经修复后继续前进。机车平均时速为 13km，最高时速达到 24km。这是世界上正式办理客货运营的第一条铁路。因此，人们把 1825 年作为世界上第一条铁路诞生的年代。这趟列车的开行，成了当时轰动一时的大事，从而引起了运输生产力划时代的重大改革。

资料没有详细记载当时列车脱轨的情形，但是火车脱轨，这是一次行车事故，并影响了行车的时间。

案例说明从开始时起，铁路安全问题就伴随着铁路运输发展而产生了。安全与运输，如影随形。其实，不安全的风险无处不在，关键在于预防与控制。安全是相对于危害而言，即指没有危险，不受威胁，不出事故，没有能导致人员伤亡或造成设备损坏、财产损失以及危害环境的条件，就是安全。因此，安全是相对的，当危害性低于某种程度时，即可认为是安全的。铁路运输安全，就是把旅客和货物平平安安地运达目的地。在运输的全过程中没有危险，不受威胁，不出事故。

铁路运输安全是世界铁路发展面临的共同的话题和课题。随着科学技术日新月异，世界各国都采用最新科技成果研制的新设备，来保证铁路运输的安全。但是，即使在发达国家,每年仍由于各种不同的原因而不断发生不同的铁路交通事故,并在政治上、经济上造成重大损失。这是为什么呢?因为影响铁路安全的因素很多,除了技术设备、规章外,还有许多难以控制的因素,例如气候、雨、雪、雾、风暴、泥石流等自然灾害,还有许多事故是人为的,例如操作人员的违章,民众的安全意识淡薄,法制观念缺乏,没有科学知识,更有甚者是人为的破坏,都可以导致和引发铁路交通事故。

第一节 安全在铁路运输中的地位

【案例 1-2】 世界铁路史上第一起死亡事故

世界上第一个在火车轮下丧生的人是英国的下院议员赫斯基森。

1830年9月15日,英国利物浦至曼彻斯特铁路按期完工,盛大的通车典礼在利物浦车站举行。参加检阅的列车由"火箭号"和"诺森伯兰人号"等7台机车及许多客车编组而成。这一天宾客云集,热闹非凡。由于世界上第一条营业铁路在英国诞生还不到5年,火车常被一些封建保守势力说成是"异端邪说的产物"。鉴此,大家都想看个新鲜。600名应邀嘉宾也兴高采烈分乘各组列车由利物浦车站出发,向曼彻斯特疾驶而去。正常行车速度为32~40km/h。当列车行至帕克赛德时,机车补水。斯蒂芬森操纵的"诺森伯兰人号"也利用这个机会把威灵顿公爵一行人乘坐的客车调往侧线,以便让他们观看到正线上以"火箭号"为首浩浩荡荡前进的车队。这时,赫斯基森心不在焉地站在正线轨道上,当"火箭号"机车临近时,他想往公爵的客车上爬。但为时已晚,躲闪不及,结果被压断一条腿,当即由"诺森伯兰人号"机车送往距帕克赛德24km的地方医院去抢救。最高速度达58km/h,只用了25min便到达目的地。这在当时已是创纪录的速度。可是,议员终因伤势过重,抢救无效而于当晚死亡,成为铁路有史以来第一起死亡事故。消息不胫而走,很快传遍英国直至整个欧洲。人们从这起事故中虽然看到了使用一种新的运输工具可能会带来危险,但更重要的是发现了货车运输的优越性及强大的生命力,使人们更加重视铁路运输的作用,并由此注重加强了行车中的安全措施,不少安全规章制度就是由此而产生的。

我国是一个典型的大陆性国家,经济联系和相互交往跨度大,需要有一种强有力的运输方式将整个国家和国民经济联系起来,同时引导和促进其他运输方式的发展。铁路最显著的特点是载运质量大、运行成本低、能源消耗少,既在大宗、大流量的中长距离的客货运输方面具有绝对优势,而且也在大流量、高密度的城际中短途旅客运输方面具有很强的竞争优势,是最适合我国经济地理特征和人们收入水平的区域骨干运输方式,这也决定了铁路在我国运输市场中应居于主导地位,因此铁路是我国重要的基础设施、国民经济的大动脉、交通运输体系的骨干,安全、准确、迅速、经济地输送旅客和货物是铁路的职责。

运输安全是运输生产系统运行秩序正常、旅客生命财产平安无险、货物和运输设备完好无损的综合表现,也是在运输生产全过程中为达到上述目的而进行的全部生产活动协调运作的结果。铁路运输作为现代社会主要的运输方式之一,确保运输安全是第一要务,安全是整个运输工作的核心。铁路运输生产的根本任务就是把旅客和货物安全及时地运送到目的地,但是铁路是一个大联动机,具有高度集中、半军事化、各个工作环节紧密联系和协同动作的特点,铁路运输工作是一个由互相联系、互相影响的多部门、多单位所组成的完整的系统,在这个系统中,各部门、各单位、各工种间的紧密联系和协调一致对于保证铁路运输安全有着决定性的意义。因此,铁路运输生产的作用、性质和特点,都决定了铁路运输必须把安全生产摆在各项工作的首要位置。

一、安全在铁路运输管理中的地位

(一)安全是铁路运输适应经济和社会发展的先决条件

铁路是我国主要的现代化交通工具,我国有超过70%的人出行时会首先选择铁路,因此铁路运输行业对经济、社会和科技发展、满足人民物质和文化生活需要起着重要作用。作为国家的基础设施,铁路运输安全既保证了国家重点物质、重要工程建设、重大科研基地及军事运输的需要,也为地方区域经济开发、招商引资和科技发展带来了生机和活力。作为公益服务事业,铁路运输安全保障了人民生命财产不受伤害和损失,提高了广大人民群众的生活质量。随着国家经济体制改革步伐的加快,铁路作为国民经济的大动脉,如果发生事故,特别是重大、大事故,造成行车中断,甚至造成车毁人亡的严重后果,无疑将会给人民带来不幸,给国家造成巨大损失。

事实证明,铁路运输安全的可靠程度,不仅直接关系到我国社会主义市场经济的健康发展和改革开放的进程,而且直接影响社会生产、社会生活和社会的安定,甚至影响国家的声誉和形象。

(二)铁路运输安全的特殊地位是由铁路运输生产的特点所决定的

铁路运输的安全问题,有着与其他运输方式不同的特征,这主要是由于铁路运输是在特定的线路上运行,运输的技术组织具有"大联动机"特性,需要车、机、工、电、辆、供电多部门的协同配合;由于运输生产的"结合部"较多,所牵扯的生产工种较多,因而安全工作的难度相对较大。另一方面,随着运输市场的不断发展,各种运输方式的竞争也在不断加剧,运输管理体制、经营机制、利益分配等也在发生深刻的变化,也增加了铁路运输生产安全的复杂性。概括起来讲,铁路运输安全工作的特点主要体现为连续性、动态性、开放性、伴随性、高风险性和系统性等6个方面。

1. 连续性

连续性要求铁路运输生产的产品即"位移"必须以安全作为保证。如果某一生产过程发生了事故,造成位移过程的中断,也就是运输产品生产过程的中断,就等于生产出了"废品"或"次品"。铁路运输生产的各个部门、各个环节是环环相扣、缺一不可的,只有协调一致,才能保障运输生产的正常进行,任何一个环节发生事故都会影响一条线甚至一大片,波动范围很大。

2. 动态性

动态性是指运输生产"位移"过程中处于时空的巨大变换之中,不可预料的因素很多,所以要求每位职工都要把安全放在第一位,不能发生任何差错,稍有不慎,就会造成不可挽回的巨大损失。

3. 开放性

铁路运输生产属于全天候作业,受外界干扰的因素较多,又是露天环境,受自然条件的影响较大,只有在确保安全的前提下,运输生产才能不间断地进行。它要求每位职工都要忠于职守、坚守岗位、遵规守纪、全神贯注,不能有任何疏忽。由此可见,保证安全是由铁路运输生产自身的特点所决定的,是其内在的客观要求。

4. 伴随性

安全依附于生产而存在,只要有铁路运输生产活动,运输安全问题就必然会发生;从另一角度看,由于市场机制的作用,企业间的竞争在不断加剧,伴随竞争而引发的安全隐患也在不断增加。

5. 高风险性

随着现代科学技术的发展,铁路运输生产活动广泛采用高新技术,客运高速化、货运重载化使铁路各种技术系统的复杂程度在增加,而相应的安全事故的风险性也在随之增加,铁路运输安全工作的艰巨性越来越大。

6. 系统性

铁路运输系统是一个开放系统,安全问题涉及铁路运输生产的各个环节,以及铁路运输技术系统的各个方面,包括人员、设备、环境、管理等诸多因素,需要用系统工程的方法加以分析、综合和处理,才能收到更好的效果。

(三)安全是铁路运输产品最重要的质量特征

铁路运输业是一个从事社会化运输的物质生产部门,运输是生产过程在流通过程中的继续。运输生产的全部意义就在于有计划、有目的、有成效地实现旅客和货物空间位置的移动,"位移"即为铁路运输的产品。产品的数量以吨公里、人公里(或换算吨公里)计算,产品质量特性包括安全、准确、迅速、经济、便利和文明服务,其中安全最为重要。

就货物运输而言,任何企业的产品只有从生产地安全运达消费地后,才能实现其使用价值,产品的整个生产过程才算最后完结,运输产品"位移"的质量和社会价值也同时得到体现。"位移"这种产品既不能储存,也不能调剂,它在运输生产的同时就被消费掉了。如果在发站、到站或途中因安全得不到保证,导致物毁损失的不仅是物质生产部门,而且因铁路无法向社会提供运输产品而造成的巨大损失必然使铁路经济效益下降。如发生旅客列车重大伤亡事故,其后果更不堪设想。安全不好,路无宁日,安全已成为铁路运输的生命线。

(四)安全是铁路各项工作质量的综合反映

铁路运输车站多、线路长、分布广,其运输生产系统是由机务、车务、工务、电务、车辆、供电等部门构成的,它犹如规模庞大的"联动机"昼夜不停地运转,自然条件复杂,作业项目繁多,情况千变万化。安全工作贯穿于运输生产全过程,涉及每个作业环节和人员。只要有一段路基、一根钢轨、一台机车和一辆车辆关键零部件,一架信号机发生故障或损坏,一个与运输生产直接有关人员的瞬间疏忽、违章作业、操作失误,就会造成行车事故、货运事故或人身伤亡事故。因此,在铁路运输生产过程中,各部门、各工种人员必须遵章守纪,才能确保旅客和货物运输安全。

(五)安全是加快铁路改革与发展的重要保证

加快铁路改革与发展,必须要有一个稳定的运输安全局面。如果安全形势不稳,不断发生事故,势必打乱运输秩序,干扰总体部署,分散工作能力,社会舆论也会反映强烈,铁路工作就会处于被动局面,铁路改革与发展就失去了重要前提与基础,难以顺利进行。铁路走向市场,更需要确保安全、提高运输产品质量,树立良好的运输企业形象。

若铁路运输安全质量下降,必然会损害企业形象,从而阻碍或延缓铁路深化改革、全面走向市场的进程。面对日趋灵活多变的市场需求,铁路通过运输管理体制、组织方法、经营方式的改革,努力从粗放型经营向集约型经营转变,重载、高速(提速)及多元化经营带来的运输安全问题日益突出,安全已成为影响市场竞争实力的"当头炮"。没有稳定的安全形势,就没有铁路大联动机的高效正常运转,就难以使铁路运输优势和铁路运力资源得以充分发挥。不仅如此,发生事故本身就是对运输生产力的破坏。所以,铁路越是深化改革、加快发展、走向市场,越要强化安全意识,搞好安全生产。

(六)安全是法律赋予铁路运输的义务和责任

《中华人民共和国铁路法》(简称《铁路法》)是保障铁路运输的法律手段。为了保证铁路运输的安全畅通,避免事故的发生,《铁路法》规定了一系列法律规定和措施。其中,有关条文明确指出:"铁路运输企业应当保证旅客和货物运输的安全,做到列车正点到达。""铁路运输企业必须加强对铁路的管理和保护,定期检查、维修铁路运输设施,保证铁路运输设施完好,保障旅客和货物运输安全。"这就从法律意义上规定了保障客货运输安全是铁路应尽的职责和义务。从法律角度讲,旅客和货物托运人(当事人)与铁路运输企业之间的关系是合同关系(合同形式是客票和运单)。当事人支付费用后,运输企业向其提供运输产品,彼此的权利和义务对等。如果铁路运输企业因为事故不能保证旅客和货物运输安全,不仅违背了当事人的意愿,损害了他们的权益,而且也违反了《铁路法》的规定。对有关运输安全方面的法律,全路广大职工应知法守法,树立"遵章守纪是光荣、违章违纪法不容"的思想,并结合事故案例教育,真正做到忠于职守、安全生产。

在我国,党和国家一贯高度重视铁路运输安全工作,多次强调指出:"铁路一定要把安全运输放在第一位","要把安全作为铁路运输的永恒主题"。经过长期实践和科学总结,"安全第一、预防为主、综合治理"已成为我国铁路运输安全管理方针。

二、铁路运输中安全与效率的关系

长期以来,铁路各级管理人员也都将运输安全摆在重中之重的位置,提出了"安全第一、预防为主"、"安全是铁路永恒的生命线"、"安全为了生产、生产必须安全"等一系列体现安全重要性的耳熟能详的口号。正是因为铁路运输在国民经济发展中所处的地位和其关系到广大人民群众生命财产安全的基本属性,决定了安全必须摆在铁路运输生产的首位。

铁路运输作为一种运输方式,铁路局作为一个运输企业,在从计划经济向市场经济转变的历史大潮中,在与其他运输方式竞争日益激烈的今天,如何在保证安全的前提下,提高运输效率,进而提高运输效益,是关系到铁路运输生存与发展的关键问题。

牢固树立"安全第一"的思想是正确处理安全与效率、效益关系的根本保证。效率一般是指单位时间内所完成的工作量,效益主要包含社会效益和经济效益。运输生产的目的是不断满足国民经济发展和人民生活水平提高的需求,安全没有保证或效率低下都不能实现"人民铁路为人民"的宗旨,应力求达到安全与效率的辩证统一,尤其是要将安全与效率看成是一个统一的有机整体,安全形势的良好为提高效率创造了条件,效率提高后又能更好地为安全提供物质保障。

铁路运输企业具有公益企业的性质。公益企业最主要的特点是它的一切生产和经济活动,首先应考虑社会效益,然后才是它自身的经济效益。由此可见,铁路运输企业从国家、人民和自身利益出发,需要不断提高运输效率和经济效益,以获得社会效益和自身持续发展的条件。但是,安全状况不好,运输生产效率就失去原有的意义;生产效率不高,运输安全的根本目的也难以达到,只有在安全的基础上提高效率,才能使社会效益和经济效益两全其美成为现实;"安全第一"的意义和作用也才能真正落到实处。

"安全第一"是安全与生产或工作效益、经济效益相比较的结果。因为安全是运输生产效率和效益的前提和保证,有了安全,运输生产才能有序进行,才会带来效率和效益。特别是当安全与生产发生矛盾时,生产要服从安全,更要坚持"安全第一"的位置不动摇、不移位,防止把安全与生产对立起来的倾向。那种安全不好抓安全而不顾效率、效率不高抓效率而忽视安全的做法得不到有效遏制,必然会造成生产上不去,安全不稳定,铁路运输整体工作下滑的严重后果。

铁路运输中安全与效率的辩证关系主要体现在以下两个方面。

(一)安全是效率的基础

在铁路运输生产过程中,安全与生产效率是相辅相成的统一体。安全是生产效率的前提、基础和保证,生产效率寓于安全之中,没有安全,生产效率就无从谈起。一旦发生重大事故,不仅意味着人民的生命和社会劳动成果的丧失,而且也使铁路运输的具体劳动成为无效劳动。生产效率是安全的目的,安全是实现这一目的的手段。

一方面,从确保铁路运输畅通无阻、充分发挥运输能力的角度看,安全是最基本的效率。据近10年来的有关资料统计,我国对铁路日均需求的总运量为7万~7.5万车,而铁路运输能力在正常情况下,也只能满足4万车左右。近几年来,随着铁路建设的发展,运量的矛盾总体上有所缓解,但在一些繁忙区域的铁路运输能力仍然严重不足,以能定运、以能限运的情况仍然存在。解决运能运量矛盾不仅要靠增加投资扩大运输能力,更重要的是要靠安全正点、畅通无阻,保证铁路运输的正常运转,向安全要效率、要运能。如果发生事故,造成行车中断,则会造成运能大量浪费,运输效率下降。另一方面,即使在运能需求比较平缓的情况下,同样要保证安全。因为一旦发生事故,不仅造成设施设备的损坏,还要投入大量的人力和物力予以救援,并打乱运输秩序,造成列车晚点甚至停运,给铁路运输市场信誉造成无法估量的损害。

可见,安全是最基本的效益。没有了安全,就没有铁路运输的高效正常运转,就难以充分利用运力资源,更谈不上生产效率。例如,美国CSX铁路公司就特别提出"安全即是效率,安全即是效益",该公司不仅从物质上和制度上保证安全生产,而且授权每个职工可以拒绝不安全的工作,大大减少了无效成本。

铁路运输企业必须把安全放在第一位,消灭事故,保证畅通,最大限度地发挥运输能力,向安全要能力,向安全要效率。

(二)效率是安全的目标

运输的最终产品是人或物的位移。铁路运输需要固定资产、人力、材料、能源的大量投入。提高运输生产的效率,有利于降低运输成本,加快设备的利用效率,使铁路运输在市场竞争中更有竞争力。安全是运输的前提,只有保障运输生产的安全可靠进行,才能提高效率。

提高运输能力,降低综合成本,安全、高效是铁路运输一贯追求的目标。保障行车安全,则是提高运输能力和效率的先决条件。离开效率,片面地讲运输安全就失去了应有的意义。富有效率的运输生产,才能更好地完善和改进生产过程和生产设施,更好地强化安全。

铁路运输安全生产是一个动态的过程,影响安全的各种因素、内外部环境在不断发展变化,但铁路运输安全管理的方式方法没有大的差别。我们应当根据铁路运输市场新的环境和特点,积极探索和创新安全管理机制。以贯彻ISO 9000系列标准为契机,建立健全各项安全管理机制;实现安全的有序可控和稳定,使铁路运输安全工作认真落到实处,实现安全、效率和效益的统一。

很多铁路运输企业正确处理了安全与效率、效益的关系,在铁路运输生产中领导干部带头,整顿干部作风,突出重点,综合治理,提高职工队伍素质和运输设备质量,建立健全规章制度,加强安全监督,不断取得安全运输的好成绩。多年来,由于在运输组织和运输经营方面加大了投入和改革力度,使我国的铁路运输产品结构和运输市场营销有了突破性进展,取得了显著的经济效益和社会效益。这都说明安全与效率并非势不两立,而这和谐统一的关键在于认识上不能有偏差,措施上必须有保证,才能把安全生产搞得更好。

安全不仅本身是效益,而且是实现铁路整体效益的基本保证。要实现铁路工作重点转到以提高质量和效益的轨道上来,铁路运输生产部门的各级领导和广大铁路职工必须把安全生产作为头等大事来抓,用科学的态度和方法处理好安全与效益的关系,保持铁路运输长治久安的局面,以适应国民经济和人民生活日益增长和提高的需要。

第二节　我国铁路运输安全现状及铁路运输安全特殊性

【案例1-3】　中国铁路史上第一例死亡事故

1876年中国大地上出现了第一条营业铁路。它只运行了1个月,就因为一次碾轧致人死亡的行车事故而被迫停运……

1872年,美国驻上海副领事奥力维·布拉特福在美国驻上海领事乔治·西华、美国驻北京公使娄斐迪的核准下,并在美国政府知情人士支持下,未经中国准许,就组织了一个"吴淞道路公司",诡称要修建一条"寻常马路"而骗取了上海道台沈秉成的允许。沈秉成还指示上海县贴出告示,宣布"吴淞道路公司"有权建造适于车辆通行的道路。后来,"吴淞道路公司"由于缺乏资金,又转让给英商怡和洋行,由它组织了"吴淞铁路有限公司",于1874年在伦敦正式登记,成为一个英国政府认可的公司,设总办事处于伦敦,以怡和洋行为在华代理人。接着,英国驻上海领事麦华佗以建筑"一条寻常马路"为名,向上海当局提出购买上海、吴淞间地皮的要求。外国侵略者的这个计划,由于清朝地方官员态度暧昧,一一得以实现。1876年1月,在已成的路基上开始铺轨。2月24日试车。6月12日第一次开行至江湾。6月30日,上海至江湾段工程试车。邀请欧洲侨民150人乘坐,全列车载客200人。次日请华人乘坐,载了满满一列。7月3日正式通车营业。这是一条窄轨铁路,轨距30英寸(合76.2cm),采用每码重26磅(重13kg/m)的钢轨;用一台叫作"先导号"的机车,速度为每小时15~20英里(24~32km/h),客货车辆也是小型的。头等客车长15英尺(合4.575m),可载客16人;火车有12辆,每节长10英尺(约合3m),载重5t。

吴淞铁路通车后,营业收入很高。但是,由于原来在吴淞港口工作的搬运工人及上海、吴淞间的运输工人,在铁路修通后大批失业,沿线大批农民也遭破产,他们心头燃烧着仇恨的怒火。

吴淞铁路沿线居民从一开始就用实际行动反对洋人筑路。在勘测线路时,标桩屡次被拔走;在填筑路基时,沿线人民因其妨碍引水灌溉,或要求地方当局制止,或直接阻止工程的进行。由上海至江湾一段通车营业后,江湾一带的居民曾鸣锣聚集几百人,捣毁吴淞铁路公司办事处的家具和车辆。但无论上海当局官吏不满也好,还是沿线居民破坏示威也罢,始终未能有效阻止住洋人筑路计划的实施,他们该咋修还咋修,并不断延伸铁路长度。

一石激起千层浪。1876年8月3日,运行的火车轧死了一个当地行人,这如同击发了巨型炸弹的引信,沿线群众的情绪瞬间爆发出来,有男女老幼近千人齐集江湾一带,愤怒的群众将肇事的机车乘务员拉下来痛打,随即他们抬着被轧死的行人尸体聚集在吴淞铁路公司办事处门前,高喊口号,抗议示威,吓得办事处的洋人畏缩在屋内不敢出来。他们还采取卧轨和破坏铁路设施等手段,坚决阻止火车开行。抗议示威活动持续了十余天。在群众起来同外国侵略者进行英勇斗争的情形下,清政府通知暂停行车。9月开始谈判,10月在南京开始会商,结果中英双方签订了《收买吴淞铁路条款》,规定由清朝政府用285000两白银赎回吴淞铁路。按照英国人的要求,规定赎款在一年内分三次付清,而在未付清之前,仍由吴淞铁路公司继续营业,该公司不但继续获取利润,而且还按原定计划,继续把铁路修向吴淞镇。自通车之日起至1877年8月25日止,在一年多的时间内共运送旅客16万余人。

1877年12月20日,最后一期购路款付清后,怡和洋行将吴淞铁路交清政府。在赎路交涉过程中,清政府一再声明要"收回自办"。当时上海、江湾、吴淞三处的一些商民也曾"请示两江总督,请准铁路继续办理"。但两江总督置之不理,负责接管的官吏当即命令工人撬掉道钉,搬除钢轨,铲平路基,折毁设备,昏庸地把这条已经赎回的铁路拆掉了,钢轨和配件运到了台湾。

从这些事例可以看出,虽然铁路行车事故不是中国人民爆发抗英行动的根本原因,但却是一个导火索。由此可见铁路运输安全与政治经济和社会稳定有直接的关系。

铁路运输生产是在全国纵横交错的铁路网上进行的。截至2014年,全路一共有18个铁路局(包括铁路集团公司,以下同);拥有几万公里线路,数千个车站,几百万铁路职工,配备有大量先进的技术设备;每天有几万台机车和几十万辆货车、客车,编成数以千计的各种列车昼夜不停地运行。整个运输生产活动主要有客运作业、货运作业和行车技术作业,相应地铁路运输安全主要包括行车安全、货运安全、人身安全、设备安全和路外安全等。其中铁路行车安全在运输安全中最为突出。因为人员伤亡、货物损毁、设备损坏等大多数损失是因为行车事故而造成的。行车安全状况好,旅客和货物运输的安全可靠程度就高,反之亦然。因此,我国铁路在评价运输企业安全工作好坏时,一般采用无重大、大事故天数以及行车事故等指标来衡量。一般地说,考察分析铁路行车安全状况,就足以反映铁路运输安全的基本情况。

一、我国铁路运输安全现状

近20年以来,我国铁路行车安全状况经历了一个起伏不定的动态变化过程,其间,有许多综合治理确保安全的成功经验,也有一些触目惊心、损失惨重的事故教训。它们从正反两个方面留给我们众多的思考,为我们提出了许多亟待解决的问题。

自1993年以来,铁道部在全路范围内,围绕干部作风、职工"两纪"、规章制度、设备管理和班组建设等问题,深入展开了安全基础整顿和基础建设,使安全基础得到加强,行车安全周期延长。1996年5月21日18时,全路首次实现了100天无行车重大、大事故的运输安全百日,1997年一季度连续实现了三个安全月。但是,在成绩面前,有些单位领导和职工产生了松懈麻痹和盲目自满情绪,全路运输安全进入四月份后严重滑坡。尤为严重的是4月29日,在京广线荣家湾车站内,发生了震惊中外的324次旅客列车与停站的818次旅客列车追尾冲突的特大事故,造成324次旅客列车机后1至9位颠覆,10至11位脱轨,818次旅客列车机后15至17位(尾部3辆)颠覆,共造成死亡126人,重伤48人,轻伤182人,机车报废1台,客车报废11辆、大破3辆、中破1辆、小破1辆,线路损坏415m,直接经济损失415.53万元(当年价格),给国家和人民生命财产造成了极为惨重的损失,同时还在国内外造成了恶劣的负面影响。

进入21世纪以来,随着各种新的设备和技术在铁路运输上的应用,大大地提高了铁路运输系统的安全水平,但是尽管如此,各类铁路运输事故,包括重大事故仍然时有发生,其中尤为突出的有2008年4月28日发生的胶济铁路列车相撞特大事故,造成72人死亡,416人受伤,一辆机车严重受损,14节车厢报废,另外还有648m铁路线及部分牵引供电设备损坏,胶济铁路也因此中断运行共21h22min;2009年6月29日,在京广线郴州火车站内,发生列车侧面相撞事故,造成3人死亡、58人住院治疗。这些事故的发生都与铁路系统的安全管理工作失误有关,相关责任人员也都受到党纪国法的严惩。

近年来,大量高速铁路和客运专线投入运营,对铁路运输安全管理工作提出了更高的要求。全路在"规范管理、强基达标"工作中,运用科学管理方法(如全面质量管理、ISO 9000系列标准等),努力构建规范科学的安全管理体系,全面加强安全基础建设,达到了安全有序可控、基本稳定的目的,全路运输安全取得了事故件数减少、安全周期延长的好成绩。

近几十年来的经历说明,尽管铁路各部门、各级领导和广大干部职工为运输安全生产付出了许多的心血,做了大量艰苦细致的工作,使铁路行车安全技术和管理不断改善和进步。但运输安全形势仍不稳定,波动、反复性较大,损失严重的列车重大、大事故时有发生,旅客列车伤亡事故仍未杜绝,货物列车一般事故层出不穷。"抓一下好一阵,抓不紧就反弹"的现象客观存在,安全生产的主动权还未牢牢把握住。铁路运输安全是一个长期而艰巨的任务,不可能一劳永逸的解决,需要在努力完成运输生产任务的同时,居安思危、坚持不懈、抓紧务实、做好各项安全工作。

二、综合治理、确保铁路运输的安全管理

影响运输安全的因素复杂多变,各种事故可能会以不同形式出现。但是,遵循铁路运输生产的客观规律,依靠科技进步和发展,把安全经验管理上升到安全科学管理,就一定能够做到防患于未然。长期以来,我国铁路主管部门和运输企业,组织广大干部和职工根据形势发展和条件变化,进行开创性的工作,总结出许多好的经验。

纵观我国铁路经实践检验并加以推广的经验,人多内容丰富、内涵深刻、方法科学,并具有以下共同之处。

(1)把安全是铁路运输永恒的主题和"安全第一,预防为主,综合治理"的思想,通过艰苦细致的工作深深扎根于各级领导和职工群众中,成为人们行动指南及价值观念的重要组成部分。

(2)将运输安全视为一个大的系统工程,运用安全系统工程理论和方法,分析、评论、管理运输系统,优化"人—机—环境"系统结构,逐步形成比较完备的、可操作性强的铁路运输安全保障体系。

(3)坚持运输安全两手抓,一手抓安全技术设备,一手抓安全科学管理。因时因地制宜的重点抓好安全管理工作。

(4)安全管理工作抓根本,一是以人为本,建立健全以人的素质为核心兼容教育、培训、考核、激励、约束为一体的安全管理体系;二是规范人的行为,抓好各项安全管理制度的建设,建立健全安全生产落实机制,使人的行为、群体行为、管理行为制度化、规范化。

(5)安全管理注重实效,不搞形式主义,尤其针对后果严重的旅客列车重大事故,列车冲

突、断轴、断轨事故,排出行车作业操作和控制系统中的关键点,分层次实行有序控制。

三、铁路运输安全管理的主要问题

事实表明,我国当前铁路运输安全状况的总体发展趋势良好,但仍不稳定,还不能适应铁路和国家经济快速发展的需要。而安全管理的基础不牢固已成为铁路运输安全不稳定的最主要原因,其主要表现可归结为人员素质偏低、设备质量不良、环境条件较差和安全管理薄弱等方面。人员、设备和环境问题比较直观、易于理解。以下着重对铁路运输安全管理中的问题加以分析。

现代化运输生产必须以现代化管理与之相匹配。多年来,我国铁路引进了不少科学管理方法和手段,在很大程度上促进了运输安全生产。然而,剖析运输安全形势不稳的原因,恰恰在安全管理方面,暴露出一些不容忽视的问题。

1. *安全管理的目标不明确*

在市场经济条件下,企业理应以经济效益为中心,但由于长期的政企不分,使铁路运输企业客观存在的主体内在利益要求与政府主管部门的政策导向并不一致。表现在安全管理上,突出的是安全与效益的辩证关系尚未正确处理好,往往以牺牲效益为代价,不计成本地搞安全,把安全作为终极目标来追求。这种本末倒置的做法,使企业的经济理性和目标抉择得不到承认和尊重,显然这是难以适应市场经济要求的,其结果必然是导致企业管理重心不断移位,最终也难以搞好安全。

2. *安全管理的思想观念较陈旧*

较长时期以来,受传统经验管理的影响,铁路运输企业的安全管理往往是局部的、定性的和静态的,比较注重事故发生后的"事后"管理,而又主要以事故指标判断安全工作好坏。就安全抓安全,就事故论事故,不能经常从有利于提高企业整体素质和管理水平的高度去认识解决问题。"不出事故就是安全"的片面认识,淡化了预防为主,综合治理,消除隐患的思想。此外,重硬件轻软件、重形式轻内容、重眼前得失轻长远利益等认识上的偏差,很容易造成安全管理工作上的波动。

3. *事故信息价值未得到充分利用*

事故是其成因的信息载体,事故信息的价值不仅在于惩罚和教育,而是可用于分析事故成因,预防同类事故再次发生。因此,在分析处理事故时,应坚持中国铁路总公司提出的"三不放过"的原则。然而,在许多时候,对于事故原因的分析,常常停留于表面的直接原因,而对事故的根本的原因及原因间的内在联系缺乏深入分析,急于定性定责,忙于经济罚款。尤为严重的是因受利益驱使,对事故隐瞒不报、弄虚作假、互相推诿、大事化小、小事化了的不良现象屡禁不止。这种不正当行为既为运输安全留下了后患,也浪费了难以估量的事故信息价值。

4. *安全管理的手段和方法落后*

在市场经济的大潮中,铁路的改革和发展使职工队伍结构、生产技术和运输设备的先进水平、运输组织方式和运营管理模式都发生了很大的变化,但铁路部门习惯性指派工作组、检查组下基层的工作方式变化不大。这种突击式的方法虽能暂时收效,但难以从根本上解决问题。相反,可能会起消极作用。如有的单位急功近利、外美内虚、应付检查;有些单位把安全管理等同于行政管理,抓措施性的东西多,抓实质性的工作少;事故预测技术及计算机安全管理辅助系统应用,还局限在较小的范围。

5. 安全基础仍然比较薄弱

这主要表现在有些干部作风漂浮、责任心不强、工作抓得不实;少数职工"两纪松弛",作业有章不循、违章蛮干、简化作业,有些主要行车工种职工对基本规章制度不熟悉,非正常情况下应急和故障处理能力较差,简化培训现象大量存在;规章制度不完善、有重叠,有的规章制度不随设备、作业条件变化及时修订,甚至与《铁路技术管理规程》(简称《技规》)相抵触;一些行车设备失修,维修费用不到位,新上设备缺乏完善的修、管、用制度,责任制不落实;班组基础不牢,有些班组长不称职,班组自我约束机制不健全,缺乏自控能力。

6. 安全监督管理机制亟待健全和规范

一是管理责任界定不清,各层次管理职责雷同,而且职责中原则性、笼统性的内容较多,操作性不强;二是监督检查不规范,一些单位和部门在安全检查工作中,不同程度地存在着随意性和盲目性,达不到预期效果;三是逐级负责与专业负责、岗位负责之间缺乏有效的衔接,存在着管理漏洞;四是对安全事故的整改效果不明显。一些单位和部门对事故的定性定责推诿、隐瞒之风严重,丧失了追究责任、吸取教训、超前预防的机遇,从而陷入事故防不胜防的恶性循环。

四、安全的普遍性与铁路运输安全的特殊性

(一)安全的普遍性

作为伴随生产而存在的安全问题,对于所有的技术系统都具有普遍的意义,铁路运输系统也不例外。

1. 安全的系统性

安全涉及技术系统的各个方面,包括人员、设备、环境等因素,而这些因素又涉及经济、政治、科技、教育和管理等许多方面。特别对于像铁路运输这样的开放系统,安全既受系统内部因素的制约,也受到系统外部环境的干扰。而安全的恶化状态,即事故,不仅可能造成系统内部的损害,而且可能造成系统外部环境的损害。因此,研究和解决安全问题应从系统观点出发,运用系统工程的方法,进行综合治理。

2. 安全的相对性

凡是人类从事的生产活动,都有安全问题,所不同的只是发生事故的可能性有大有小,危害程度有轻有重而已。安全是相对的,不安全是绝对的,系统发生事故的可能性始终存在。但是,事故是可以预防的,可以利用安全系统工程的原理和技术,预先发现、鉴别、判明各种隐患,并采取安全对策,从而防患于未然。

3. 安全的依附性

安全是依附于生产而存在的,不可能脱离具体的生产过程而独立存在,只要存在生产活动,就会出现安全问题。另外,安全是生产的前提和保障,安全工作搞不好,生产便无法顺利进行。因此,需要经常持久地抓好安全工作。

4. 安全的间接效益性

要保证生产安全就必须在人员、设备、环境和管理方面有相应适时地安全投入,但安全投入所产生的经济和社会效益却是间接的、无形的,难以定量计算。因此,安全投入往往被忽视,只有发生事故且造成损失之后才会意识到安全投入的必要性和重要性。事实上,安全的效益除了减少事故的直接和间接经济损失外,更重要的是体现在提高人员素质、改进设备性能、改善环境质量和加强生产管理等方面所创造的积极的经济效益和社会效益上。

5. 安全的长期性

人对安全的认识在实践上往往是滞后的,不可能预先完全认识到系统存在和面临的各种危险,而且,即使认识到了,有时也会由于受到当时技术条件的限制而无法予以控制,随着技术进步和社会发展,旧的安全问题解决了,新的安全问题又会产生。所以,安全工作是一个长期的过程,必须坚持不懈,始终如一地努力抓才行。

6. 安全的艰巨性

高技术总是伴随着高风险,随着现代科学技术的发展,各种技术系统的复杂化程度在不断增加。以现代交通运输系统为例,无论从规模、速度、设备和管理上都发生了极大的飞跃,一旦发生事故,其影响之大、伤亡之多、损失之重、补救之难,都是传统运输方式不可比拟的。此外,事故是一种小概率的随机偶发事件,仅仅利用已有的事故资料不足以及时、深入地对系统的危险性进行分析,而现代社会文明进步又不容许通过事故重演来深化对安全的认识。因此,认识事故机理,不断解释系统安全的各种隐患,确实是艰巨的任务。

（二）铁路运输安全的特殊性

由普遍性与特殊性的关系可知,普遍性寓于特殊性之中,特殊性离不开普遍性,可见,铁路运输安全除具有上述安全的普遍性外,还有其特殊性。

1. 铁路运输安全的动态性

机车、车辆在固定轨道上的定向运动,是铁路运输最显著的特点,一系列铁路运输安全问题,例如轮轨作用、弓网作用、列车速度控制和进路控制等都是围绕机车、车辆或列车在轨道上的定向运动而展开的。

2. 铁路运输安全失控的严重性

处于高速运动状态的列车,一旦发生设备异常或人的操作失误,可供纠正和避免事故的时间很短,可供选择的应急方式也很有限。加之,铁路线路、机车车辆等硬设备的成本很高,列车对旅客和货物的承载量很大,事故不仅造成巨大的财产损失、人员伤亡和环境破坏,而且由于运输中断将波及路网,打乱运输秩序,影响社会生产和运输的全局。更重要的是,铁路对其运输对象——旅客和货物没有所有权和支配权,而只提供必要的运输服务,因此事故损失涉及广泛的社会因素,极大地损害铁路的形象甚至政府的威信,其社会影响的严重性难以估量。

3. 铁路运输安全问题的反复性

铁路运输生产具有连续性、周期性和季节性的特点,伴随着生产的各种事故和不安全状况常常都是重复发生的,我国铁路年复一年的春运、暑运、防洪、防寒、防暑等安全问题反复存在。由于受铁路总体技术和管理水平的制约,各种事故和不安全状况的产生也具有一定的"惯性"和反复性,如"两冒错排"(冒进进站和出站信号,错排列车进路)、断轨、断轴等惯性事故,成为经常困扰运输安全的主要问题。

4. 铁路运输安全对管理的依赖性极强

铁路犹如一台大联动机,是复杂的人—机动态系统,其运输生产过程是由车、机、工、电、辆、供电等多工种联合的多环节(如货物运输的承运、保管、装卸、运送、途中作业、交付等)作业过程,涉及设备数量庞大、种类繁多,设备布局的网络状态和作业岗位独立分散的特点,使各工种和各环节的协同配合都离不开严格有效的管理。因此,铁路运输安全在很大程度上取决于管理的效能。

5. 铁路运输安全的复杂性

铁路运输安全受外部环境的影响很大,难于预测和控制。铁路运输生产是在一个开放的环境中进行的,其过程有较大的空间位移和较长的时间延续。自然环境,如雨、雾、风、雪及各种自然灾害等,均与运输安全状况密切相关,而且难于预测和控制。因此,铁路运输环境安全的综合治理涉及面广、难度大。铁路安全技术的发展,包括设备安全性能改进、人员安全素质提高、环境安全质量改善和安全管理水平提高,都是以上述对安全的普遍性和铁路运输安全的特殊性的认识为基础的。

第三节　铁路运输安全监察工作

【案例1-4】　1978年杨庄列车相撞事故

1. 事故概况

1978年12月16日,陇海东线兰考县杨庄车站附近,发生了一起自1949年以来罕见的铁路特大行车事故。由西安开往徐州方向的368次列车与南京至西宁的87次列车发生相撞。死亡106人,轻伤171人,重伤47人。此后,从这里驶过的列车,都会自发地拉响汽笛。

2. 事故原因

1978年12月15日的深夜,驾驶着西安开往徐州方向的368次列车,与87次快车几乎同时接近兰考站。368次列车上的正副司机,由于疲惫困倦。副司机阎某已经睡熟了,正司机马某在接近兰考站也睡了过去,"无人驾驶"的368次就这样驶入了杨庄车站,12月16日凌晨3时12分与南京至西宁的87次列车发生相撞。冲向他们的同事、郑州机务南段司机岳某驾驶的87次列车的腰部,将6、7、8、9四节车厢撞出铁轨。87次列车被拦腰斩为三截、铁轨扭成麻花。

3. 事故经过

1978年12月15日的深夜,368次列车的正副司机,副司机阎某已经睡熟了,"伙计,醒醒",阎某的好友、正司机马某也困得睁不开眼,他想叫醒阎某替自己开一会车,自己好去睡一阵。阎某没有醒,马某看到兰考站快到了,便按规定将火车从时速65km减为40km,如果他这一时刻头脑清醒,会在这里停靠6min,等待与87次快车交会,他还应该注意看另一位同事、运转车长王某在车尾给他发来什么样的信号。但是,他就在此刻睡了过去,他驾驶的368次列车以40km的时速越过出站信号机。本应在车尾部值乘的运转车长王某正在和行李员讨论兰考停车时间太短,也没有按规定出来立岗,没有发现车行异常,更没有采取任何阻止车行的措施。

"无人驾驶"的368次就这样驶入了杨庄车站的一号道岔。

87次列车突然拉响的汽笛声,以及两车相近时铁轨剧烈地震动,把马某惊醒,他立即拉起非常制动,但是已经来不及了。368次列车带着巨大的惯性,冲向他们的同事、郑州机务南段司机岳某驾驶的87次列车的腰部,将6、7、8、9四节车厢撞出铁轨。87次列车被拦腰斩为三截、铁轨扭成麻花。这一瞬间,是1978年12月16日凌晨3时12分。这一刻的王某正准备到车门口去看看,机车相撞,他一下子趴到小桌上,对面正在和他说话的列车长被摔到行李间端门玻璃上,血从嘴角流下来(王某供词)。

368次司机室里,马某在制动后双腿用力一蹬,将自己弹出了正在变形的司机室;熟睡

13

中的阎某被震得昏了过去,当他醒来以后,也爬出司机室;被撞的87次列车中,司机岳某在强烈的震动中走出司机室,他没想到,命运让他在这个凌晨,与同事马某、阎某、王某在杨庄"相遇"。

从铁路运输安全生产角度看,建立健全运输安全法规与监督检查,其执行情况同等重要。我国铁路早在1950年5月就设立了铁道部行车安全总监察室,负责有关行车安全工作的计划、行车规章制度的贯彻执行及事故发生时的指挥处理。同年9月,在全路行车安全工作会议上,确定了监察工作的业务方针、性质和行车事故处理程序与方法,为各级监察机构配备了专职监察人员。几十年来,我国铁路安全监察工作在安全管理中发挥了重要作用,取得了显著成绩。

一、行车安全监察组织机构

为了维护铁路行车安全法规的实施,保证运输安全,铁路运输各级组织必须实行严格的检查制度。为此,在铁路总公司、铁路局设置行车安全监察机构。铁路局行车安全监察机构具有双重性质,行政上由铁路局长领导,在监察业务上受上级行车安全监察部门的领导。

各级行车安全监察机构除设领导人员外,并按照车务、客货运、机务、车辆、工务、电务、路外安全和综合分析等方面的业务,设置监察人员。监察机构的人员编制,由铁路局根据工作量大小、管辖单位多少、运营里程长短等具体决定,经铁路局行车安全监察机构与有关单位协商选聘。

在基层站段可设置不脱产的行车安全监察通信员。行车安全监察通信员有权直接向本单位领导提出行车安全中存在的问题和改进意见;有权不经过本单位领导直接向各级行车安全监察机构反映问题,在不影响本职工作的前提下,完成行车安全机构给予的任务。行车安全监察通信员在监察业务上受铁路局行车安全机构领导。

运输生产班组设不脱产的安全员。安全员对违章违纪行为有权加以纠正,有权越级向上级反映情况,安全员在业务上受铁路局安全行车安全监察机构指导。目前,在我国铁路作业量比较大的站段设有安全室(科)。安全室是站段的职能科室,而不是安全监察部门。它在行政上接受站段领导,在业务上受上级安全监察机构的领导,负责本站段的安全检查,参与安全管理,及时掌握安全情况,当好领导的安全参谋。

二、各级行车安全监察机构的任务和职权

铁路总公司、铁路局行车安全监察机构的任务是:贯彻"安全第一,预防为主,综合治理"的方针,对行车安全工作实行严格的监察,维护行车安全法规以促进路风建设,保证安全正点、优质高效地完成运输任务,提高经济和社会效益。

铁路局行车安全监察机构对铁路局行政领导、业务处和行车有关单位人员执行行车安全法规的情况有权进行监督,发现有违反行车安全法规的情况,应如实地提出意见并加以纠正;如有关领导不给予正确解决,则有权向上级行车安全监察机构报告,请求处理。各级行车安全监察机构和行车监察人员具有以下职权。

(1) 发现作业上违反行车安全规定时,有权加以纠正;对危及行车安全者,有权制止,必要时可临时停止其工作并责成有关单位议处;对不适合担当行车工作的人员,有权责成有关部门予以调整。

(2) 对危及行车安全的技术设备,有权向有关部门提出意见,要求限期解决;情况严重确

有发生严重事故可能时,有权采取临时扣留、封闭措施,并责成有关单位紧急处理。

(3)发现有关规程、规则、规范、细则、办法、设计文件和施工方案违反《技规》或其他行车安全法规时,有权通知有关单位予以纠正,必要时可停止其实施。

(4)调查处理事故中,确定性质和责任上有分歧意见时,由各级行车安全监察机构提出结论性意见。

(5)有权建议对违反行车安全法规或发生行车事故的责任人员和领导干部给予处分,建议对在安全生产工作中做出成绩和防止事故的有功人员给予表彰和奖励。

在上述职权中,由于对事故定性、定责事关重大,行车安全监察机构提出结论性意见时,应积极慎重对待铁路局的意见;若对领导的决定有不同意见,可以向上级检查机构反映,请示予以复查处理;若上级安全监察机构发现下级单位或下级行车安全监察机构对事故性质和责任的确定不符合规定、处理不当时,有权加以纠正。

各级领导要大力支持行车安全监察人员的工作,保证行车安全监察人员正常地行使职权、履行职责,做好监察工作。任何人不得妨碍行车安全监察人员行使职权。如发现对行车安全监察人员有打击报复者,必须严肃处理。要保证行车安全监察人员必要的工作条件,以使行车安全监察人员顺利开展工作,及时迅速地了解事故情况,积极有效地组织抢修、救援工作,准确果断地确定事故性质和责任,因此,除为行车安全监察人员提供交通、通信、食宿等条件外,并配备必要的检测仪表、工具、用品和其他备品,逐步采用先进的检测手段。行车安全监察部门有权参加或有权召集有关安全会议、查阅有关部门和单位的案卷、记录、表报,借用必要的工具及仪器,要求指派适当人员协助工作等。

三、行车安全监察人员的素质要求和工作准则

各级行车安全监察人员必须身体健康,具有较高的政治思想水平,熟练的技术业务知识,丰富的实际工作经验,中专或高中以上文化程度,较强的独立工作能力。

为了认真执行《行车安全监察工作规则》,各级行车安全监察人员必须遵守以下工作准则:

(1)坚决执行党的路线、方针、政策和国家的法令,维护行车安全法规的严肃性。

(2)预防为主,防患于未然。

(3)执法严明,刚正不阿。

(4)秉公办事,不得弄虚作假。

(5)坚持原则,遵守法纪。

(6)积极钻研业务,技术上精益求精。

各级行车安全监察人员如有玩忽职守、执法犯法、造成不良影响的,应给予严于其他职工的纪律处分。

四、铁路局行车安全监察机构的职责

(1)监督检查铁路局管辖内所属部门、单位及总公司下属工厂贯彻执行上级领导机关颁发的安全生产方针、政策、法令、规章制度、指示和措施,监督检查在铁路局管内运行的外单位列车、机车、车辆、动车和轨道车,以及在管内施工的工程局、处、段(队)有关行车安全情况。

(2)监督检查铁路局发布的有关行车安全的规章制度、命令和措施贯彻执行情况,督促

有关部门加强质量管理和安全管理。

（3）监督检查各种行车设备、防火防爆设备的养护维修和定期修理，以及确保行车安全的先进技术设备的安装、使用、管理和维修情况。

（4）监督检查行车直接有关人员的培训教育，任职、提职、技术考核鉴定及体格检查情况。

（5）监督检查有关部门、单位防止路外人员伤亡工作情况。

（6）参与制定、修订《铁路行车组织规则》（简称《行规》），审查有关行车安全的各种细则办法和作业标准。

（7）参与审查行车设备新建、改造中有关安全部分和行车安全直接有关的设计文件和施工计划，监督检查贯彻执行情况。

（8）根据各个时期的情况，调查研究，提出搞好行车安全的措施；对发现的不安全问题，向有关单位提出要求，限期解决；重要问题，向领导提出专题报告；会同有关部门总结推广安全生产经验。

（9）督促有关部门，根据不同时期的情况，及时采取预防性措施，保证安全。

（10）参加调查分析铁路行车重大、大事故，研究处理管内有争议的或铁路分局处理不当的事故；督促有关单位按照"三不放过"的原则及时正确地处理事故；监督检查有关事故救援的工作。

（11）统计分析全局行车事故和路外伤亡事故，总结全局行车安全工作。

（12）检查乘务员公寓的食宿条件、清洁卫生及乘务员遵守公寓制度等情况，发现问题向有关单位提出改进意见。

五、站段安全科的工作职责

（1）检查监督站段各部门、各车间执行安全生产方针、政策、法令、规章制度及上级领导的有关指示情况。

（2）参与制定站段的安全规章制度、细则、办法和各种作业标准并检查执行情况。参与审查、制订站段施工方案和安全措施并监督实施。

（3）监督检查站段内各种行车设备、防火防爆设备、机械动力设备及压力容器等的维修保养情况和使用安全。发现有危及行车安全等问题时，及时向有关部门反映。

（4）监督检查行车人员的培训教育、任职提职、技术考核鉴定和身体检查。

（5）参加调查分析站段发生的一般行车事故、人身和路外伤亡事故、设备事故和严重事故苗子，对事故提出定性、定责意见，在处理事故时要做到"三不放过"，即事故原因不明、责任不清不放过，没有防范措施不放过，事故责任者和群众没有受到教育不放过。

（6）经常深入地方厂矿企业、居民村落进行保护铁路运输设施和防止路外伤亡的宣传工作。

（7）深入车间、班组调查研究，检查职工执行规章和各项作业标准的情况，及时发现问题和事故隐患，并提出整改和防范措施。

（8）指导班组安全员的工作，定期培训安全员，总结、推广班组安全生产工作经验。

（9）负责站段安全生产的全面管理工作，对站段安全生产情况进行定期和专题的分析，根据不同时期特点和要求，及时采取预防性的安全措施，确保安全生产。

第四节 影响铁路运输安全的因素分析

【案例 1-5】 胶济铁路 4·28 事故

1. 事故概况

2008 年 4 月 28 日凌晨 4 时 41 分，T195 和 5034 两列客车在胶济铁路山东周村至王庄间（K289+610）相撞，发生重大事故。该地段限速 80km/h，T195 次列车实际运行速度达 131km/h，已经超速。经初步调查认定，胶济铁路列车相撞事故，是一起典型的人为责任事故，事故现场模拟如图 1-1 所示。

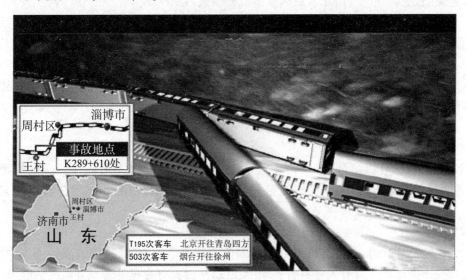

图 1-1 胶济铁路 4·28 事故现场模拟图

2. 事故原因

原因一：文件及调度命令传递混乱

济南铁路局 4 月 23 日印发了《关于实行胶济线施工调整列车运行图的通知》，其中含对该路段限速 80km/h 的内容。该重要文件仅在局网上发布。在没有确认有关单位是否收到的情况下，4 月 26 日济南局又发布了一个调度命令，取消了多处限速命令，其中包括事故发生段。各相关单位根据 4 月 26 日的调度命令，修改了运行监控器数据，取消了限速条件。

原因二：漏发调度命令

调度员在接到有关列车司机反映现场临时限速与运行监控器数据不符时，4 月 28 日 4 时 02 分济南局补发了该段限速 80km/h 的调度命令，但该命令没有发给 T195 次机车乘务员，漏发调度命令。

原因三：安全生产责任不到位

值班员对最新临时限速命令未与 T195 次司机进行确认，也未认真执行车机联控。机车乘务员没有认真瞭望，失去了防止事故发生的最后时机。

铁路运输系统是一个在时间、空间上分布很广的开放动态系统，铁路运输安全影响因素错综复杂，涉及面很广，与运输安全有关的因素可以划分为四类：人、机器、环境和管理。

(一)人员因素影响分析

1. 人在保障运营安全方面的重要性

在安全问题中,人既是影响安全的一种因素,又是防护对象。人是矛盾的主要方面,因为即使是高度自动化的系统也不可能完全避免人的介入,不可能完全不受人的操纵和控制;设备必须由人来设计、制造、使用和维护,即使是技术状态良好的安全设备,也只有通过人的正确使用,才能发挥保障安全的作用。

绝大多数事故的发生均与人的不安全行为有关。据统计,交通事故起因于人的差错的占80%以上;电力安全分析显示,80%的事故关键性因素为人的影响;机电设备事故中,由于人员单因素引发的事故占60%左右;矿山事故中,由于人员因素而造成的事故占85%以上;城市轨道交通运营事故中,由于人员因素造成的事故占90%以上。

人对于安全的主导作用,在铁路运输安全方面也不例外。铁路运输安全与许多活动有关,所有各项活动都依赖于高效、安全、可靠的人的行为。在铁路运输工作的每个环节、每项作业中,都是由人来参与并处于主导地位的,人操纵、控制、监督各项设备,完成各项作业,与环境进行信息交流,与其他作业协调一致。正是由于人在运输工作中的重要地位,使得人的因素在运输安全中起着关键的作用。

人在运输安全的特殊作用可归纳为以下三点。

(1)人的主导性

在人和设备的有机结合体中,人是主导方面。设备必须由人来设计、制造、使用和维护,即使是技术状态良好的安全设备,也只有通过人的正确使用,才能发挥其保障安全的作用。

(2)人的主观能动性

当情况突然变化时,人能立即采取相应的措施和灵活的方法,排除故障等不安全因素,使系统恢复正常运转。只有人才具有主观能动性,从而具有合理处理意外情况的能力。

(3)人的创造性

人能够通过研究和学习,不断提高和改进现有系统的安全水平。

2. 影响铁路运输安全的人员分类

(1)运输系统内人员

主要指车务、机务、工务、电务、车辆、供电、货运、客运、工程、安监等部门的各级领导人员、专职管理人员和基层作业人员,他们是保证运输安全的最关键人员。铁路运营实践表明,铁路员工,特别是运输生产第一线的职工和负有管理责任的人员,他们的思想品质、技术业务水平及心理、生理素质等不适应铁路运输工作的要求,往往是酿成事故的重要原因。

(2)运输系统外人员

主要指旅客、货主以及铁路沿线居民、机动车驾驶人员等。系统外人员对安全的影响主要表现在以下四个方面:

①旅客携带"三品"上车,不遵守铁路安全有关规定而引起的运输事故;

②在铁路—公路平交道口,经常发生机动车驾驶员和道口行人不注意瞭望,强行通过所致的道口事故;

③铁路沿线人员无视铁路安全法规,关闭折角塞门、偷盗通信器材、拆卸铁路设备和在线路上放置障碍物等,严重威胁铁路运输安全;

④货主不遵守货物运输安全规定,例如在承运货物中携带危险品而不如实申报等,也会影响铁路运输安全。

(3)运输安全对人员的素质要求

影响铁路运输安全的人的因素是指上述人员的安全素质,主要包括:文化素质、思想素质、业务素质、技术素质、心理素质、生理素质和群体素质等,不同工作岗位、不同人员的不同素质其影响程度也不同。

第一,对铁路运输系统内人员的安全素质要求。

文化素质主要包括学历、学习能力、表达能力、安全知识等。学历较低是影响操作人员的工作安全的关键要素,文化素质较差导致操作人员对操作手册理解和故障分析能力不够,不能及时有效地避免事故的发生或在事故发生后不能采取有效的救助措施,导致事态扩大,安全知识的匮乏是一个企业大船长远航途的暗礁。

思想素质包括职业道德、劳动纪律、安全观念等。安全思想素质不够,责任心不强,是导致"三违(违反劳动纪律、违反操作规程和违章指挥)"等不安全行为的重要因素,特别是生产指挥人员的安全意识不到位,"先保安全,再保运营"的思想意识树立不牢,往往会危及一个企业的安全生产。

业务素质主要包括业务知识、基本操作能力、应急抢修能力和紧急应变能力等。打好日常基础,做好日常维护,夯实每一步骤是保证铁道运输安全的坚实支柱,也是预防运营事故的前提条件。况且,由于铁道运输作业经常可能面临各种意外状况,所以行车工作人员的紧急应变能力非常重要。对于安全质量监督人员而言,还应具备相应的安全管理和质量管理知识与能力。

技术素质主要包括专业设备研究能力、铁道运输经验和设备故障先兆性高度敏锐的洞察能力等。铁路运输设备运营时间一般情况下不能进行维护和检修,夜间检修一般交叉作业较多,所以必须有较强的技术能力和运营经验,才能对设备设施做好高质量、高效能的维护,既保证了运营成本,也保障了运营安全。

心理素质是指影响运输安全的人的心理过程及个性心理特征。主要包括个体的气质、能力、性格、情绪、需要、动机、态度、爱好、兴趣和意志等各个方面。例如,在气质方面,胆汁质的人往往容易冲动,表现为性急而粗心;多血质的人注意力容易转移,缺乏耐性,都可能成为引发事件的条件;黏液质的人表现为稳定、细心、工作有持久性,比较适合于在安全、质量监督和要害部门工作。在性格方面,表现为勤劳、认真、细致、具有自信心和控制能力的人,以及富有稳定和持久的情绪特征的人,都有利于做好各项安全工作。因此,正确判断工作人员的气质,培养良好的性格和其他心理特征,是保障运输安全的重要前提。

生理素质是指影响运输安全的人体生命活动,包括身体条件及生理状况。主要有年龄、性别、记忆力、体力、耐力、血型、视力、视觉(色觉、形觉、光觉)、听觉、动作反应时间和疲劳强度等均与铁路运输安全有十分密切的关系。例如,客车司乘人员的视觉功能障碍,不能准确瞭望,极易发生行车事件。再如,司乘人员年龄与行车事件之间构成一种浴盆曲线,如图1-2所示,容易受到外界人为因素的干扰,而年长者由于生理机能不断衰退、体力减退、力不从心,所以发生事故往往在所难免。

通过对铁路运输事故案例分析研究表明:运营操作人员必须具备良好的职业生理和心理条件,才能保证正常运营和

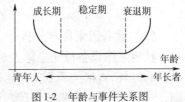

图1-2 年龄与事件关系图

意外情况下防止事件发生。

群体是个体的集合,群体素质是指影响铁路运输安全的群体特征,包括群体目标、群体凝聚力、群体的信息沟通、群体的人际关系等。由于铁路运输工作要求多工种协同动作,涉及多个环节,因而它对于运营系统内部门与部门之间、部门内人员之间以及统一作业的不同操作者之间的协调性要求很高,这就使群体的作用变得十分突出。群体对运营安全的影响,主要表现在群体意志影响其成员的行为。包括以下3个方面。

①社会从众作用。个体在群体中,往往不知不觉地受到影响与压力,表现出与群体内多数人的知觉、判断和行为相一致的现象,即从众现象。社会从众作用表现在运营安全上具有正反两方面的意义。在一个遵章守纪的群体中,个别惯于冒险作业的人会感到群体的压力而改为安全作业。相反,如果是在一个不重视安全的群体里,少数一贯遵章守纪的人也会顺从群体的错误行为。

②群体助长作用。一方面,群体的存在可以起到满足个体心理需求、增加勇气和信心的作用;另一方面,群体成员在一起工作,有助于消除单调和疲劳,激发工作热情,使工作效率得以提高。但是,对于某些脑力劳动,特别是创造性的思维活动,多数人在一起工作,反而会使注意力不集中,降低工作效率。

③群体规范作用。群体成员在彼此相互作用的条件下,会发生一种类化现象,个体差异会明显缩小。规范作用的强弱取决于群体意识的强弱。在安全意识较强的群体里,成员大多能保持安全的操作行为。与此相反,在安全意识薄弱的群体里,成员们为了抢时间、省力气、突击完成任务,往往倾向于不安全行为。对于这样的群体,必须密切注意,加强管理。

第二,对铁路运输系统外人员的安全素质要求。

铁路运输系统外人员不直接从事铁路运输交通运营生产活动,因此,对他们的安全素质要求主要体现在要严格遵守铁路运输相关运营管理规定,具备铁路运输安全法律法规和相关要求知识,具有较强的安全意识和一定的安全技能、逃生技能。不同工作岗位、不同人员的不同素质的影响要素如图1-3所示。

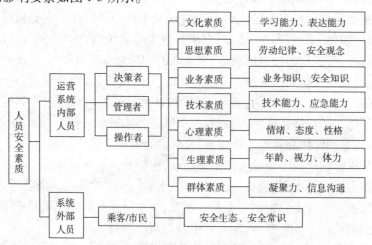

图1-3 不同工作岗位、不同人员的不同素质的影响要素

(二)设备因素影响分析

铁道运输设备设施是除人员因素外,影响运营安全的另一个重要因素。运营设备设施质量的好坏,直接关系到铁道运输安全与否。质量良好的设备设施既是运营生产的物质基础,也是运营安全的重要保障。

1. 与运营安全有关的设备类型

（1）运营基础设备设施

基础固定设备：线路（轨道、道床、道砟、轨枕等）、信号设备（信号灯、联锁设备、闭塞设备等）、通信设备（基站、固定台、计算机系统等）、车站（编组站、区段站、中间站）。

基础移动设备：机车（电力客车、工程车、轨道车等）、车辆（客车、货车）。

基础设施：路基、桥梁、隧道、车站、车辆段、停车场等。

（2）运营安全设备

包括安全监控设备。对铁路员工操作正确性进行监督，防止在实际运输作业过程中由于人的精力和体力出现不适应而造成行车事故。如防止机车冒进信号的列车自动报警、自动停车、速度监控、列车无线调度电话等。以及安全监测设备、自然灾害预报与防治设备、事故救援设备等。

2. 铁路运输安全对设备设施的要求

设备既是影响铁路运输安全的因素，又是保障铁路运输安全的物质基础。列车安全运行的基础条件要求各种运营设备必须处于安全状态。良好的运营设备是保证安全生产的重要条件，因此，设备的管理、使用、维护的相关部门必须采用先进的检测手段，及时发现设备设施隐患，建立实现维修、维护、管理的信息管理系统，不断提高设备的质量。按照设备管理控制体系的要求，正确使用设备，科学进行设备管理工作，提高设备完好率和运营保障力度。避免状态不良的设备投入运营，影响列车运行。

影响运营安全的设备因素主要指设备的安全性能，包括设备设计安全性、使用安全性、维护安全性等。

设计安全性为本质安全，即设备的 RAMS，即：可靠性（Reliability）、可用性（Availability）、可维护性（Maintainability）和安全性（Safety）的简称。

设备可靠性即为零部件在给定条件下，在给定时间间隔内可能执行所要求功能的可能性。表示方式为在规定应用和环境内的系统所有可能的故障模式、每种故障出现的概率或频率、故障对系统功能的影响。

在设备整个寿命期过程中，设备本身的可靠性可以用倒扣浴盆曲线表示，如图 1-4 所示。从图 1-4 中可以看出，运营初期设备在调试阶段时，可靠性较低（故障率较高）并随着调整而逐步提升，经过长期运作后，由于设备老化、零部件性能减退等因素，其可靠性又开始逐步下降。

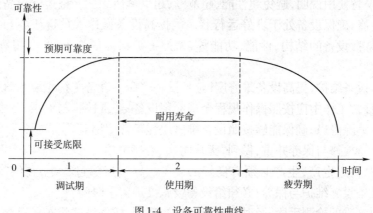

图 1-4　设备可靠性曲线

设备可维修性是指设备易于维修的特性,即在规定条件下使用规定的程序和资源进行维修时,在给定时间内对给定使用状态下的零件可进行给定有效维护操作的可能性。表示方式为计划维修进行的时间,故障的检测、标识和位置确定的时间,故障系统恢复的实际(非计划性维修)。操作与维护表示方式为在设备系统寿命内所有可能的操作方式和所要求的维护。

设备可用性即可操作性,是指假定所需要的外部资源已经提供,在给定的瞬间或在给定的时间间隔内,处于某种状态的设备在给定条件下执行所要求功能的能力。安全性和可用性的要求是存在冲突的:安全性要求越高,可用性可能会越低,设备使用中安全性和可用性目标的实现,只能通过满足所有可靠性和可维修性要求,并控制正在进行的或长期的维修和操作活动及系统环境来达到,因此,无论从运营生产上,还是从运营安全上考虑,设备可靠性越高越好,设备使用人员应充分保证及时修理或更换。

设备安全性则基于五个方面:一是在所有操作、维修和环境模式下,系统内所有可能的危害;二是以其后果的严重程度表示的每种危害的特性;三是安全及相关故障;四是安全相关系统部件的操作和维护;五是系统内安全相关部件的操作和维护。

3. 设备管理的内容

再好再新的设备,管理不好照样会出事故。只有狠抓管理、加强维护工作,使设备处于良好的状态,才有可能避免重大事故发生。提高设备本质安全,必须强化管理。

首先,坚持近期与远期相结合,做好设备安全投资规划。铁道运输设备系统是一个庞大复杂的系统工程,必须坚持近期与长期相结合,在科学分析、调查研究的基础上,全面规划、正确决策、分清主次、掌握重点。

全面检查已用设备,深入一线,找出隐患,掌握第一手资料,分析清楚设备安全隐患形成的原因和安全的危害程度,为安全投资规划提供准确的依据。根据财力、物力,区别轻重缓急,把重点放在以下几个方面:一是迅速消除危及列车安全的重大设备隐患;二是填补安全设施空白点;三是增设安全运营的控制、检测、事故预防及处理的装置和设备;四是加大列车修复能力。在投资决策上,要反复论证,防止主观臆断。要充分调动广大职工和各级组织的积极性,发挥多方面的积极性,严格控制资金,保证专款专用。

其次,合理使用设备,增强设备可操作性、安全性。正确合理的使用设备,可以减轻设备磨损,使设备保持良好的工作性能和精度,延长设备的寿命,增强设备可操作性、安全性,为生产安全创造有利条件。

严格遵守设备使用说明,避免超性能、超范围、超负荷使用。严格遵守设备操作规程,精心养护、细心检修,确保设备处于良好运行状态。提高设备操作人员责任心和技术能力,使操作人员熟练掌握设备的结构、性能、功能等,掌握维护保养的技术知识,提高员工主人翁意识。

第三,狠抓设备维护,提高设备维修度,延长设备寿命。设备维护主要指日常保养、维修和定期修整。日常工作中应按照操作规程合理使用设备,经常擦拭与润滑,习惯性检查与测试,及时调整与消除隐患,确保能够按照设备维修规程正常使用。设备维护保养应坚持预防为主的原则,坚持检修与保养并重,做到"无病防病、有病根治"。维护与生产相统一,维护是为了保证生产和促进生产,生产必须有良好的设备。铁道运输过程中,在编制列车运行图时,必须考虑设备设施维护与保养,必须给设备设施维护留下时间。

第四,采用先进的检测手段,及时发现设备设施隐患,建立维修维护管理信息管理系统,不断提高设备的质量。按照设备管理控制体系的要求,科学进行设备管理工作,提高设备完好率和运营保障力度。

必要的安全设备设施和安全技术、新设备在防止事故或减免事故损失上起到第一位的作用。如列车安全技术设备——列车运行控制系统、列车车轴轴温探测系统、列车轮轴无损探伤等。工务安全技术设备——钢轨探伤车、轨道检测车、轨道打磨车等。

(三)环境因素影响分析

影响铁路运输安全的环境包括内部环境和外部环境。

1. 内部环境

对于一般微观的人—机—环境系统而言,内部环境通常是指作业环境,即作业场所人为形成的环境条件,包括周围的空间和一切生产设施所构成的人工环境。但是,铁路运输系统是一个非常庞杂的宏观大系统,它由系统硬件(运营基础设备、设施和运营安全技术设备等)、系统工作人员(运输系统内的各级管理人员、工程技术人员、基层操作人员和后勤保障人员等)、组织机构(管理机构、运营组织机构、维护保障机构、后勤保障等)以及社会经济因素(政治、经济、文化、法规等)等相互作用而构成的社会技术系统。影响铁路运输安全的内部环境绝非仅是作业环境,它还包括通过管理所营造的运营系统内部的社会环境(即企业文化),即运营系统外部环境因素在运输系统内的反映,包括内部的政治、经济、文化、法规等环境。

2. 外部环境

影响运营安全的外部环境包括自然环境和社会环境。

自然环境是指自然界提供的、人类暂时难以改变的生产环境,自然环境对铁路运输的影响很大。铁路线路暴露在大自然中,经常遭受洪水、暴雨、风沙、泥石流以及地震等自然灾害的威胁。在各种自然灾害中,最常见的是暴雨、洪水,严重影响运输安全,危害极大。

社会环境包括社会的政治环境、经济环境、技术环境、管理环境、法律环境以及社会风气、家庭环境等,它们对铁路运输安全均有不同程度的影响,较为直接的是铁路沿线的治安和站车秩序状况。

(四)管理因素影响分析

铁路运输安全管理是指管理者按照安全生产的客观规律,对运输系统的人、财、物、信息等资源进行计划、组织、指挥、协调和控制,以达到减少或避免铁路运输事故的目的。换言之,铁路运输安全管理是指为了有效地减免运输事故及由运输事故引起的人和物的损失而进行危险控制的一切活动。主要包含以下五方面的含义。

(1)运输安全管理的目的是消灭和减少运输事故及其损失。

(2)运输安全管理的主体是运输系统的各级管理人员。

(3)运输安全管理的对象是人(基层作业人员)、财(安全技术措施经费等)、物(运输基础设备和运输安全和技术设备等)、信息(安全信息)等。

(4)运输安全管理的方法是计划、组织、指挥、协调和控制。

(5)运输安全管理的本质是充分发挥人的积极性和创造性,调动一切积极因素,促使各种矛盾向有利于运输安全的方面转化。

管理具有计划、组织、指挥、协调、控制的职能,管理使人、机器和环境组成一个能够有效实现目标的系统。虽然人、机、环境往往是造成事故的直接原因,而管理者看似间接原因,但追根溯源却是本质原因。这是因为前者都是受后者——"管理"要素支配的,所以安全工作的关键是管理。管理对运输安全的重要性主要表现在以下三个方面。

首先,管理有助于提高运输系统内人员、设备和环境的安全性,如进行人员教育与培训等。

其次,管理具有协调运输系统内人、机、环境之间关系的功能,包括人—人关系、人—机关系、人—环关系、机—机关系、机—环关系、环—环关系、人—机—环关系等。

最后,管理具有优化运输系统人—机—环整体安全功能的能力,即管理具有运筹、组合、总体优化的作用。

影响运输安全的管理因素较多,主要有安全组织、安全法制、安全技术、安全教育、安全信息和安全资金等。

第五节　铁路运输安全管理的基础工作

【案例1-6】　荣家湾4·29特大行车事故

1. 事故概况

1997年4月29日,昆明开往郑州的324次旅客列车,运行到京广线荣家湾时,与停在该站长沙开往茶岭的818次旅客列车相撞,按照官方的宣布的情况,造成乘务员和旅客死亡126人,重伤45人,轻伤185人,是继1978年杨庄事故以来最大的一次旅客伤亡事故,事故现场见图1-5。

图1-5　荣家湾4·29特大行车事故现场

2. 事故原因

长沙电务段荣家湾信号工区信号工郝某,当日在12号道岔电缆盒整理配线作业时,瞒过车站值班员,将12号道岔XB变压器箱内1号端子电缆线甩开,致使12号道岔在反位时不向定位转动;又擅自使用二极管封连线,将1、3号端子封连,造成12号道岔定位假表示,破坏了12号道岔与Ⅱ道通过信号的联锁关系。郝某在818次列车进站后及发现324次列车将要进站时,既不将二极管卸下,恢复1号端子电缆线,又不拦停列车,导致本应从Ⅱ道通过的324次旅客列车进入4道,与停在该道的818次旅客列车尾部相撞。

3. 事故处理

1997年8月22日,广州铁路运输中级法院审理本案。依照《中华人民共和国铁路法》第六十一条和《中华人民共和国刑法》第一百一十条第一款、第二十二条第一款、第五十二条、第五十三条第一款之规定,判处被告人郝某无期徒刑,剥夺政治权利终身。

一、行车安全系统管理的原则

1. 系统性

安全是运输企业产品质量的综合反映,安全工作是运输企业管理中综合性很强的一项重要任务,是业务部门、综合部门、后勤部门及思想保证部门工作围绕的中心。企业的安全专职管理部门和各生产业务部门及其他综合保证部门的关系,既有各自独立的管理内容,又有互相交叉控制的结合部,这实际上就形成了以安全生产为中心的企业管理整体系统。对运输安全之所以要作为一个整体系统来认识,是因为安全贯穿着运输生产、营销的全过程,如铁路车、机、工、电、辆、客、货等部门都有行车人身安全、设备安全问题,其他部门的工作也会影响到安全。如果各业务部门不能明确安全目标和管理标准,各保障部门不从多方面提供安全保障,安全工作中的漏洞是不可能完全堵住的。因此,企业中各职能部门围绕安全生产明确各自责任,发挥应有作用是建立安全保障体系,落实"安全第一"的基本原则。

2. 动态性

世界上的万事万物均在发展变化中,铁路运输生产本身就是一个连续不断的动态过程,运输产品是人和物的位移,机车车辆不运动就无所谓运输生产。运输企业中的内外部环境、人员、设备等发生的各种不同形态的变化,要求企业管理包括安全管理要有相应的对策,以适应各种变化因素的影响。

铁路运输生产多为露天作业,安全管理要随着高温、寒冷的季节变换,采取各种预防措施;设备由于磨耗、损坏,要及时维修更换,适时更新改造,并在新技术和新设备投入使用前,做好人员培训工作;对运输规章制度,要根据行车、货运、客运设备变化和运输安全需要进行修改、补充,并在执行过程中加强专业指导,逐步完善、规范;要适应形势发展和变化,切合实际地做好思想教育工作,建立健全动态的考核、激励和竞争机制,以增强职工的进取心和责任感。

3. 以人为本

人是生产力诸要素中最为重要的部分,人的高素质就是能力、责任感和积极创造精神、身心健康等,是确保运输安全的根本所在。运输安全要依靠科学技术的不断进步,采用先进的技术装备,以加强安全生产的物质基础,加大安全系数。但要防止见物不见人的倾向,安全生产形势的好与坏,主要取决于管理人员和作业人员的素质高低,如果人的素质不高,技术设备再先进,也往往发挥不了应有的作用,规章制度再完善也得不到落实。因此,在安全管理工作中,不仅要发挥现代化技术设备的作用,更重要的是在提高人的素质上下功夫,培养具有高度主人翁意识的职工队伍,充分调动人的积极性、主动性,这是贯彻落实"安全第一,预防为主,综合治理"方针的可靠保证。

4. 效益性

市场是以经济效益为中心的,安全与效益紧密联系、高度统一。安全为了生产、为了效益,生产必须在安全的前提下进行,否则,生产停滞,效益也就等于零,而且事故本身还有很大的经济损失,对效益有很大的影响。加强管理、保证安全是需要大量经费投入的,必须找到一个相对合理的投入、产出结合点。

5. 安全信息反馈性

在以运输安全为目的的人—机—环境系统中,为了实现对运输事故的有效控制,切实保证人身和作业安全,必须时刻掌握以往控制效果的反馈信息,作为进一步实施现场作业控制的依据。从某种意义上说,行车安全管理的根本目的就是准确、及时、经济的收集、加工、传递、存储、输出运输安全所需的各种信息(包括安全指令信息、安全动态信息和安全反馈信息等),用于安全保障系统的运作,使运输人—机—环境系统取得最佳配合的安全效果。为此,必须要有严密的组织、严格的制度和要求,建立健全各种信息中心和网络,并广泛应用各种现代先进信息处理技术,提高安全信息的准确可靠程度,增强安全信息的实效性,及时解决所发现的各种问题。

二、行车人员重点管理

(一) 一般要求

1. 掌握运输生产规律

针对关键事件、岗位、车次和人员,把安全教育工作做到运输生产过程中去。

2. 掌握自然规律

根据风、雨、雾、霜雪等天气和季节变化对运输生产和职工心理带来的影响,有预见地做好事故预想和预防工作。

3. 掌握职工思想变化规律

对于社会条件和职工需求之间的矛盾,坚持正面教育为主,及时疏通引导,协调关系,增强团结,确保安全生产形势稳定。

4. 掌握人的生理规律

按照职工性别、年龄、体力和智力差异在运输生产中担当工作的性质不同,加强对行车主要工种人员的选拔和管理。

(二) 加强对"三员一长"的培养和选拔

车站值班员、列车调度员、机车乘务员、调车长是行车工作中的主要工种,俗称"三员一长",他们从事技术性、复杂性和变化性较强的工作。机车乘务员驾驶机车、车站值班员领导接发列车工作,责任重大、影响因素很多,稍有不慎,往往引起行车事故,甚至造成重大事故。在铁路事故中,人员失误、设备故障、环境因素、管理因素和其他因素中,人员失误排在第一位,其中属于"三员一长"失误的占绝大多数。因此"三员一长"对保证行车安全具有举足轻重的作用。

由于人的主观能动性在行车安全中所起的作用越来越大,"三员一长"良好的生理与心理素质更为重要。如何根据"三员一长"这些特殊的生理和心理需要来考察、选拔并择优录用胜任人员,对确保行车安全至关重要。我国铁路科技工作者和专家学者的研究结果表明,合格的"三员一长"应具备的职业生理和心理素质可归纳如下。

1. 认知能力

智力中等程度以上,视觉功能强,注意力转移和分配好,反应快,动作协调、准确。

2. 身体状况

生理功能正常,体质健壮,有良好的适应环境能力。

3. 人格特点

责任心强,情绪稳定,紧急情况下应变能力强,对单调工作有良好的心理适应能力,疲劳状态下有耐久力。

为了加强对重点行车人员的选拔和管理,除思想品德和业务素质要求外,管理部门应重视从生理、心理素质角度选拔"三员一长",对他们进行专门的适应性检查,定期进行生理心理测试和咨询,在不断录用新人员的同时,妥善安排生理心理素质不适应的人员到其他部门或单位去工作。

三、行车安全重点管理

行车安全管理的出发点和落脚点是现场作业控制,对现场作业重点控制的内容主要包括标准化作业、非正常情况下作业和系统"结合部"作业控制等。

(一)标准化作业控制

标准化是指在经济、技术、科学和管理等实践活动中,对重复性的事物和概念通过制定、发布和实施标准,达到统一,以获得最佳秩序和社会效益。行车标准化作业是对既有作业标准,从学习标准、对照标准进而达到标准所进行的全部活动,如接发列车标准化作业是为保证车站接发列车安全,按照《技规》规定,结合设备特点,制定并实施包括作业对象、作业方法、作业过程、作业程序和时间、用语等标准的一切生产活动。标准化作业是个人行为、群体行为和管理行为的综合表现,只有在组织、制度、措施和监控等方面严格管理,才能使标准化作业得以实现并持之以恒。

1. 实行站段、车间、班组三级联控

站段、车间对标准化作业控制主要通过检查、监督、考核来实现,班组对标准化作业控制主要通过自控和互控来实现。自控是指作业人员严格遵守劳动纪律、作业标准和标准化作业;互控是不同工种人员之间相互配合、互相监督,共同遵守作业标准。在自控与互控关系上,首先抓好岗位自控,认真落实班组岗位自查制度和班组对标自检制度,把各种不安全的因素,控制在下一道工序之前,消灭在本工序之中;其次要抓住工序互控,实施工种间、岗位间、工序间的互相提醒、互相监督、互相制约,使上道工序为下道工序着想,下道工序为上道工序把关;再次是抓好上下监控,尤其是对容易发生问题的关键生产环节和作业控制点,更要加强监控力度。

2. 提高班组标准化作业自控能力。

班组自控能力是运输安全保障体系中最重要的条件之一,它取决于班组的人、物、事(管理)三者之间的和谐统一。为此,一要做好职工的技术培训工作,通过学知识、钻技术、达标准,争当业务骨干;二要以创建标准岗位为中心,全面执行"双达标"一体化管理,即将班组升级、岗位达标、设备(状态)创优、现场环境优化结合起来管理,使班组间相互竞争,班组内联责联心,增强按作业标准自控互控能力;三要注意强化班组长作用的发挥。因此,一方面要减轻班组长不必要的工作负担,保证其主要精力集中在安全生产上;另一方面给班组长更多的关心帮助,合理调整责、权、利,更好地激发班组长尽心尽职、勇于负责的事业心和责任感。

3. 严格遵守作业标准和制度

作业标准使参加同种作业的不同人员在实践、环节、动作、用语等方面取得最优配合,保证作业系统处于相对平衡的稳定状态。而在实际作业过程中,因简化作业程序引发的行车事故并不少见,这就需要对运输作业过程中的重点部位、环节、人员、时间等的安全控制点,制定单项作业标准,并建立相应的作业制度,如调车作业"三盯(盯关键岗、盯关键人、盯关键时间)、四标准(上标准岗、干标准活、讲标准话、交标准班)、把三关(进路关、信号关、制动关)"制度的严格执行,才能使调车标准化作业得到落实。

4. 增强职工执行劳动纪律、作业纪律和标准化作业的自觉性

"两纪一化"(劳动纪律、作业纪律、标准化作业)是运输安全的"柱石",职工执行"两纪一化"的自觉性越高,运输安全生产的形势就越好。因此,应对职工进行理想前途、敬业爱岗教育,开展新形势下的劳动竞赛,从正面激励广大职工自觉遵章守纪、标准化作业。同时,坚持公开、公正的竞争原则,择优录用、竞争上岗,利益分配拉开档次,关心职工生活,为职工排忧解难,使安全生产的责任感、紧迫感、危机感和主人翁意识在广大职工头脑中深深扎根。

（二）非正常情况下作业控制

【案例1-7】 7·31列车追尾事故

1. 事故概况

2005年7月31日,SY机务段SS9型0089号机车(司机王某、副司机张某)牵引西安至长春K127次旅客列车(现车19辆、总重1049t、计长45.3m),运行至新城子至新台子之间时,在4321通过信号机显示红灯的情况下,机车乘务员没有停车,又擅自2次解锁监控装置,使列车闯进4321信号机;在4333通过信号机故障显示红灯的情况下,又盲目地连续4次解锁监控装置,越过4333信号机。于19时49分在京哈线(沈阳北—长春)K433+535处,与前行的33219次货物列车(编组66辆、总重3916t、计长82.1m)发生追尾。造成机车爬上33219次列车最后一辆车;机次1、2、3位客车颠覆,4、5位客车脱轨,其中3、4、5位车辆侵入上行线;33219次货物列车机后第60~66位车辆破损;5人死亡(其中旅客4人,乘务员1人),45人受伤(其中旅客33人,乘务人员12人)。中断上行正线行车9小时57分,下行正线行车16小时59分。

2. 事故原因

据调查,造成这起事故的直接原因是,在新城子至新台子站间4333号通过信号机故障显示红灯的情况下,K127次机车乘务员严重违反《技规》第235条规定,没有在信号机前停车,解锁监控装置,以78km/h的速度超速运行(规定速度为不超过20km/h),致使K127次旅客列车与33219次货物列车发生追尾冲突,构成旅客列车行车重大事故。

正常作业条件下的标准化作业能确保运输安全。非正常情况下,由于部分作业标准无法得到实施,不得不执行特殊规定,稍有不慎极易造成行车事故。行车事故大多数发生在调车作业和列车运行中,非正常情况下接发列车造成事故的比例是相当高的,性质和后果也是比较严重的,已成为安全行车工作中的顽症。从这个意义上说,非正常情况下的作业控制,主要是研究解决非正常情况下接发列车的作业控制问题。

1. 行车事故状况及其原因分析

一是站区停电、维修或施工、设备故障、自然原因等;

二是作业失误、违章操作造成:列车冲突、脱轨、向占用区间发出列车、向占用线接入列车、未准备好进路接发列车、错办闭塞发出列车、列车冒进信号、调车冒进信号等。

事故原因分析如下:

（1）参与接发列车人员业务素质低、应变能力差;

（2）当班思想不集中、违反劳动纪律和作业纪律;

（3）车站领导对安全工作不重视;

（4）规章制度不严密或设备缺陷。

2.加强作业控制的途径和办法

非正常情况下的作业应严格遵守有关作业标准和原则,此外,还必须根据非正常情况下的作业特点,采取相应的措施和办法。铁路总公司将严把"三关"[闭塞、凭证(信号)、进路]列为接发列车"防错办"的关键环节,并制定了相应的硬性制度,对保证安全起了积极作用。为了保证《接发列车作业标准》和各项规章制度,尤其是特殊情况下接发列车的硬性规定和制度得到认真实施,有效地控制非正常情况下接发列车事故的发生,应采取科学合理、切实可行的办法,强化现场作业管理。

(1)加强对行车作业人员在非正常情况下办理接发列车作业的业务培训,组织职工定期开展特殊情况下接发列车的演练,积极推广接发列车模拟故障应变处理、实作演示训练的经验和方法,提高接发列车人员在非正常情况下的作业技能和应急处理能力。

(2)严格执行《接发列车作业标准》,强化"三控"联防制度;加强非正常情况下接发列车的进路检查、确认、询问制度;严格对关键作业、关键岗位和关键人员重点监控制度。

(3)建立以"三关(进路关、信号关、制动关)"为对象,以"防错办"为重点,以"严控关键环节"为突破口,以防止接发列车事故为目标的安全管理系统。通过大量的调查研究,在对非正常情况下接发列车进行系统的安全分析的基础上,充分运用控制论原理和行为科学方法,以部颁《接发列车作业标准》和《技规》为准绳,将"防错办"、"防溜逸"等制度层层分解到各种非正常情况下接发列车的控制系统中,如停电接车关键环节控制、使用特定行车办法发车关键环节控制等,并利用"控制卡"的形式,明确了各种情况下的适用范围、关键环节、控制要点、标准要求及监控人员等,使非正常情况下接发列车全过程的控制程序化、系统化、严密化。

(三)结合部作业联控

1.结合部的内涵和实际意义

结合部是指几个单位或部门共同参与工作或管理而形成的互相联系、互相制约的环节、区域或部位。就行车工作而言,结合部是在运输过程中为了安全生产这一共同目的,不同部门和不同工种人员协调动作、联合作业,在生产和管理上发生交叉、重叠的区域和环节。例如,在列车运行、接发列车和调车作业等生产环节必须由车务、机务等部门联合作业,在铁路区段上铁路局间的分界口管理,线路大修时的施工与运输部门间的密切配合等,都是多个部门、多重作业的汇集之地。这些部位往往是管理松散、矛盾集中、事故多发的系统薄弱环节,是安全管理的重点和难点。

行车作业结合部是一个系统,具有系统的一般特性,即整体性、相关性、目的性、有序性及环境适应性。此外,结合部还具有以下基本特征。

(1)多重作业。生产中多工种联合劳动,多工序紧密衔接。工种、工序间常会发生脱节、失调现象,使结合部处于无序状态。

(2)多元集合。管理工作由多个部门或单位共同负责、相互交叉,常会因自身利益脱节、扯皮、推诿现象,影响结合部整体功能的发挥。

(3)多级传递。信息产生和处理往往要经过纵向上下几个层次的多级传递,自下而上汇集,自上而下反馈,往返传输,常会造成延迟或中断,影响系统的正常运转。

(4)多方受控。各单位都有自己的主管部门,在协调相互关系时,涉及管理模式、设备运用、利益分配等问题,只抓某一方面难以奏效。

2.结合部作业联控

要有效地保证运输安全,离不开各部门各工种的协调配合、群体防范,否则,就会打乱甚至破坏运输正常秩序,使安全失去基本条件。如果各部门只从本位出发,出了事故互相推卸责任,就难以抓住事故的本质问题,难以采取有效的防范措施。再说,作业人员总会有失误,设备总会有故障,环境也在不断变化,意外的情况时有发生,如果不组织相关部门互相监督、多个工种共同预防,就会使本来可以避免的事故发生。强化结合部管理是降低事故发生概率、保证行车安全的重要途径。

结合部管理实质上是一种横向管理,是协调不同部门和工种之间横向关系的一种手段——联合控制(联控)。行车系统联控是针对不同结合部的问题,采取有效方法,并积极付诸实施,其基本原理和方法是增加有效冗余,加强前馈控制及系统要素优势互补,基本要求包括以下3个方面。

(1)通过安全系统的分析和评价,找出系统薄弱环节,提出预防措施。

(2)制定相关部门联合控制的作业标准、程序和措施。

(3)建立信息网络,制定联控制度,加强联控考核。

各部门内部作业人员和工序之间的自控和互控的基础,首先抓好本部门的自控和联控,部门间的联控才能得到有力支撑并发挥应有作用。

在行车工作中,列车冲突事故位居行车严重事故之首,危害极大。"两冒"、"错办"本身既是事故,又是列车冲突事故的重要原因,如何有效防止,就成为接发列车作业结合部急需解决的首要问题。从国情和路情出发,我国铁路采用"机车三大件"和"车机联控"相结合的办法,有效地解决了这一老大难问题,并成为结合部联控的成功典范。

车站错误办理接发列车进路的事故原因,除设备故障外,主要是参与接发列车工作的人员错误操作和监控不力。另外,在运输安全系统分析中,通过对列车冒进信号事故树的定性分析得知:在14个基本事件中,结构重要度较大的基本事件是自动停车装置被关闭和自动停车装置故障。对接发列车系统结合部的这些主要问题,可实施车机联控加以解决。

车机联控是在大力发展和完善"机车三大件"的基础上,利用列车无线调度电话使车(车站值班员、运转车长)机(机车乘务员)双方互相通话,实现列车运行与接发列车作业联控。列车进站前,司机必须在预告信号机外,运用列车无线调度电话向车站呼叫,车站值班员必须及时回答,告知列车进路和信号状态;非正常情况下,车站主动利用列车无线调度电话预告司机。司机与运转车长利用列车无线调度电话互相联系,了解列车尾部风压和列车自动控制系统状态。列车出发前,车站和司机之间增加确认进路的联控作业标准用语,司机按照发车信号动车。

车机联控后,将列车无线调度电话由以前的通信联络工具变为现行的行车指挥与监控的辅助工具。机车出库前,必须检查确认其状态良好并取得合格证后机车才能出库。列车运行途中,机车有关安全保障设备必须全程运转,严禁"关机"。车、机运用列车无线调度电话进行互控和联控,相互提醒,互相监督,并对通话信息全面记载,定期考核分析,从而有效地控制了"两冒"和"错办"事故的发生。

四、加强班组安全管理

(一)班组在安全生产中的地位和作用

1. 班组是运输生产的基本单位

班组是保证铁路运输安全生产的最基本、最基层的活动单位,是铁路运输安全生产的落脚点。我们的运输生产活动正是以班组为单位展开的,安全生产的目标归根到底要在班组实现,安全生产的记录归根到底要在班组创造。

2. 班组是铁路运输安全管理的基础

生产班组是以最基本的生产工人组成的,这些生产工人是铁路运输安全活动的实践者,安全管理制度只有以这些基本工人群众的经验、素质、积极性、创造性为基础,才能更加符合安全生产的客观要求,并且具有得以贯彻落实的可靠保证。

班组的基本功能就在于通过自己的生产实践活动完成站段或车间下达的运输生产任务。生产班组既是落实安全生产管理制度的终端,又是检验安全管理制度合理与否的实践场所。铁路运输中的各项技术指标、作业过程、规章制度,都要在班组实施,而作为制定安全管理制度的大量原始记录、统计台账等,都要由班组提供。同时,班组在第一线从事生产实践,最了解安全生产的关键所在,最清楚安全管理上存在的问题和薄弱环节,这些关键问题也最容易在生产班组反映出来。这样,生产班组为制定安全管理制度提供了实际依据、实践场所和检验手段,是铁路运输安全管理的基础。

3. 班组安全形势对全局有重大影响

铁路运输的点多、线长,参与运输生产的部门多、工种多,这些特点决定了它是高度集中统一的、联动性的社会化大生产。虽然各工种、各个班组生产活动是分散的,但绝对不是孤立的分散,各个班组是组成铁路运输安全生产链条上不可缺少的环节,任何一个环节的断裂,都会使一定范围乃至全局的正常运输秩序遭到破坏。比如,某调车组在调车作业过程中发生车辆脱轨事故,使正线行车中断,不仅影响本站的接发车作业,而且影响整个区段的列车运行。在繁忙的干线上,甚至打乱全局、全路的列车运行秩序。班组的安全成绩,直接影响站段和全局的安全形势。

(二)充分发挥班组长和安全员的作用

为了保证班组的安全生产,班组长和安全员应当发挥更大的作用。

1. 班组长在安全生产中的作用

(1)班组长是安全管理的组织者。规章制度的实施、基础资料的积累、班组成员的考评等都必须在班组长的组织领导下进行。

(2)班组长是班组安全运输生产活动的指挥者。铁路基层站段的安全生产一般实行站(段)长、车间主任、班组长三级管理,班组长是最基层的安全生产指挥者。

(3)班组长以普通工人的身份参加安全生产实践,并在安全生产实践中发挥表率作用。

2. 班组长在安全生产中的职责

(1)在车间主任的领导下,对本班组安全生产全面负责,直接指挥本班组的生产活动。

(2)搞好本班组的安全管理,正确填记本班组的各种原始记录和台账簿册。

(3)落实岗位责任制,将班组的安全生产和收益分配挂起钩来。

(4)及时处理生产中的各种问题,组织班组技术业务学习,提高班组成员素质。

(5)主持召开安全生产总结会、民主生活会等,加强思想政治工作,保持班组正常的生产和工作秩序。

3. 班组长在安全生产中的权限

(1)对班组的安全管理和安全生产有组织指挥权,对上级违反规章制度的指令有拒绝执行权。

(2)在有利于安全生产的前提下,有权合理分配本班组成员的工作,对生产成绩突出的个人,有权进行表扬和建议上级表彰,对影响安全生产的人员有权批评,必要时可暂时停止其工作,并有权建议上级给予处分。

(3)有权按照经济责任制的有关规定,对本班组的安全生产奖金进行分配。

(4)参与本班组工人的考评工作,对本班组工人的转正、晋级拥有建议权。

4. 安全员在安全生产中的职责

班组安全员的设立,是组织班组职工参加安全生产方面的民主管理的一种好形式,它可以使安全生产有更为可靠的组织保障和更为广泛的群众基础。

(1)安全员是遵章守纪的检查员。安全员在班组长的领导下开展工作,他要检查全体成员遵章守纪、安全生产的情况,检查安全生产的各项制度、措施落实的情况;检查班组成员的人身安全和劳动保护条件是否得到保证,检查班组成员在安全生产方面的正当权益是否得到保护。在检查的同时,制止一切违反安全生产的行为。

(2)安全员是提高业务技术水平的教练员。班组安全员应该是班组中办事公道、积极热心、业务熟练、技术过硬的生产骨干。这样,安全员可以配合班组长组织学习文化、学习技术,进行岗位练兵,以熟练掌握本职本岗应知应会的知识,不断提高业务技术素质,增强安全生产本领。

(3)安全员是提供安全生产情况的信息员。建立安全生产信息的记录、统计分析和反馈制度,是加强班组安全管理的一项重要的基础工作,这项工作主要由安全员担任。

(三)培养班组群体安全意识

为了保证安全生产,生产班组有很多工作需要去做,但基本在于培养起一种氛围、一种舆论、一种共同信念、一种向心力和凝聚力,这就是群体安全意识。

1. 群体安全意识的含义

群体也叫团体,两人以上为了达到共同的特定目标,相互依赖和相互作用,就构成了群体。其特征如下:

(1)各成员互相依赖,在心理上彼此意识到对方,即意识到群体中的其他个体。

(2)各成员在行为上互相作用、直接接触、彼此影响。

(3)各成员具有团体意识,具有归属感,彼此有共同的目标和追求。

群体安全意识,属于社会舆论和集体感受,是一个班组内所有成员个人共同感知、认同和遵守的信念、意识。

2. 群体安全意识的作用

班组群体安全意识,一般不是明确规定的,但往往比正式规定的规章制度更有约束力,它往往是不成型的,但它在班组的整个安全生产实践中无时无处不在。它就像威力很强的凝结剂,使班组规章制度、思想教育、组织建设等各种手段结合、凝聚、统一在一起,形成合力,从而提高整个班组成员统一奋斗目标,产生一种个人得失与集体成就休戚相关的心理。因此,培养班组群体安全意识,将有力地促进班组安全生产。

3. 群体安全意识的培养

班组群体安全意识的形成是一件难度很大的工作,它不仅需要一定的时间,还需要采取正确的方法。

(1)开展正面教育

正面教育就是多鼓励、多引导,用正面道理使受教育者提高认识。要经常、反复地向班组成员宣传"安全第一"思想,讲清楚搞好安全生产与自身的主人翁地位、与对国家的贡献、与班组的集体荣誉、与个人的利害得失的关系,从而调动班组成员的安全生产积极性。使班组成员认识到,有些最基本的意识和信念就是在不断地重复中扎根于人们思想深处的。这种反复的正面教育是我们常用的一种基本教育方法。

(2)进行强化激励

激励,就是激发与鼓励。强化就是对人的某种行为给予表扬、肯定和鼓励,使这个行为得以巩固与保持,或对某种行为给予批评、否定和惩罚,使其改正、减弱与消退。

(3)典型示范

"榜样的力量是无穷的"。我们企业的每个车间乃至最基层的生产班组,都有安全生产方面的先进典型。我们要善于调查研究,总结经验、树立典型,使全班组都有比学榜样、赶超对象,从而达到安全生产的目的。

这种方法运用了心理学中关于模仿的原理。当一个感知别人的行为时就会产生实现统一行为的愿望,随之而来的便是模仿。这就是说,别人的行为影响和制约着自己相同行为的产生。这些人在自己的心目中威信越高,其影响和制约作用也就越大。这就是通过典型示范来进行安全生产教育效果显著的原因所在。

(4)利用从众心理

从众心理是一种与模仿有紧密联系的心理学现象。人是在群体中生活的,人也接受群体的影响。不仅行为有感染力,而且认识和观点也有感染力。个体受群体影响而改变其行为的现象就是从众。从众起源于一种团体压力,只要团体存在,就存在着团体压力。团体压力是通过多数人一致的意见形成一种压力,去影响个人的行为。团体压力虽然没有强制人执行的性质,但它在个体心理上所产生的影响有时反而比权威命令大,更能改变个体的行为。在安全思想教育的过程中,我们要自觉地利用这种心理现象。对于班组中个别安全思想不牢固,尤其是刚刚补充到班组中来的新职人员,我们要充分发挥班组优良传统作用和光荣历史荣誉等有利条件,加大团体压力,改变个别成员的不安全思想和行为,以促进班组安全意识的形成。

五、安全管理手段

(一)经济手段

经济手段是指通过工资、奖金、罚款等经济措施以及经济责任制、经济核算制等形式去影响和调动广大职工的积极性,是一种为了保证生产任务的完成和安全目标的实现而采取的物质刺激手段。

在社会生产力发展水平不高、人们的思想觉悟和道德水准尚未达到高标准要求时,适当采用经济手段,可以起到其他手段所无法达到的作用。

经济手段不是一种强制的直接影响被管理者意志的方法,而是以刺激、诱导等方式间接影响被管理者的意识和行动,是通过经济利益的分配,鼓励先进,惩罚落后,从而调动广大职工的积极性,规范人们的行为,把人们的注意力引到安全生产上来,使运输生产的参与者人人关心安全生产、研究安全生产,进而促进安全生产。

(二)行政手段

行政手段是通过一定的行政隶属关系,从上而下地运输生产活动中个人、群体和管理行为表示肯定(应该做什么,怎么做,做好了怎么办)和否定(不该做什么,做坏了怎么办)的认可,以协调人们之间的关系,保持相对平稳的一种重要的调节手段。它主要依靠行政领导机关的职能和权力,采取行政命令、指示、规定、决定(表彰或处分等),规范人的行为,指导和干预铁路运输安全生产。铁路运输是在全运程（旅客及货物由发站运到到站的全部里程）和全过程（基本生产和辅助生产中各部门、各单位、各工种的全部作业过程）中进行的，因此，在时间和空间上必须有严格的规定和统一的标准，有铁路行车组织的命令、指示，运输安全管理条例，规章制度及政策性指令等，因事关运输安全正点和任务的完成，广大运输职工必须无条件服从。行政手段有明显的强制性和权威性。

为使行政手段发挥好应有效能和作用，各级领导和基层干部应大兴调查研究之风，使决策民主化、科学化，并通过落实安全责任制，把管理、监控、服务三者有机地结合起来，为政令畅通、确保安全提供较为宽松的内部环境。

（三）思想工作

思想工作是运输安全管理最经常运用的工作方法和手段。在我国铁路行车安全工作中，出现过许多先进的安全典型，有的几千天甚至几十年未发生过责任行车事故，坚持思想政治工作是他们共同的经验。

安全生产管理的思想工作包括四个方面：一是掌握运输安全规律，抓住关键时间、部位、车次和人员，把思想工作做到运输生产任务、生产环节和运输生产的全过程中去；二是根据大自然的风、雨、雷、雾、雪天气和季节的变化对运输生产和职工思想情绪带来的影响，有预见地做好超前的思想工作；三是掌握职工思想变化规律和社会诸多因素的影响，及时了解职工之间和职工家庭内部的矛盾情况，抓住思想问题的症结，及时疏通引导，增强团结，振奋精神；四是掌握人的生理规律，根据职工性别、年龄、体力的差异和在运输生产中反映出来的思想情绪，因人而异地做好思想工作。

（四）法律手段

法律手段是在其他调节手段已不起作用或无法取代的情况下，用来解决比较复杂的关系和矛盾的。它是通过贯彻执行有关法律条文，规范人们安全生产和保护运输安全的行为，以达到维护法律尊严、保证生产安全的目的。铁路运输安全管理运用法律手段的范围主要有以下两个方面。

1. 用法律保护铁路运输企业的合法权益

因在运输生产中，人为破坏铁路设施和正常运输条件、危及行车安全的恶性案件时有发生，如有的违反规定携带危险品上车，有的偷盗铁路通信器材，有的关闭车辆折角塞门，有的拆卸轨道连接装置等。这些破坏行为严重危及铁路行车安全，必须依法整治。

2. 对严重危害运输安全的违法行为，由执法部门依法执行相应的惩处

如少数职工玩忽职守，对本职工作极不负责，违反有关法律规定或规章制度，不履行或不正确履行自己的工作职责，致使重大事故发生，应按《中华人民共和国刑法》（简称《刑法》）规定：按情节轻重追究其刑事责任。对重大事故的肇事者或责任人依法严惩是从严治路的一个重要方面，也是一种教育方式。

（五）各种手段的综合运用

综上所述，运输安全管理手段可分为两类：一是柔性调节手段，包括思想政治工作，包括情感手段、心理手段、奖励、表彰、晋级、提升等激励手段；二是刚性调节手段，如经济处罚、行政规定和处分、追究刑事责任等。经济、行政、思想工作和法律等手段有各自的功能和作用，但各有其使用上的局限性。以经济手段为例，它是通过让职工在经济上得到实惠或受到损失，激励他们关心并做到安全生产。但这只对那些有较高物质利益要求的人起作用，对一些期望值过高或者对物质利益不太关心的人来说，就起不到应有的鞭策和激励作用。如果操

作不当还会使一些人只顾眼前利益而忽视长远利益,这就需要其他调节手段相配合。从调节的作用看,各种管理手段都不是孤立的,更不是互相排斥的,而是紧密联系、相辅相成的。因此在运输安全管理工作中,实事求是、综合运用好各种管理手段,理顺各种复杂关系,化消极因素为积极因素,让广大铁路职工的安全生产积极性和创造性得到更充分的发挥。

铁路运输系统管理是运用安全系统分析和安全系统评价等理论和系统管理的思想方法,把构成运输系统的要素有效地组织起来,实行整体、动态、定量地全方位管理,以求运输系统达到安全最佳状态。

思考题

1. 简述世界上的第一条铁路。
2. 安全在铁路运输中的地位如何?
3. 铁路运输安全工作特点主要体现在哪几个方面?
4. 铁路运输中安全与效率的关系如何?
5. 我国铁路经实践检验并加以推广的经验有哪些?
6. 现阶段我国铁路安全管理的主要问题有哪些?
7. 安全具有哪些普遍性?
8. 铁路运输安全有哪些特殊性?
9. 行车安全监察机构和人员具有哪些职权?
10. 行车安全监察机构应遵守哪些工作准则?
11. 与铁路运输安全有关的因素有哪些?
12. 人在铁路运输安全的特殊作用有哪几点?
13. 设备设计安全性的 RAMS 各指什么?
14. 管理对运输安全重要性主要体现在哪几个方面?
15. 行车安全系统管理有哪些原则?
16. 行车人员重点管理有哪些一般要求?
17. 行车工作中"三员一长"各指什么工种?
18. 简述现阶段我国铁路行车事故的状况及其原因。
19. 什么是结合部?结合部具有哪些特征?
20. 简述班组在安全生产中的地位和作用。
21. 班组长在安全生产中的作用有哪些?
22. 什么是群体?群体有什么特征?
23. 如何培养群体安全意识?
24. 安全管理都采取哪些手段?

第二章　铁路行车事故处理

★ **教学目标**

本章主要讲述铁路运输安全法律体系;铁路行车事故的分类和构成条件;事故的报告、调查和处理;铁路行车事故救援;铁路突发情况的应急处理等内容。通过本章的学习,使学生了解铁路运输的法律、法规体系及发展历程,了解《铁路运输安全管理条例》、《铁路交通事故调查处理规则》,掌握《铁路运输安全管理条例》与日常生产、生活有关的内容,掌握铁路行车事故的分类及构成条件,掌握《铁路交通事故调查处理规则》中有关的名词,掌握铁路行车事故救援的设备及使用方法,培养学生树立"遵章守纪"的意识,具备编制《铁路交通事故调查处理报告》的能力,具有利用所学的理论知识,处理铁路突发事件的处理能力。

★ **建议学时**

12 学时。

第一节　铁路运输安全法律体系

【案例 2-1】　沈阳铁路局 7·27 货物列车冲突重大事故

1. 事故概况

1990 年 7 月 27 日 8 时,2523 次货物列车与 848 次货物列车,在沈阳铁路局通化分局梅集线通沟至干沟间 89km 488.5m 处发生正面冲突,造成 2523 次机车 1、2、15、19 位车辆脱轨,16、17、18 位车辆颠覆;848 次重联机车颠覆,机车 1 位车辆脱轨,机车报废 4 台,货车报废 1 辆,大破 4 辆,中破 2 辆,小破 3 辆;线路破坏 100m,损坏钢轨 8 根,轨枕 156 根;机车乘务员死亡 9 人,重伤 3 人,中断正线行车 25h15min,是一起重大责任事故。

7 月 27 日,通沟站值班员王某 7 时 30 分接班后,于 7 时 38 分接到三源浦站 2523 次发车通知,王某填写了行车日志,排了二道接车进路。7 时 39 分,王某又接到干沟站 848 次开车通知,填写了行车日志,但没有排 848 次接车进路。接着王要到粮库借油漏子,准备给职工分油,让该站站务员岳某替他顶岗,并交代"2523 次开过来了,干沟站有外调",王某说完,去粮库了。大约 7 时 53 分,岳某听到 2523 次司机用无线电话呼喊通沟站,询问通沟站能否通过。岳某答复司机"慢一点,看信号"。接着两次询问干沟站"站外调"情况,干沟站值班员赵某答复"调车已结束"。岳某马上询问赵某:"闭塞表示灯亮的是什么灯?"赵某说是红灯。岳某又问赵某"你取消?我取消?"赵某说:"你取消吧。"然后,岳某便使用半自动闭塞故障按钮取消了原 848 次占用区间的表示红灯。接着岳某与赵某办理了 2523 次闭塞手续,开放了 2523 次二道出站信号。

7 时 57 分,2523 次列车由通沟站通过。列车全部通过通沟站运转室后,岳某向列车调度员李某报告:"2523 次通沟 7 时 57 分通过。"李某作了复诵。过了大约 1min,李某又用电话找岳报点。岳某说："报啥点呀,不都报了吗?"李某说"你848呢?"岳某说："不知道848。"接着岳某向三源浦、干沟两站问848情况。干沟站赵某说："848,39分开了。"岳某才想起看行车日志,发觉848还在区间,连忙拿起无线电话呼唤2523赶紧停车,但没有回音,此时2523次和848次已发生正面冲突,时间为8时整。

2.事故原因

这次事故是通沟站值班员王某违反《技规》第241、242条、《行规》第69条、《车站行车工作细则》(简称《站细》)第26条以及局发1990年劳字114号文件规定,在值班中擅离职守,私自委托他人顶岗,作业时不按规定与到车调度员联系会车计划,对有关接发车事项不认真向顶岗人员交代,为这起事故埋下了严重的隐患,是这起事故的主要原因之一。

办理接发车的通沟站站务员岳某,干沟站值班员赵某违反《技规》第204、241、242条及部颁《接发列车作业标准》(TB 1503—84)的规定,简化作业程序,不检查确认区间空闲,盲目使用事故按钮强行开通区间,误办2523次闭塞;通沟站助理值班员于某,当班精神不集中,未起到监督作用,是这起事故主要原因之二。

通沟站站务员岳某技术素质低,据本人交代,对控制台闭塞表示灯显示作用不完全明白,以为控制台上闭塞表示灯是出站调车所至,没想到是区间被列车占用。干沟站值班员赵某对出站调车和跟踪调车概念不清,笼统称为"站外调"。如果赵对两者概念清楚,使用标准用语,岳很可能从"跟踪"字句上察觉出区间有列车占用。梅通台列车调度员李某不按规定向中间站布置三四小时列车会让计划。2523次7时38分三源浦开出及848次7时39分干沟开出,两站先后报完点,也没向通沟站布置会让计划,当通沟站2523次7时57分通过报点时,李也没发现车站办理上的错误,约过1min,李又让通沟站报848次点时,仍未发现两列车进入一个区间,是这次事故主要原因之三。

通化车务段干部作风不实,管理不严,对职工"两纪松弛问题"解决不力。通沟站长、副站长家都不在当地。7月27日早晨站长牛某没有到站,副站长苢某又提前走去通化给孩子看病,造成该站没有站长组织交接班,致使接班后职工违纪无干部发现和制止,也是这起事故的一个重要因素。

3.事故处理

(1)通沟站值班员王某违反《技规》第241条、《行规》第69条、《站细》第26条及局劳发(90)第114号文件规定,在办理接发车作业中,不按规定与调度员联系合让计划,擅离职守、私自找人顶岗,离岗前对有关接发列车事项不认真向替岗者交代,是造成这起重大事故的主要责任者,交司法机关追究刑事责任。

(2)通沟站站务员岳某违反《技规》第241条、第242条和部颁《接发列车作业标准》(TB 1503—84)第1503条的规定,未经领导批准擅自代行车站值班员办理接发列车作业,在不确认区间空闲情况下,违章办理行车,强行使用闭塞故障按钮,向被占用区间开行列车,是构成这起重大事故的主要责任者,交司法机关追究刑事责任。

(3)干沟站值班员赵某违反《技规》第242条和部颁《接发列车作业标准》(TB 1503—84)第1503条的规定,在未收到848次列车到达通沟站通知的情况下,又不确认区间空闲,就承认2523次闭塞,实属玩忽职守,是造成这起重大事故的主要责任者,交司法机关追究刑事责任。

(4)通化分局列车调度员李某,违反《技规》第147条,《铁路行车调度规则》(简称《调规》)第90、第97条的规定,没有布置中间站三小时会让计划,未注意列车运行情况,对这起重大事故负有重要责任,给予开除路籍处分。

……

一、铁路运输法律法规

铁路运输安全,不仅关系到铁路自身的效率和效益,而且与社会生产、社会生活、社会安定、构建和谐社会密切相关。因此,党和国家历来十分重视铁路运输安全工作。60多年来,铁路从制定和完善规章,强化科学管理,加大科技投入,提升安全技术装备等方面,不断提高安全的可控性和保障性,最大限度减少和防止事故发生。国家从以人为本出发,制定和颁布了一系列法律、法规和规章,使铁路安全有法可依,有章可循。

早在1949年9月,军委铁道部就提出"向事故作坚决斗争","彻底消灭事故,保证行车安全,完成运输任务,是铁路应该尽到的责任","运输必须安全,安全为了运输"。1950年1月底,铁道部就制定和颁布了《关于防止事故保障行车安全的命令》及《实施安全负责制暂行办法》。6月,全国铁路统一的《技规》公布(至今已先后进行了十一次修订)。

1950年5月1日,铁道部成立了行车安全总监察室,各铁路局设行车安全监察室,各铁路分局设行车安全监察分室,负责监督检查《技规》和有关行车安全规章与制度的贯彻执行,并负责事故发生时的抢修指挥、事故调查和处理。

1962年,铁道部颁布实行《铁路运输安全工作条例》,在全国铁路运输部门的车间、班组设立了安全员,形成基层单位安全监督网。

"文化大革命"中,针对交通行业安全状况不好的局面,1971年6月,中共中央下发了《关于加强安全生产的通知》,此后,周恩来等中央领导同志多次指示,"一定要搞好运输安全","对于发生的事故要查清处理,从中吸取教训"。

1975年,时任国务院副总理的邓小平同志对铁路安全事故剧增的情况指出:"现在铁路事故惊人,这中间有许多责任事故……必要的规章制度一定要恢复整顿。组织纪律性一定要加强"。不久,中共中央以9号文件的形式发布了《关于加强铁路工作的决定》,以铁路为突破口带动全国各行各业的整顿。

1977年,铁道部在《关于进一步加强安全的决定》中重申了"安全为了生产,生产必须安全"的精神,坚持预防为主,要求各业务部门要有专人负责行车安全工作。

1988年春节,铁道部发布了《关于整顿运输,确保安全,搞好春运的措施》。1990年9月7日,第七届全国人民代表大会常务委员会第十五次会议通过了《铁路法》,自1991年5月1日起施行。

1995年1月,铁道部发出了《关于加强铁路运输安全基础建设的决定》。决定指出,从1995年起,把安全基础建设作为一项重大工程,长期不懈地抓下去。2002年6月29日第九届全国人大常委会第二十八次会议通过的我国第一部全国规范安全生产的专门法律《中华人民共和国安全生产法》,自2002年11月1日起施行。2004年12月27日,国务院发布了《铁路运输安全保护条例》,于2005年4月1日起实施。2007年6月27日,国务院发布了《铁路交通事故应急救援和调查处理条例》,于2007年9月1日起实施。

这些法规,对于加强铁路运输安全管理,推进依法行政,保障铁路运输安全和畅通,规范铁路交通事故的应急救援和调查处理,保护人民生命财产安全以及旅客、货主和铁路企业的合法权益,促进铁路运输业和国民经济健康发展,具有十分重要意义。

二、铁路安全管理条例

《铁路安全管理条例》已经 2013 年 7 月 24 日国务院第 18 次常务会议通过,现予公布,自 2014 年 1 月 1 日起施行。具体内容详见本书附录。

三、《铁路安全管理条例》解读

1. 设置铁路线路安全保护区的原因

铁路线路安全保护区,是指为防止外来因素对铁路列车运行的干扰,减少铁路运输安全隐患,保护国家的重要基础设施,在铁路沿线两侧一定范围内对影响铁路运输安全的行为进行限制而设置的特定区域。这里所说的铁路线路,包括铁路钢轨道床、路基、边坡、侧沟及其他排水设备、防护设备等,以及铁路桥梁、隧道、场站等。

长期以来,一些单位和个人在铁路线路两侧修路、挖沟、盖房,或进行排污、烧荒、倾倒垃圾、放养牲畜等,严重影响了列车运营安全。为此,2004 年发布的《铁路运输安全保护条例》本着维护铁路运输安全和节约用地,方便沿线群众生产生活的原则,参照我国相关行业的做法和经验,设定了铁路线路安全保护区,对保障铁路安全畅通、保护铁路沿线社会公众生命和财产安全,发挥了重要作用。近十年来,高速铁路的快速发展和既有铁路的提速,对铁路沿线安全环境提出了更高要求,原条例设定的铁路线路安全保护区范围及相关管理制度已不能适应新形势发展需要。修订后的《铁路安全管理条例》对铁路线路安全保护区的相关制度做了进一步的调整完善。

2. 铁路线路安全保护区的范围

铁路沿线情况错综复杂,火车经过城市市区、城市郊区、村镇居民居住区与其他地区,面对的安全状况是不同的;特别是高速铁路速度快、对安全环境要求更高。因此,本条例从实际出发,对铁路线路安全保护区的范围作了四种不同情况的规定,即铁路线路安全保护区的范围,从铁路线路路堤坡脚、路堑坡顶或者铁路桥梁(含铁路、道路两用桥,下同)外侧起向外的距离分别为:

①城市市区高速铁路为 10m,其他铁路为 8m;
②城市郊区居民居住区高速铁路为 12m,其他铁路为 10m;
③村镇居民居住区高速铁路为 15m,其他铁路为 12m;
④其他地区高速铁路为 20m,其他铁路为 15m。"其中,路堤坡脚是指路基边坡与地面相接的部分,路堑坡顶是指路堑坡坡面与地面相接的部分。

同时,条例还考虑到在特殊路段、特殊情况下,上述距离不能满足铁路运输安全保护的需要,需要适当扩大铁路线路安全保护区范围的情况,明确规定:"前款规定距离不能满足铁路运输安全保护需要的,由铁路建设单位或者铁路运输企业提出方案,铁路监督管理机构或者县级以上地方人民政府依照本条第三款规定程序划定。"

3. 铁路线路安全保护区与铁路用地的关系

铁路线路安全保护区是为了保障铁路运输安全而设的一个特定区域。在此区域内,禁止从事危及铁路运输安全的行为,但并不改变用地的权属关系。铁路用地的取得有两种方式:一种是依据《中华人民共和国土地管理法》,通过划拨方式取得的铁路建设用地;另一种是以出让等有偿使用方式取得的铁路用地。通过这两种方式取得的铁路用地,均具有产权属性。

在实际划界时,铁路线路安全保护区边界与铁路用地边界可能出现不一致的情况。铁路用地边界可能大于安全保护区边界,也可能等于或小于铁路线路安全保护区边界。无论是在铁路用地地界内还是地界外,本条例所列的禁止性规定都同样适用。

4. 铁路线路安全保护区的划定

鉴于铁路线路安全保护区在实际划定时可能遇到的各种复杂情况,条例对不同情况下的划定程序和权限做出了具体规定。

一是在铁路用地能满足铁路线路安全保护要求的情况下,由铁路监督管理机构组织铁路建设单位或者铁路运输企业划定并公告。这样规定是因为在铁路征地时,地方政府已对铁路用地进行了审批,对铁路建设用地及安全保护的需要已经审核同意。在地方政府已经批准的铁路用地范围内设立铁路线路安全保护区,可以不再由地方人民政府进行审批,提高工作效率。

二是在铁路用地范围外划定铁路线路安全保护区的,由县级以上地方人民政府组织有关铁路监督管理机构、县级以上地方人民政府国土资源等部门划定并公告。划定主体为县级以上地方人民政府,包括省、市(设区的市)、县三级地方人民政府。县级以上地方人民政府划定后,还应当依法履行公告义务,以保障公众的知情权。在铁路线路安全保护区内,本条例规定了相关管理制度,明令禁止一系列可能危害铁路线路和运输安全的行为。县级以上地方人民政府只有及时履行公告义务,使人民群众知悉铁路线路安全保护区的范围,才能保障安全保护区内相关制度和禁止性规定的切实执行。

三是在铁路线路安全保护区的范围可能与公路建筑控制区、河道管理范围、水利工程管理和保护范围、航道保护范围或者石油、电力以及其他重要设施保护区重叠的情况下,条例规定由县级以上地方人民政府组织有关部门划定并公告,同时要求依照法律、行政法规的规定进行协商。这里的有关部门,包括但不限于铁路监督管理机构、交通运输部门、河道管理部门、水利管理部门、航道管理部门、石油电力以及其他相关企业等。有关部门依照法律、行政法规的规定进行协商、达成一致意见后,最终划定并公告的主体仍为县级以上地方人民政府。

5. 实行全封闭管理的铁路

《铁路安全管理条例》第二十八条规定:"设计开行时速120km以上列车的铁路应当实行全封闭管理。"

在铁路既有线提速之前,行人穿越铁路造成的人身伤亡事故较少,主要是因为列车速度较低(一般均低于时速100km),多数情况下行人发现来车紧急撤离铁道,具有一定的可能性。随着列车运行速度的提高,行人穿越铁路,发现来车往往来不及撤离铁道,发生伤亡事故的概率相应增加。为保障广大人民群众人身安全,条例总结实践经验,新增加了"设计开行时速120km以上列车的铁路应当实行全封闭管理"的规定。

6. 禁止在铁路线路安全保护区内烧荒、放养牲畜、种植影响铁路线路安全和行车瞭望的树木等植物的原因

《铁路安全管理条例》第二十九条第一款规定:"禁止在铁路线路安全保护区内烧荒、放养牲畜、种植影响铁路线路安全和行车瞭望的树木等植物。"

禁止在铁路线路安全保护区内烧荒,首先是因为线路两侧烧荒容易引发火灾,直接威胁铁路行车安全;其次,烧荒产生的高温容易破坏埋设在线路两侧或者在线路上空的铁路通信、信号线路的保护设备,直接导致线路短路,影响铁路调度指挥系统;再次,烧荒引起的烟

雾还会直接影响机车驾驶人员瞭望。

禁止在铁路线路安全保护区内放养牲畜，主要是由于列车运行速度较快，制动距离和制动时间都比较长，一旦发现紧急情况，列车在短时间、短距离内难以停车。铁路沿线居民放养的牲畜窜上线路与火车相撞，轻则财产受损，重则可能导致列车颠覆。因此，规定禁止在铁路线路安全保护区内放养牲畜，是为保障公众生命财产安全所必须采取的措施。

禁止在铁路线路安全保护区内种植影响铁路线路安全和行车瞭望的树木等植物，主要是考虑到铁路线路两侧的防护林木和护坡草坪是为了保证线路的稳定，防止雨水冲刷和风沙等灾害而特意栽培的。如果树木过于高大会影响司机瞭望，司机难以及时看清前方一定距离内的信号显示，或有异常情况时不能及时发现和处理，就可能造成行车事故。条例对此类行为做出禁止性规定，加大了对铁路行车安全的保护力度。

7.在铁路线路安全保护区内排污、倾倒垃圾以及其他有害物质的危害

《铁路安全管理条例》第二十九条第二款规定："禁止向铁路线路安全保护区排污、倾倒垃圾以及其他危害铁路安全的物质。"

向铁路线路安全保护区内排污、倾倒垃圾以及其他危害铁路安全的物质，不仅破坏铁路沿线的环境卫生，而且容易腐蚀铁路钢轨道床、信号通信设施，造成路基病害和桥梁淤堵，成为干扰铁路行车的因素之一，必须对这些行为予以禁止。这里所称"排污"，既包括固体废弃物，也包括液体废弃物；所称"倾倒垃圾及其他危害铁路安全的物质"，既包括铁路沿线生产、生活产生的垃圾及其他危害铁路安全的物质，也包括从列车上向外倾倒垃圾。

8.在铁路线路安全保护区内要对建造建筑物、构筑物等设施，取土、挖砂、挖沟、采空作业以及堆放、悬挂物品等活动进行限制的原因

《铁路安全管理条例》第三十条规定："在铁路线路安全保护区内建造建筑物、构筑物等设施，取土、挖砂、挖沟、采空作业或者堆放、悬挂物品，应当征得铁路运输企业同意并签订安全协议，遵守保证铁路安全的国家标准、行业标准和施工安全规范，采取措施防止影响铁路运输安全。铁路运输企业应当派员对施工现场实行安全监督。"

条例之所以对铁路线路安全保护区内的这些生产活动进行限制，主要是出于以下考虑。

一是建筑物、构筑物的建造过程本身即会对行车产生一定的干扰，影响运输安全与通畅；打桩或深挖基础等难免对线路产生影响；建筑物、构筑物的突出部分可能会造成行车障碍；高大的建筑物、构筑物还容易遮挡机车驾驶人员视线，不利于行车瞭望。

二是随意在铁路线路两侧取土、挖砂、挖沟或采空作业，直接影响铁路线路的稳固，带来安全隐患。安全行车必须有稳固的线路，尤其是高速铁路的发展，对线路安全提出了更高的要求。一旦线路遭到破坏，轻者导致中断行车，重者导致车毁人亡。

三是在铁路线路安全保护区内堆放、悬挂物品，如堆放粮食、稻草、砂石等物品，将直接形成列车运行的障碍；在铁路线路两侧晾晒衣物或悬挂其他物品，特别是彩色的物品，容易导致机车驾驶人员信号判断的错误或者影响瞭望。

在铁路线路安全保护区确需从事上述生产活动，根据条例的规定，必须经铁路运输企业同意，施工前应当与铁路运输企业签订安全协议。之所以这样规定，主要是为了落实铁路运输企业的安全生产主体责任，便于其采取有效的防护措施。因此，条例还规定了铁路运输企业应当派员对施工现场实行安全监督。同时，条例还对相关施工作业方保障施工安全和铁路运输安全的义务做出了规定。

9. 铁路线路安全保护区内的既有建筑物、构筑物

《铁路安全管理条例》第三十一条规定："铁路线路安全保护区内既有的建筑物、构筑物危及铁路运输安全的，应当采取必要的安全防护措施；采取安全防护措施后仍不能保证安全的，依照有关法律的规定拆除。

拆除铁路线路安全保护区内的建筑物、构筑物，清理铁路线路安全保护区内的植物，或者对他人在铁路线路安全保护区内已依法取得的采矿权等合法权利予以限制，给他人造成损失的，应当依法给予补偿或者采取必要的补救措施。但是，拆除非法建设的建筑物、构筑物的除外。"

由于历史的原因，铁路线路两侧存在着一定数量的合法或者非法的建筑物、构筑物，有些处于铁路线路安全保护区的范围内，或多或少会影响铁路运输安全。条例对铁路线路安全保护区内已有的建筑物、构筑物处置，视不同情况作了不同的规定，即：即有建筑物、构筑物危及铁路运输安全的，应采取必要的安全防护措施。采取安全防护措施，可以是所有权人或者实际控制人自觉的行为，也可以是铁路监管部门或者地方人民政府敦促的结果。对采取安全防护措施后仍不能满足安全要求的建筑物、构筑物，应依照《行政强制法》等有关法律的规定拆除。

同时，条例对于拆除铁路线路安全保护区内的建筑物、构筑物，清理铁路线路安全保护区内的植物，或者对他人在铁路线路安全保护区内已依法取得的采矿权等合法权利进行限制的行为，规定"采取必要的补救措施"或者"依法给予补偿"。这里所说的补救，主要是采取措施对相关利益主体所受损失的弥补或挽救，如对铁路线路安全保护区内的植物清理后移植培育；对简易建筑物、构筑物拆除后异地复原。这里所说的补偿，主要是对相关利益主体所受损失的货币化或其他形式的弥补。为保障铁路运输安全而拆除沿线既有的合法建筑物、构筑物等行为，会对所有者或使用者的利益造成一定损害，因此本条例明确规定了补偿原则。需要指出的是，在铁路线路安全保护区内拆除非法建筑物、构筑物，其所有者违法在先，本身不受法律保护，不应给予补偿。对此，本条例也作了排除性规定。

10. 铁路建筑限界的概念

铁路建筑限界，是指一个和铁路线路中心线垂直的极限横断面轮廓。在此轮廓内，除机车车辆和与机车车辆有直接相互作用的设备（车辆减速器、路签授受器、接触电线及其他）外，其他设备或建筑物、构筑物均不得侵入。铁路建筑限界是根据机车车辆运动的最大轮廓尺寸并考虑一定的安全余量而制定的。限界尺寸一经规定不得随意缩小。缩小限界或者其他物体进入限界都可能危及列车运行安全，导致行车事故的发生。

11. 条例对铁路线路附近建筑物、构筑物、设备等物体与铁路建筑限界的关系

《铁路安全管理条例》明确规定："在铁路线路安全保护区及其邻近区域建造或者设置的建筑物、构筑物、设备等，不得进入国家规定的铁路建筑限界。"

对铁路建筑限界的管理，是铁路运输安全管理的重要组成部分。过去曾因进入建筑限界发生过行车事故。对这种直接危害铁路运输安全的行为，应当予以制止，否则有可能造成车毁人亡的行车事故。因此，条例对进入国家规定的铁路建筑限界的行为做出了明确的禁止性规定，并且以列举的形式指出了铁路线路及其邻近的建筑物、构筑物、设备禁止进入。需要指出的是，对于与机车车辆有直接互相作用的设备，如车辆减速器、路签授受器、接触电线以及其他保障铁路正常运行的设施设备，应当排除在本条规定之外。

第二节 铁路行车事故的分类和构成条件

【案例 2-2】 2002 年 7 月 17 日 SY 站客车脱轨重大事故

1. 事故概况

2002 年 7 月 17 日 6 时 31 分,HGT 站与 SY 站办理 2257 次旅客列车闭塞,6 时 41 分 2257 次在 HGT 站通过,6 时 42 分车站值班员于某向中信号楼值班员李某布置接车进路,下达命令办理选排 2257 次列车接入客场 6 道。当时,运转二班六调在下 5 道北头挂 12 辆,由下牵一牵出后去下 2 道挂 28 辆,计划推送到铁西车场,6 时 39 分北信号楼助理值班员崔某开放了进入下 2 道 D324 调车信号。车列连挂后,调车机及机次 3 辆未进入警冲标内方,在未试拉的情况下便盲目地向前推进,在接近关闭的下 2 道南头信号机前停车时,前 11 辆油罐车与原车列分离溜出(放风制动员在放风时已将车钩提开),调车组人员采取手闸制动不及,与正在进站的 2257 次旅客列车在中信号 114 号道岔处发生侧面冲突,造成 2257 次机次 3~5 位脱轨,构成了一起调车作业与旅客列车侧面冲突的重大事故,无人员伤亡。

2. 事故原因及教训

(1)六调在带 12 辆挂下 2 道 28 辆时,检查现车不认真,未发现南头第 11 辆车钩已经断开,在推进作业前未进行试拉,造成前部 11 辆溜出。

(2)车站值班员在办理客车 2257 次列车进路前,未按《站细》规定通知北信号楼,未下达停止影响 2257 次列车进路的调车作业命令。

(3)北信号楼助理值班员崔某擅自代理信号楼值班员作业,在放行六调挂下 2 道推进作业前,未按《站细》的规定请示车站值班员准许。

(4)调车区长张某臆测行车,未向站调请示联系,盲目图快,下达反常规的调车作业计划,变更计划时传达不彻底,调车推进车辆前不试拉。

安全是铁路运输永恒的主题,保证铁路运输安全,特别是行车安全,直接关系着人民生命财产和国家的声誉。每个铁路职工,特别是运输职工必须树立"安全第一、预防为主、综合治理"的态度,在确保行车安全的前提下,努力提高运输效率。每个铁路职工除在工作中严格遵守劳动纪律、认真执行规章制度外,还应学习和了解有关行车事故的分类、等级、通报和救援等知识,做到不仅能防止行车事故,而且能在事故万一发生后及时通报、救援,尽快恢复行车,以减少事故造成的损失。

一、行车事故分类

凡在行车工作中,因违反规章制度、劳动纪律或因技术设备不良及其他原因,造成人员伤亡、设备损坏、经济损失、影响正常行车或危及行车安全的,均构成行车事故。

为了区分行车事故的性质和等级,及时排除故障,抢救事故及恢复行车,铁路行车职工必须认真学习《铁路交通事故调查处理规则》(简称《事规》),在发生行车事故后,及时通报、处理,尽快开通区间,把事故损失控制在最低程度。

根据事故造成的人员伤亡、直接经济损失、列车脱轨辆数、中断铁路行车时间等情形,事故等级分为特别重大事故、重大事故、较大事故和一般事故。

(一)特别重大事故

有下列情形之一的为特别重大事故:

(1)造成30人以上死亡。
(2)造成100人以上重伤(包括急性工业中毒,下同)。
(3)造成1亿元以上直接经济损失。
(4)繁忙干线客运列车脱轨18辆以上并中断铁路行车48h以上。
(5)繁忙干线货运列车脱轨60辆以上并中断铁路行车48h以上。

(二)重大事故
有下列情形之一的,为重大事故:
(1)造成10人以上30人以下死亡。
(2)造成50人以上100人以下重伤。
(3)造成5000万元以上1亿元以下直接经济损失。
(4)客运列车脱轨18辆以上。
(5)货运列车脱轨60辆以上。
(6)客运列车脱轨2辆以上18辆以下,并中断繁忙干线铁路行车24h以上或者中断其他线路铁路行车48h以上。

(三)较大事故
有下列情形之一的,为较大事故:
(1)造成3人以上10人以下死亡。
(2)造成10人以上50人以下重伤。
(3)造成1000万元以上5000万元以下直接经济损失。
(4)客运列车脱轨2辆以上18辆以下。
(5)货运列车脱轨6辆以上60辆以下。
(6)中断繁忙干线铁路行车6h以上。
(7)中断其他线路铁路行车10h以上。

(四)一般事故
一般事故分为:一般A类事故、一般B类事故、一般C类事故、一般D类事故。
1.有下列情形之一,未构成较大以上事故的,为一般A类事故
A1　造成2人死亡。
A2　造成5人以上10人以下重伤。
A3　造成500万元以上1000万元以下直接经济损失。
A4　列车及调车作业中发生冲突、脱轨、火灾、爆炸、相撞,造成下列后果之一的:
A4.1　繁忙干线双线之一线或单线行车中断3h以上6h以下,双线行车中断2h以上6h以下。
A4.2　其他线路双线之一线或单线行车中断6h以上10h以下。双线行车中断3h以上10h以下。
A4.3　客运列车耽误本列4h以上。
A4.4　客运列车脱轨1辆。
A4.5　客运列车中途摘车2辆以上。
A4.6　客车报废1辆或大破2辆以上。
A4.7　机车大破1台以上。
A4.8　动车组中破1辆以上。

A4.9　货运列车脱轨 4 辆以上 6 辆以下。

2. 有下列情形之一,未构成一般 A 类以上事故的,为一般 B 类事故

B1　造成 1 人死亡。

B2　造成 5 人以下重伤。

B3　造成 100 万元以上 500 万元以下直接经济损失。

B4　列车及调车作业中发生冲突、脱轨、火灾、爆炸、相撞,造成下列后果之一的:

B4.1　繁忙干线行车中断 1h 以上。

B4.2　其他线路行车中断 2h 以上。

B4.3　客运列车耽误本列 1h 以上。

B4.4　客运列车中途摘车 1 辆。

B4.5　客车大破 1 辆。

B4.6　机车中破 1 台。

B4.7　货运列车脱轨 2 辆以上 4 辆以下。

3. 有下列情形之一,未构成一般 B 类以上事故的,为一般 C 类事故

C1　列车冲突。

C2　货运列车脱轨。

C3　列车火灾。

C4　列车爆炸。

C5　列车相撞。

C6　向占用区间发出列车。

C7　向占用线接入列车。

C8　未准备进路接、发列车。

C9　未办或错办闭塞发出列车。

C10　列车冒进信号或越过警冲标。

C11　机车车辆溜入区间或站内。

C12　列车中机车车辆断轴,车轮崩裂,制动梁、下拉杆、交叉杆等部件脱落。

C13　列车运行中碰撞轻型车辆、小车、施工机械、机具、防护栅栏等设备设施或路料、塌体、落石。

C14　接触网接触线断线、倒杆或塌网。

C15　关闭折角塞门发出列车或运行中关闭折角塞门。

C16　列车运行中刮坏行车设备设施。

C17　列车运行中设备设施、装载货物(包括行包、邮件)、装载加固材料(或装置)超限(含按超限货物办理超过电报批准尺寸的)或坠落。

C18　装载超限货物的车辆按装载普通货物的车辆编入列车。

C19　电力机车、动车组带电进入停电区。

C20　错误向停电区段接触网供电。

C21　电气化区段攀爬车顶耽误列车。

C22　客运列车分离。

C23　发生冲突脱轨的机车车辆未按规定检查鉴定编入列车。

C24　无调度命令施工,超范围施工,超范围维修作业。

C25　漏发、错发、漏传、错传调度命令导致列车超速运行。

4. 有下列情形之一，未构成一般 C 类以上事故的，为一般 D 类事故

D1　调车冲突。

D2　调车脱轨。

D3　挤道岔。

D4　调车相撞。

D5　错办或未及时办理信号致使列车停车。

D6　错办行车凭证发车或耽误列车。

D7　调车作业碰轧脱轨器、防护信号，或未撤防护信号动车。

D8　货运列车分离。

D9　施工、检修、清扫设备耽误列车。

D10　作业人员违反劳动纪律、作业纪律耽误列车。

D11　滥用紧急制动阀耽误列车。

D12　擅自发车、开车、停车、错办通过或在区间乘降所错误通过。

D13　列车拉铁鞋开车。

D14　漏发、错发、漏传、错传调度命令耽误列车。

D15　错误操纵、使用行车设备耽误列车。

D16　使用轻型车辆、小车及施工机械耽误列车。

D17　应安装列尾装置而未安装发出列车。

D18　行包、邮件装卸作业耽误列车。

D19　电力机车、动车组错误进入无接触网线路。

D20　列车上工作人员往外抛掷物体造成人员伤害或设备损失。

D21　行车设备故障耽误本列客运列车 1h 以上或耽误本列货运列车 2h 以上；固定设备故障延时影响正常行车 2h 以上（仅指正线）。

铁路总公司可对影响行车安全的其他情形，列入一般事故。因事故死亡、重伤人数 7 日内发生变化，导致事故等级变化的，相应改变事故等级。

二、行车事故内容解释

1. 机车车辆

包括铁路机车、客车、货车、动车、动车组及各类自轮运转特种设备等。

自轮运转特种设备：系指在铁路营业线上运行的轨道车及铁路施工、维修专用车辆（包括轨道起重机、架桥机、铺轨机、接触网架线车、放线车、检修车、大型养路机械等）。

2. 列车

系指编成的车列并挂有牵引本次列车的机车及规定的列车标志。单机、动车、重型轨道车，虽未完全具备列车条件，亦应按列车办理。

(1) 客运列车：系指旅客列车（含动车组）、按客车办理的回送空客车车底及其他列车。

(2) 货运列车：系指客运列车以外的其他列车。

(3) 军用列车除有特殊通知外，均视为货运列车。

(4) 列车与其他调车作业的机车车辆等互相冲撞而发生事故，定列车事故。列车在站内以调车方式进行摘挂或转线而发生事故，定调车事故。客运列车或客运列车摘下本务机车

后的车列,被货运列车、机车车辆冲撞造成的事故,以及客运列车在中途进行摘挂(包括摘挂本务机车)或转线作业发生的事故,均定客运列车事故。

区间调车作业、机车车辆溜入区间,发生冲突、脱轨事故时,定列车事故。在封锁区间内调车作业发生事故,定调车事故。

3. 运行过程中

系指铁路机车车辆运行的全过程,也包括在其运行中的停车状态。

4. 行人

系指在铁路线路上行走、停留的自然人(包括有关铁路作业人员)。

5. 其他障碍物

系指侵入铁路限界及线路,并影响铁路列车的动态及静态物体。

6. 相撞

系指铁路机车车辆在运行过程中与行人、机动车、非机动车、畜牧及其他障碍物相互碰、撞、轧,造成人员伤亡、设备设施损坏。

7. 冲突

系指列车、机车车辆互相间或与轻型车辆、设备设施(如车库、站台、车挡等)发生冲突,致使机车车辆、轻型车辆、设备设施等破损。

在列车运行中由于人为失职或设备不良等原因,将车辆挤坏或拉坏构成中破及其以上程度,或在调车作业中由于人为失职或设备不良等原因,将车辆挤坏或拉坏构成大破以上程度时,亦按冲突论。

由于机车车辆冲撞造成货物窜动将车辆撞坏、挤坏时,定冲突事故,并根据所造成的后果,确定事故等级。

8. 脱轨

系指机车车辆的车轮落下轨面(包括脱轨后又自行复轨),或车轮轮缘顶部高于轨面(因作业需要的除外)。

每辆(台)只要脱轨1轮,即按1辆(台)计算。

9. 列车发生火灾

系指列车起火造成机车车辆破损影响行车设备设施正常使用,或发生人员伤亡、货物、行包烧毁等。

10. 列车发生爆炸

系指机车车辆在运行过程中发生爆炸,造成其设备损坏、墙板、车体变形或出现孔洞,影响正常行车。

11. 正线

系指连接车站并贯穿或直股伸入车站的线路。

12. 繁忙干线

系指京哈(不含沈山线)、京沪、京广(含广州至深圳段)、陇海、沪昆(不含株洲至昆明段)线及客运专线。

繁忙干线单线:系指连接繁忙干线的联络线。

13. 其他线路

系指繁忙干线以外的线路。

14. 中断铁路行车

系指不论事故发生区间或站内，造成铁路单线、双线区间或双线区间之一线不能行车。中断行车的时间，由事故发生时间起（列车火灾或爆炸由停车时间算起）至恢复客货列车原牵引方式连续通行时止。

如列车能在站内其他线通行，又回到原正线上进入区间的，不按中断行车算。

施工封锁区间发生冲突或脱轨的行车中断时间，从事故发生前原计划开通的时间起计算。

15. 耽误列车

系指列车在区间内停车；通过列车在站内停车；列车在始发站或停车站晚开、在运行过程中超过图定的时间（局管内）或调度员指定的时间；列车停运、合并、保留。

16. 客运列车中途摘车

系指编挂在客运列车中的车辆发生冲突、脱轨、火灾、爆炸、相撞未达到中破及以上程度，不能运行，必须在途中摘下（不包括始发站和终到站）。

17. 占用区间

（1）区间内已进入列车。

（2）区间已被列车取得占用的许可（包括准许时间内未收回的出站、跟踪调车凭证）。

（3）封锁的区间。

（4）区间内有停留或溜入的机车车辆、施工作业车辆。列车发出后溜入的亦算。

（5）发出进入正线的列车而区间内道岔向岔线开通。

（6）邻线已进入禁止在区间交会的列车。

列车前端越过出站信号机或警冲标即算。

办理越出站界调车后，没有取消手续，也没有办理列车闭塞手续，就用该调车手续将列车开出，亦按本项论。

18. 占用线

系指车站内已办理进路的线路或停有机车车辆的线路或已封锁的线路。

列车前端越过进站（进路）信号机或站界标即构成"向占用线接入列车"。按《技规》第283条规定办理的列车除外。

19. 未准备好进路

（1）进路

①接入停车列车时，由进站信号机起至接车线末端计算该线有效长度的警冲标或出站信号机止的一段线路。

②发出列车时，由列车前端起至相对进站信号机或站界标为止的一段线路。

③通过列车时，为该列车通过线两端进站信号机或站界标间的一段线路。

（2）未准备好进路

①进路上的道岔未扳、错扳、临时扳动或错误转动。

②进路上有轻型车辆（包括拖车）、小车及其他能造成脱轨的障碍物（不包括其他交通车辆）。

③邻线的机车车辆越过警冲标。

④违反《技规》第353条禁止办理相对方向同时接车和同方向同时发接列车的规定而办理同时接车或发接列车。

⑤超限列车(包括挂有超限货物车辆的列车)、客运列车由于错误办理造成进入非固定股道。

接入停车或通过的列车,列车前端进入进站(进路)信号机或站界标以及发出的列车起动均算。

设有进路信号机的车站,分段接发列车时,按分段算。如果每段都发生,每段各定1件事故;如果一次准备的全通路,为一个进路,定1件事故。

凡由于信号联锁条件错误或有关人员违章作业,致使信号错误升级显示进行信号或强行开放进行信号,造成耽误列车或列车已按错误显示的进行信号运行,虽未造成后果,均定事故。

20. 未办或错办闭塞发出列车

系指未和邻站、线路所、车场办理闭塞手续,或办理闭塞的区间与列车运行的区间不一致而发出的列车。列车前端越过出站信号机(包括线路所通过信号机)或警冲标即构成。客运列车,错办闭塞的区间虽与列车的运行区间一致,亦按本项论。

没有调度命令,擅自改变或错办列车运行径路,亦按本项论。

未按规定办理手续而越出站界调车时,亦按本项论。

21. 列车冒进信号或越过警冲标

系指列车前端任何一部分越过地面固定信号显示的停车信号;停车列车越过到达线末端计算该线有效长度的警冲标或轧上线路脱轨器(系指用于接发列车起隔开作用的脱轨器)时亦算。双线区间反方向运行,列车冒进站界标,亦按本项论。

在制动距离内,由于误碰、错办或维修设备,致使临时变更信号显示、信号关闭或临时灭灯,造成列车冒进信号时,不论联锁条件是否解锁,亦按本项论。

在制动距离内信号自动关闭或临时灭灯,在进路联锁条件不解锁的情况下,列车冒进信号时,不按本项论。

22. 机车车辆溜入区间或站内

系指以进站信号机或站界标为界,机车车辆由站内溜入区间或由区间、专用线溜入站内,在区间岔线内停留的机车车辆溜往正线越过警冲标,亦按本项论。

23. 断轴

机车车辆出段、出厂或由固定停放地点开出后,发生即算。列车中的车辆在运行、停留或始发、到达检查时发现即算。

24. 关闭折角塞门发出列车或运行中关闭折角塞门

列车前端越过出站信号机或警冲标即算。

采用双管供风的列车因错接风管发出列车,按本项论。

25. 电力机车、动车组带电进入停电区

系指电力机车、动车组未降弓断电进入已经停电的接触网区。

26. 发生冲突、脱轨的机车车辆,未经检查鉴定编入列车运行

未按规定通知检查或未按规定检查,擅自编入列车,按本项论。

27. 自轮运转设备

无须铁路货车装运,能依靠自有轮对在铁路上运行,但须按货物向铁路办理托运手续的机械和设备。包括编入列车的自轮运转特种设备、无火回送机车等。

28. 无调度命令施工、超范围施工、超范围维修作业

包括未按规定在车站登记要点进行施工、维修作业的,施工点前超范围准备的,未按规定施工维修作业内容进行作业的,均按本项论。

29. 漏发、错发、漏传、错传调度命令导致列车超速运行

列车运行监控装置未输或错输限速指令、机车出库后司机未接到线路限速命令,致使列车超过规定限速运行,按本项论。

30. 挤道岔

系指车轮挤过或挤坏道岔。

31. 错办或未及时办理信号导致列车停车

(1)因办理不及时或忘办、错办信号使列车在站外或站内停车;

(2)禁止同时接车的车站或不准同时接入站内的列车,误使两列车均在站外停车;

(3)接发列车人员未及时或错误显示手信号,使列车停车。

32. 错误办理行车凭证发车或耽误列车

系指与邻站已办妥闭塞手续,但由于未交、错交、未拿、错拿、漏填、错填行车凭证;自动闭塞、自动站间闭塞、半自动闭塞区间未开放出站(进路)信号机发车或耽误列车。

行车凭证交与司机显示发车手信号后(车站直接发车时为发车人员显示手信号后)发现行车凭证错误,亦为错误办理行车凭证发车。

填写的行车凭证,错填、漏填电话记录号码、车次、区间、地点时,按本项论。

自动闭塞、自动站间闭塞、半自动闭塞区间未开放出站(进路)信号机,列车起动停车未越过信号机或警冲标时,视同一般D类事故情形。越过关闭的停车信号或警冲标时,视同一般C类事故情形。

33. 调车作业碰轧脱轨器、防护信号或未撤防护信号动车

(1)脱轨器

系指固定脱轨器及移动脱轨器。

(2)防护信号

系指防护施工、装卸及机车车辆检修整备作业的固定信号或移动信号。

机车车辆碰上、轧上脱轨器或防护信号即算。对插有停车信号的车辆,碰上车钩及未撤防护信号动车,按本项论。

34. 施工、检修、清扫设备耽误列车

如因特殊情况需要延长施工时间时,须提前通知车站值班员、列车调度员,经列车调度员承认后(发布调度命令)耽误列车时,不定事故。

施工、检修、清扫设备人员躲避不及时,造成列车停车,按本项论。

35. 滥用紧急制动阀耽误列车

系指违反《技规》第337条第4款的规定使用紧急制动阀。

36. 擅自发车、开车、停车、错办通过或在区间乘降所错误通过

(1)擅自发车

系指车站发车人员未确认出站信号,运转车长未得到发车人员的发车指示信号,车站发车人员未确认运转车长发车手信号直接发车。

(2)擅自开车

系指司机未得到车站发车人员或运转车长的发车信号而开车。

(3)擅自停车

系指在正常情况下,不应停车而停车。

(4)错办通过

系指应停车的客运列车而错办通过(不包括列车调度员按照列车运行情况临时调整变更通过的列车)。

37.错误操作、使用行车设备耽误列车

系指作业人员违反操作规程耽误列车或使用方法不当造成机车车辆等行车设备损坏耽误列车。

38.列车运行中碰撞轻型车辆、小车、施工机械、机具、防护栅栏等设备设施或路料坍体、落石:刮上、碰上或轧上即算

小车:系指人工推行的作业车、检测车、梯车等。

路料:系指钢轨、道砟、轨枕、道口铺面等。

施工机械:系指起道机、捣固机、螺栓紧固机、弯轨器、撞轨器、切轨机、轨缝调整器、拨道器等。

机具:系指施工、维修作业中使用的动力扳手、撬杠等。

列车运行中碰撞道砟未造成机车车辆损坏或人员伤亡,不按本项论。

39.应安装列尾装置而未安装发出列车

有规定或调度命令的不按本项论。

40.行包、邮件装卸作业耽误列车

系指在装卸作业过程中因组织不当耽误列车,包括超载偏载、侵限或机动车(包括平板车)侵限、掉进股道、抢越平过道耽误列车。

41.作业人员死亡

系指在铁路行车相关作业过程中发生的,与企业管理、工作环境、劳动条件、生产设备等有关的,违反劳动者意愿的人身伤害,含急性工业中毒导致的伤害。

42.作业过程

系指作业人员在本职工作岗位上或领导临时指派的工作岗位上,在工作时间内,从事铁路企业生产经营活动的全过程。作业人员请假离开、返回工作岗位、下班离岗、退勤退乘等,尚未离开其作业场所的,均视为作业过程。

工作时间:原则上以现行各种班制、乘务交路规定的工作时间和铁路综合计算工时工作制为依据。若不在规定的工作时间内,但属于因生产经营、工作需要而临时占用的时间,也视为工作时间。

43.事故伤害损失工作日

系指作业人员在事故中导致伤残、死亡,造成劳动能力损失的程度,以工作日为度量单位。"事故伤害损失工作日",与实际歇工天数不同。确定某种伤害的事故伤害损失工作日数的具体数值,应以《事故伤害损失工作日标准》(GB/T 15499—1995)为依据查定。

44.作业人员重伤

系指造成作业人员肢体残缺或某些器官受到严重损伤,致使人体长期存在功能障碍或劳动能力有重大损失的伤害。按照《事故伤害损失工作日标准》(GB/T 15499—1995)查定,其伤害部位及受伤害程度对应的事故伤害损失工作日或多处负伤其损失工作日合并计算等于或超过300个工作日的,属于重伤。该标准未作规定的,按实际歇工天数确定,实际歇工

天数超过299天的,按299天统计;各伤害部位计算数值超过6000天的,按6000天统计。作业人员死亡,其事故伤害损失工作日按6000个工作日统计。

45. 急性工业中毒事故

系指生产性毒物一次或短期内,通过人的呼吸道、消化道或皮肤大量进入体内,使人体在短时间内发生病变,导致中断工作,须进行急救处理,甚至死亡的事故。中毒程度通常分为轻度、中度和重度中毒。按照有关规定,凡是住院治疗的急性工业中毒,均按重伤报告、统计和处理。

46. 伤亡人数发生变化

系指轻伤发展成重伤,重伤发展成死亡,以及死亡人数发生变化等情况。

47. 作业人员

系指参加铁路行车相关作业的所有从业人员,含已参加铁路企业生产经营活动,与铁路用人单位形成事实劳动关系的人员。

48. 职业禁忌症

系指某个工作岗位因其特殊性而对从业人员患有的可能造成事故的疾病作出限制的范围。如视力减退对于机车乘务员;恐高症、高血压对于电力工、架子工;高血压、心脏病对于巡道工、调车人员等均属职业禁忌症。

49. 事故责任待定

系指事故原因、责任尚未查清,需待认定的情况。事故件数暂时统计在发生月,若最后认定为非责任事故,则予以变更。

50. 人员失踪

系指发生事故后找不到尸体,如在河流湖泊中沉溺、泥石流中掩埋等,与出走不归等情况不同,无需经法院认定。

51. 交叉作业

系指分别属于两个或两个以上企业的作业区域相互重叠,从业人员在同一作业场所各自作业,包括铁路作业人员在专用线内取送车等作业。

52. 因正常手术治疗而加重伤害程度

系指从业人员在事故中受伤后,为避免伤势恶化而必须实施截肢、器官摘除等凡在行车工作中,因违反规章制度、劳动纪律或因技术设备不良及其他原因,造成人员伤亡、设备损坏、经济损失、影响正常行车或危及行车安全的,均构成行车事故。

第三节 事故的报告、调查和处理

【案例2-3】 "7·23"甬温线特别重大铁路交通事故调查报告(摘要)

一、基本情况

(一)事故线路情况

甬温线北起浙江省宁波市,南至温州市,全长282.38km,为双线电气化铁路(由沿海铁路浙江有限公司负责建设,委托上海铁路局运营管理)。2005年3月10日,国家发展和改革委员会批准甬温铁路可行性研究报告,其中旅客列车速度目标值200km/h;2005年8月,浙江省和铁道部批复初步设计,其中旅客列车速度目标值为200km/h时,预留进一步提速条件;2008年11月,铁道部鉴定中心印发了《关于甬温、温福等运行时速250km/h铁路的客车到发线和无缝线路等问题的复函》,将开通运行速度提升为250km/h。该条铁路于2006年2月28日开工建设,2009年9月28日投入使用,较批准工期提前4个月。

事故发生地点位于甬温线永嘉站至温州南站间下行线K583+831处(瓯江特大桥上)。该区段5.8‰下坡,曲线半径4500m,超高110mm,跨区间无缝线路,60kg/m钢轨,Ⅲ型混凝土轨枕。桥面距地面高度为17.4m。事故发生后对事故地段前后的线路检查测量结果合格。

(二)事故列车及司机情况

1. D3115次列车及司机

D3115次列车型号为CRH1-046B,编组16辆,总长426.3m;配属上海铁路局上海动车客车段,自杭州站开往福州南站。列车定员1299人,事故发生时乘坐旅客1072人。7月22日23时4分至23日1时30分在杭州动车运用所进行库内检修作业,各项技术参数及车辆状况均正常。

D3115次列车司机何某,南昌铁路局福州机务段职工,承担D3115次宁波东站至福州南站的值乘任务。2010年2月25日经铁道部培训考试合格取得动车驾驶证。上车前按规定进行了待乘休息,出勤手续办理合格,酒精检测合格。经调查认定,司机在永嘉站至温州南站间的作业符合相关作业标准。

2. D301次列车及司机

D301次列车型号为CRH2-139E,编组16辆,总长401.4m;配属北京铁路局北京动车客车段,自北京南站开往福州站。列车定员810人,事故发生时乘坐旅客558人。7月23日0时20分至2时10分在北京南动车运用所进行库内检修作业,各项技术参数及车辆状况均正常。

D301次列车司机潘某,南昌铁路局福州机务段职工,承担D301次宁波东站至福州站的值乘任务,已在事故中殉职。2009年6月23日经铁道部培训考试合格取得动车驾驶证。上车前按规定进行了待乘休息,出勤手续办理合格,酒精检测合格。经调查认定,司机在永嘉站至温州南站间的作业符合相关作业标准。

(三)事故相关设备情况

1. 中国列车控制系统(CTCS)

车站列控中心、轨道电路、列车超速防护系统等构成了CTCS,如图2-1所示。CTCS根据功能要求和配置应用等级分为0~4级(其中CTCS-2级应用于200~250km/h提速干线和高速铁路上,甬温线即采用该级系统)。CTCS-2级分两个子系统,即地面子系统和车载子系统。地面子系统由车站列控中心、轨道电路等设备组成。车载子系统由列车超速防护系统等设备组成。

2. 温州南站列控中心设备

温州南站采用的列控中心设备产品型号为LKD2-T1,由北京全路通信信号研究设计院有限公司研发设计,上海铁路通信有限公司生产,具有轨道电路编码、区间信号机点灯控制、确定行车许可等功能。

3. 甬温线轨道电路

甬温线采用ZPW-2000A无绝缘轨道电路实现列车占用及完整性检查,并连续向列车传送行车许可等信息。事故发生在标号为5829G的轨道上,轨道全长1500m,5829G轨道电路分为5829AG和5829BG两段。事故调查组检验测定,因雷击致使温州南站轨道电路4个发送盒(5829AG备、5808AG主、5808AG备、S1LQBG备)、2个接收盒(5845AG、S1LQG)、1个衰耗器(S1LQG)损坏,造成轨道电路与列控中心信号传输的CAN总线阻抗下降,导致5829AG轨道电路发送器与列控中心通信故障。

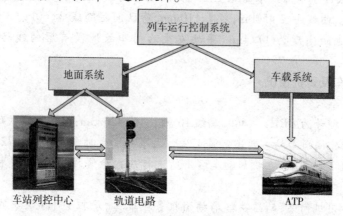

图2-1 列车控制系统

4. 列车超速防护系统(ATP)

D3115次、D301次列车均安装有ATP。ATP根据地面设备提供的信号信息控制列车运行。当因轨道电路故障等原因,ATP接收不到信号或接收到非正常的检测信号时,ATP将采取自动制动措施控制列车停车。列车停车后如需继续前行,需要等待2min后将ATP从完全监控模式转为目视行车模式,以低于20km/h的速度前进。目视行车模式期间,如接收到正常信号,ATP将自动转为完全监控模式。

5. 列车通信设备

列车司机与列车调度员、车站值班员之间的呼叫使用铁路移动通信系统(简称GSM-R),其终端设备包括机车综合无线通信设备和手持终端,两种设备使用同一频段。

(四)事故地区气象情况

根据事故调查组委托国家电网公司雷电监测与防护实验室利用中国电网雷电监测网对事故所在区域雷击数据进行的统计分析,7月23日19时27分至19时34分温州南站信号设备相继出现故障时,温州南站至永嘉站、温州南站至瓯海站铁路沿线走廊内的雷电活动异常强烈,雷击地闪次数超过340次,每次雷击包含多次回击过程,雷电流幅值超过100kA的雷击共出现11次。8月29日至9月2日,事故调查组又委托中国气象局组成气象专家组,依据中国气象局雷电监测系统确认了上述温州南站雷电活动及雷击设备情况。

(五)事故地段治安情况

经过公安机关现场勘查和调查,事故现场未发现人为破坏铁路线路、通信信号、牵引供电等设备设施的痕迹;温州南站行车室、通信信号机械室等行车要害部门治安未见异常;事故发生前动车组列车车厢内治安秩序良好。因此,排除了人为破坏和线路治安因素。

(六)事故相关单位情况

1. 列控中心设备研发、生产单位情况

(1)中国铁路通信信号集团公司(以下简称通号集团)。通号集团是甬温线通信、信号系统集成施工总承包商,具有国家工程勘测、工程设计、工程咨询甲级资质以及工程总承包、铁路电务工程和电信工程专业承包一级等多项资质,如图2-2所示。

(2)中国铁路通信信号股份有限公司(以下简称通号股份)。通号股份由通号集团作为主发起人,承继通号集团的全部骨干企业、资质、主营业务,注册资本45亿元,重组后进入股份公司的资产和人员占通号集团总资产和人员的98%。

(3)北京全路通信信号研究设计院有限公司(以下简称通号设计院)。通号设计院为通号股份下属的全资企业,主要经营工程设计、工程咨询、应用科研、标准制定、工程勘测、工程总承包、试制生产和系统集成等业务,拥有甲级工程咨询资质、甲级勘察设计资

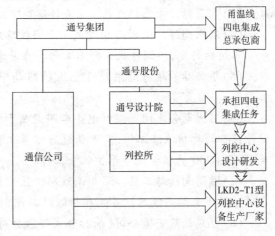

图2-2 中国铁路通信信号集团公司

质、工程造价咨询甲级资质和计算机信息系统集成企业一级资质。该院承担了由通号集团总承包的甬温线的联锁、列控系统集成及LKD2-T1型列控中心设备研发工作。通号设计院所属的列车自动控制研究所(以下简称列控所)为通号设计院的内设机构,是以列车运行自动控制系统产品的科研开发和系统集成为核心业务的研究所,为整套CTCS-2、3级列控系统技术及设备的集成供应商。

(4)上海铁路通信有限公司(以下简称通信公司)。通信公司为通号股份下属的全资企业,是铁路通信信号行业集通信、信号于一体的设备制造企业和国家轨道交通通信信号装备产业化指定单位,是温州南站LKD2-T1型列控中心设备制造企业。

2. 铁路运输企业及其所属单位情况

铁路运输企业及其所属单位情况如图2-3所示,具体情况如下。

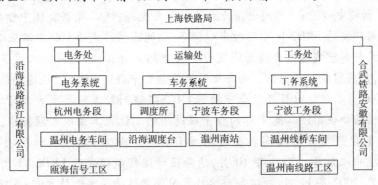

图2-3 铁路运输企业及其所属单位情况

(1)上海铁路局。上海铁路局为铁道部所属的18个铁路局(公司)之一,管辖范围跨安徽、江苏、浙江和上海四省(市),运营里程7670km(其中,时速200km及以上营业里程2378km;时速250km及以上营业里程1777km)。该局下设运输站段60个,图定开行列车1774对,其中客车541对(包括动车组列车295对),货车1233对。事故涉及的沿海调度台、温州南站、温州电务车间和温州南线路工区为其下属站段管辖。

(2)上海铁路局调度所(以下简称调度所)。调度所负责局管内的运输调度指挥工作,设27个行车调度台(其中,沿海调度台负责甬温线的行车组织指挥工作,设列车调度员、助理调度员两个岗位,实行四班制作业)。沿海调度台调度集中终端上显示为宁波至太姥山间

共21个车站、1个线路所及520个闭塞分区的轨道占用、列车运行等相关情况。

（3）永嘉站。永嘉站隶属于上海铁路局宁波车务段，为四等站，主要承担接发列车等工作。

（4）温州南站。温州南站隶属于上海铁路局宁波车务段，为三等站，主要承担接发列车和动车组的始发、终到作业等行车工作。在非常站控模式下，接发列车时需执行车机联控。

（5）瓯海站。瓯海站隶属于上海铁路局宁波车务段，为二等站，主要承担接发列车等工作。

（6）温州电务车间。温州电务车间隶属于杭州电务段，负责甬温线雁荡山站至苍南站间信号设备的养护维修工作，其下属瓯海信号工区负责甬温线永嘉站至瓯海站间K563+630至K597+280的信号设备养护维修工作。

（7）温州南线路工区。温州南线路工区隶属于宁波工务段温州线桥车间，负责甬温线永嘉站至温州南站间线路设备的养护维修工作。

（8）合武铁路安徽公司（简称合武安徽公司）。合武安徽公司由上海铁路局和安徽省投资集团有限责任公司于2005年共同出资成立，负责合武线安徽段建设和经营。2009年底合武安徽公司与合宁公司合并为合武铁路安徽有限公司，负责合宁铁路、合武铁路安徽段的经营。合肥枢纽指挥部由上海铁路局于2005年2月在合肥设立，在合武线建设过程中，负责合武线引入合肥枢纽相关工程。

（9）沿海铁路浙江有限公司（以下简称沿海公司）。沿海公司由上海铁路局和浙江省铁路建设投资总公司共同出资，于2005年成立。该公司负责温福铁路浙江段和甬温铁路的建设和经营。公司下设甬温、温福铁路（浙江段）2个工程建设指挥部，负责甬温和温福铁路（浙江段）项目的工程技术、征地拆迁、安全质量、计划财务和后勤保障等工作。

（七）LKD2-T1型列控中心设备研发、上道情况

2006年9月，铁道部组织对合武线（合肥至武汉，含合肥站）、合宁线（合肥至南京，不含合肥站）进行四电集成施工总承包项目招标。通号集团联合体中标合武线，选用通号设计院研发的K5B型列控中心设备，站间通信方式为125兆光纤；铁二院联合体中标合宁线，选用北京和利时公司研发的LKD2-H型列控中心设备，站间通信方式为100兆工业以太网。

由于合武线与合宁线通信要在两线交会的合肥站互联互通，但两线选用了不同型号的列控中心设备，无法实现相互通信。而合肥站又要与合宁线同时开通，铁道部运输局客专技术部于2007年6月2日组织召开了合宁铁路CTCS-2级列控系统集成方案研讨会，明确列控中心设备通信接口使用铁二院中标的合宁线选用的100兆工业以太网标准，要求合肥站的列控中心设备按照与合宁线同类型进行设计比选。此后，通号设计院决定开始研发LKD2-T1型列控中心设备。2007年10月，通号设计院将新研发的LKD2-T1型列控中心设备发往现场安装；2007年11月，铁道部科学技术司会同运输局客专技术部、基础部组织对北京和利时公司的LKD2-H型列控中心设备和通号设计院的LKD2-T1型列控中心设备进行了技术预审查；2007年12月26日下发了《客运专线列控中心（LKD2-T1、LKD2-H）技术预审查意见》（科技运〔2007〕224号），明确要求"在合宁、合武客运专线工程现场试验和上道使用过程中，不断完善系统功能"。合武安徽公司、合肥枢纽指挥部与通号集团商定，按照铁道部科学技术司预审查意见在合肥站试验。2007年12月21日，LKD2-T1型列控中心设备在合肥站上道使用；2008年4月，铁道部运输局（客专技术部、基础部等部门）对合武线改用LKD2-T1型列控中心设备进行了批复。

2008年4月，通号集团联合体中标甬温铁路四电集成施工总承包项目，负责其中通信、信号系统集成施工总承包,投标文件中甬温铁路18个站采用了仅经过铁道部科学技术司技术预审查的 LKD2-T1 型列控中心设备。

二、事故发生经过

2011年7月23日19时30分左右,雷击温州南站沿线铁路牵引供电接触网或附近大地,通过大地的阻性耦合或空间感性耦合在信号电缆上产生浪涌电压,在多次雷击浪涌电压和直流电流共同作用下,LKD2-T1 型列控中心设备采集驱动单元采集电路电源回路中的保险管F2(以下简称列控中心保险管F2,额定值250V、5A)熔断。熔断前温州南站列控中心管辖区间的轨道无车占用,因温州南站列控中心设备的严重缺陷,导致后续时段实际有车占用时,列控中心设备仍按照熔断前无车占用状态进行控制输出,致使温州南站列控中心设备控制的区间信号机错误升级保持绿灯状态。

雷击还造成轨道电路与列控中心信号传输的 CAN 总线阻抗下降,使5829AG 轨道电路与列控中心的通信出现故障,造成5829AG 轨道电路发码异常,在无码、检测码、绿黄码间无规律变化,在温州南站计算机联锁终端显示永嘉站至温州南站下行线三接近(以下简称下行三接近,即5829AG 区段)"红光带"。

19时39分,温州南站车站值班员臧某看到"红光带"故障后,立即通过电话向上海铁路局调度所列车调度员张某汇报了"红光带"故障情况,并通知电务、工务人员检查维修。瓯海信号工区温州南站电务应急值守人员滕某接到故障通知后,于19时40分赶到行车室,确认设备故障属实后,在《行车设备检查登记簿》(运统-46)上登记,并立即向杭州电务段安全生产指挥中心进行了汇报。

19时45分左右,滕某进入机械室,发现6号移频柜有数个轨道电路出现报警红灯。

19时55分左右,接到通知的温州电务车间工程师陈某、车间党支部书记王某、预备工班长丁某余3人到达温州南站机械室,陈某问滕某:"登记好了没有?"滕某说:"好了。"陈某要求滕某担任驻站联络,随即与王某、丁某余进入机械室检查,发现移频柜内轨道电路大面积出现报警红灯(经调查,共15个轨道电路发送器、3个接收器及1个衰耗器指示灯出现报警红灯),陈某即用1个备用发送器及1个无故障的主备发送器中的备用发送器替代S1LQG 及5829AG 两个主备发送器均亮红灯的轨道电路的备用发送器,采用单套设备先行恢复。

20时15分左右,陈某通过询问在行车室内的滕某,得知"红光带"已消除,即叫滕某准备销记。滕某正准备销记,此时5829AG"红光带"再次出现,王某立即通知滕某不要销记。陈某将5829AG 发送器取下重新安装,工作灯点绿灯。随后,杭州电务段调度沈某来电话让陈某检查一下其他设备。陈某来到微机房,发现列控中心轨道电路接口单元右侧最后两块通信板工作指示灯亮红灯,便取下这两块板,同时取下右侧第三块的备用板插在第二块板位置,此时其工作指示灯仍亮红灯。陈某立即(20时34分左右)向 DMIS(调度指挥管理信息系统)工区询问了可能的原因后,便回到机械室取下三个工作灯亮红灯的接收器。此时列控中心轨道电路接口单元右侧第二块通信板工作指示灯亮绿灯,陈某随即将拆下来的两块通信板恢复到两个空位置上,然后通信板工作指示灯亮绿灯。陈某在微机室继续观察。

至事故发生时,杭州电务段瓯海工区电务人员未对温州南站至瓯海站上行线和永嘉站至温州南站下行线故障处理情况进行销记。

20时03分,温州南站线路工区工长袁某在接到关于下行三接近"红光带"的通知后,带领6名职工打开杭深线下行K584+300处的护网通道门并上道检查。20时30分,经工务检查人员检查确认工务设备正常后,温州南工务工区驻站联络员孔某在《行车设备检查登记簿》(运统-46)上进行了销记:"温州南—瓯海间上行线,永嘉—温州南下行线经工务人员徒步检查,工务设备良好,交付使用。"

19时51分,D3115次列车进永嘉站3道停车(正点应当19时47分到,晚点4min),正常办理客运业务。

19时54分,张某发现调度所调度集中终端(CTC)显示与现场实际状态不一致(温州南站下行三接近在温州南站计算机连锁终端显示"红光带",但调度所CTC没有显示"红光带"),即按规定布置永嘉站、温州南站、瓯海站将分散自律控制模式转为非常站控模式。

20时09分,上海铁路局调度所助理调度员杨某通知D3115次列车司机何某:"温州南站下行三接近有'红光带',通过信号没办法开放,有可能机车信号接收白灯,停车后转目视行车模式继续行车。"司机又向张某进行了确认。

20时12分,D301次列车永嘉站1道停车等信号(正点应当19时36分通过,晚点36分)。

永嘉站至温州南站共15.563km,其中永嘉站至5829AG长11.9km,5829AG长750m,5829AG至温州南站长2.913km。

20时14分58秒,D3115次列车从永嘉站开车。

20时17分01秒,张某通知D3115次列车司机:"在区间遇红灯即转为目视行车模式后以低于20km/h速度前进。"

20时21分22秒,D3115次列车运行到K583+834处(车头所在位置,下同)。因5829AG轨道电路故障,触发列车超速防护系统自动制动功能,列车制动滑行,于20时21分46秒停于K584+115处。

20时21分46秒至20时28分49秒,因轨道电路发码异常,D3115次列车司机三次转目视行车模式起车没有成功。

20时22分22秒至20时27分57秒,D3115次列车司机6次呼叫列车调度员、温州南站值班员3次呼叫D3115次列车司机,均未成功(经调查,20时17分至20时24分,张某在D3115次列车发出之后至D301次列车发出之前,确认了沿线其他车站设备情况,再次确认了温州南站设备情况,了解了上行D3212次列车运行情况,接发了8趟列车)。

20时24分25秒,在永嘉站到温州南站间自动闭塞行车方式未改变、永嘉站信号正常、符合自动闭塞区间列车追踪放行条件的情况下,张某按规定命令D301次列车从永嘉站出发,驶向温州南站。

20时26分12秒,张某问臧某D3115次列车运行情况,臧某回答说:"D3115次列车走到三接近区段了,但联系不上D3115次列车司机,再继续联系。"

20时27分57秒,臧某呼叫D3115次列车司机并通话,司机报告:"已行至距温州南站两个闭塞分区前面的区段,因机车综合无线通信设备没有信号,跟列车调度员一直联系不上,加之轨道电路信号异常跳变,转目视行车模式不成功,将再次向列车调度员联系报告。"臧某回答:"知道了。"20时28分42秒通话结束。

20时28分43秒至28分51秒、28分54秒至29分02秒,D3115次列车司机两次呼叫列车调度员不成功。

20时29分26秒,在停留7分40秒后,D3115次列车成功转为目视行车模式启动运行。

20时29分32秒,D301次列车运行到K582+497处,温州南站技教员幺某呼叫D301次列车司机并通话:"动车301你注意运行,区间有车啊,区间有3115啊,你现在注意运行啊,好不好啊？现在设备(通话未完即中断)。"现场情况如图 2-4 所示。

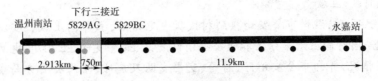

图 2-4　现场情况示意图

此时，D301 次列车进入轨道电路发生故障的 5829AG 轨道区段(经调查确认，司机采取了紧急制动措施)。20 时 30 分 05 秒，D301 次列车在 K583+831 处以 99km/h 的速度与以 16km/h 速度前行的 D3115 次列车发生追尾。事故的撞车地点如图 2-5 所示。

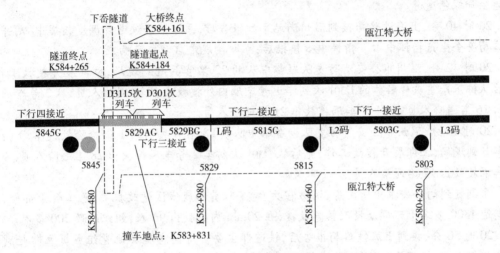

图 2-5　撞车地点示意图

事故造成 D3115 次列车第 15、16 位车辆脱轨，D301 次列车第 1 至 5 位车辆脱轨(其中第 2、3 位车辆坠落瓯江特大桥下，第 4 位车辆悬空，第 1 位车辆除走行部之外车头及车体散落桥下；第 1 位车辆走行部压在 D3115 次列车第 16 位车辆前半部，第 5 位车辆部分压在 D3115 次列车第 16 位车辆后半部)，动车组车辆报废 7 辆、大破 2 辆、中破 5 辆、轻微小破 15 辆，事故路段接触网塌网损坏，中断上下行线行车 32h35min，造成 40 人死亡、172 人受伤。事故现场示意图如图 2-6 所示。

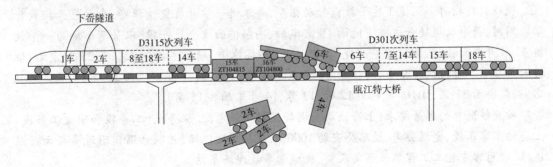

图 2-6　事故现场示意图

三、事故应急处置情况

7 月 23 日 20 时 30 分左右，事故发生地附近的温州市鹿城区黄龙街道双屿下岙村村民自发地投入桥下车厢的抢险救援并报警。D3115次列车、D301次列车工作人员迅速组织青壮年旅客开展自救、互救。

20时30分45秒,温州市公安局接到村民报警电话后,立即向上级公安机关和温州市委、市政府报告,同时向温州军分区和市公安消防支队、武警支队、卫生局、电力公司等部门(单位)通报了情况,并向公安消防、特警、交警支队及鹿城、瓯海公安分局发出紧急救援警令。

20时40分,温州市委、市政府主要负责同志及有关负责同志立即赶往事故现场,协调指挥抢险救援工作,同时向浙江省委、省政府领导同志报告了情况。温州市卫生局启动突发公共事件医疗救治应急响应,紧急调集组织医疗专家和医务人员,并布置市区11家收治医院开通生命绿色通道。

20时40分,上海铁路局接到温州南站事故报告后,立即报告铁道部调度指挥中心,并通知路局安全生产指挥中心。指挥中心接报后,立即按规定启动应急响应。

20时42分,温州市公安消防支队鞋都中队的22名官兵赶到现场,立即展开搜救工作,先后从桥下严重破碎解体的D301次列车1号车厢内外搜救出19名遇险人员,从2号车厢搜救出16名遇险人员,从4号车厢搜救出21名遇险人员。

20时44分,温州市公安消防支队勤奋路中队的28名官兵驾乘1辆抢险救援车、3辆水罐车赶到现场,立即展开搜救工作,先后从D301次列车2号车厢搜救出28名遇险人员,从3号车厢搜救出12名遇险人员。

先期赶到的公安派出所民警、消防官兵、特警队员和鹿城区党政机关、总工会干部等,组织周边1300多名干部群众投入紧急救援,在20min内营救出96人,组织疏散200多人。

20时50分,接到上海铁路局报告后,铁道部主要负责同志和其他党组成员立即赶到部调度指挥中心,指挥抢险救援,做出相关部署,并联系浙江方面,请地方出动卫生、武警、消防等方面力量全力抢救,同时调动组织铁路方面的应急救援队伍尽快赶赴事故现场,投入抢险救援工作。

21时左右,浙江省委、省政府接到事故报告后,立即启动了应急响应。

赶到事故现场的温州市委、市政府负责同志根据到达事故现场的消防部队、军分区官兵和其他警力情况,在前期市公安消防支队成立的消防救援指挥部的基础上,决定以消防部队为主力,成立市"7·23"事故现场救援指挥部,统一指挥协调现场人员搜救工作。

现场救援指挥部迅速下达了救援行动指令,要求进一步开展灾情侦察,全面展开搜救行动。同时,将事故现场分成桥下地面、竖靠车厢、高架桥面3个战斗段,以每节车厢为一个救援点,展开全面搜救,做到搜查一处、标记一处;层层推进,确保不漏一人。至23时左右,救援人员在第二阶段的搜救中,共救出97名被困遇险人员(其中桥下地面50名,竖靠车厢1名,高架桥面31名,D3115次列车12号、13号、14号车厢共15名)。

按照铁道部的部署要求,上海铁路局调集了杭州供电段、机务段、工务段和宁波工务段、上海动车客车段、金温公司、铁路公安约1000人赶往事故现场,并联系温州附近参与金丽温铁路、杭甬客专施工工程单位调集人员、机械向事故现场集结。

21时30分,浙江省政府办公厅通过电话向国务院总值班室和省委、省政府主要负责同志报告了事故信息。正在国外访问的省委主要负责同志接到报告后,立即电话指示,要全力抢救受伤人员、妥善处理事故善后等。时任省政府主要负责同志立即指派有关分管负责同志先期赶赴事故现场,指导抢险救援工作,并主持召开省委、省政府有关负责同志参加的紧急会议，对抢险救援和善后处置等工作进行部署。会后，立即率相关人员赶赴事故现场。省委、省政府等其他负责同志分别赶到省应急指挥中心和省公安厅指挥中心，协调各方力量，指挥抢险救援工作。

22时左右，浙江省公安消防总队指挥中心调集直属综合应急救援支队和宁波、台州、金华、丽水等5个支队的83名特勤官兵驾乘13辆消防车连夜赶到现场增援。浙江省卫生系统立即启动重特大灾害事故医疗救治应急响应，省卫生厅主要负责同志带领3支省属医疗队和2万毫升血液紧急赶赴温州，同时调集台州市、丽水市4支医疗队一并赶往温州，参加伤员救治工作。

23时20分，浙江省公安消防总队部分官兵到达事故现场；23时30分，丽水、台州、宁波、金华等5个公安消防支队部分官兵陆续到达事故现场。23时50分，从桥面D3115次列车15号车厢再次搜救出1名遇险人员。

在此期间，国务院副总理张德江同志多次给铁道部、安全监管总局和浙江省负责同志打电话，传达胡锦涛总书记、温家宝总理等中央领导同志的重要指示精神，了解事故及抢险救援情况，对贯彻落实胡锦涛总书记、温家宝总理的重要指示，搞好事故抢险救援和伤员救治等工作提出了要求。

7月24日0时15分至1时40分，救援人员又相继从D3115次列车16号车厢和D301次列车5号车厢救出4名遇险人员；1时40分，再次从D3115次列车15号车厢和16号车厢连接处救出1名被困人员。

1时40分，时任浙江省政府主要负责同志带领有关人员到达温州，察看现场后，主持召开了有省级相关部门和温州市有关负责同志参加的紧急会议，成立了抢险救援指挥部，统一协调指挥救援工作，对抢险救援工作进行部署，落实了任务分工，并提出了加紧现场搜救、全力救治伤员、尽快疏散旅客、妥善安置家属四条意见。

1时50分，救援人员发现在D3115次列车16号车厢深处仍有多名被压人员，但由于D3115次列车16号车厢前半部被D301次列车1号车厢走行部压着，后半部被D301次列车5号车厢压着，必须调用专用机械设备吊开D301次列车1号车厢走行部和5号车厢，才能对D3115次列车16号车厢实施破拆搜救，于是，开始调动专用设备，起吊后再展开施救。

2时40分，时任上海铁路局党政主要负责人到达事故现场，立即成立了现场救援指挥机构。

3时左右，时任铁道部主要负责同志带领有关负责人到达现场后，时任浙江省、铁道部主要负责同志在现场召开了省、部会商会，传达胡锦涛总书记、温家宝总理的重要指示精神，决定成立省部联合救援及善后工作指挥部，并下设四个工作小组，明确了责任分工。

4时左右，现场搜救工作继续进行。桥上救援指挥由铁道部一名副部长和安全总监及上海铁路局一名副局长负责，桥下救援指挥由铁道部另一名副部长和温州市一名副市长及上海铁路局另一名副局长负责。

此时，有媒体报道："……从事故发生到现在已经有8h的时间了，在这8h里总共进行了6次人员搜救，到现在为止，整个人员搜救行动是已经结束了……"据此，相关媒体相继做出事故现场停止救援的报道，在社会上产生了在遇难和受伤人员尚未全部搜救出的情况下已放弃救援的一些议论和质疑。经调查并查看采访录像，当时在桥下具体负责搜救的有关负责人说过"人员搜救已经基本完成，现场进行了五六次搜救，直至用生命探测仪探测已没有生命迹象了……"。上述表述只是对桥下搜救进展情况的说明，并不是对总体救援行动的全面介绍,桥上搜救工作仍在进行中,没有人下达过停止救援的指令。

5时30分,上海铁路局有关负责人在桥下组织指挥救援过程中,简单按照以往有关事故现场处置方式,组织挖坑就地掩埋受损车头和散落部件。当将受损车头和散落部件放入坑中准备掩埋时,被有关领导同志制止。最终受损车头及散落部件未被掩埋,并于7月25日22时运往温州西站集中存放、专人看管。经调查,组织挖坑时,桥下事故车辆人员搜救工作已经完成、现场勘察已经结束、相关物证已经提取。

11时10分,受胡锦涛总书记、温家宝总理委派,张德江副总理率国家有关部门(单位)负责同志抵达温州,代表党中央、国务院看望并慰问了受伤人员,查看了事故现场,要求各有关方面"要坚决按照胡锦涛总书记、温家宝总理的重要指示精神,坚持把救人摆在第一位,继续争分夺秒全力搜救伤亡人员,不留任何死角,确保绝无遗漏"。当看到一个坑内堆放的列车残骸时,他明确指示:"残骸不能埋。要做好现场保护和事故车辆的妥善保存,为事故调查分析提供条件。"随后,张德江副总理慰问了参加救援的部队官兵和其他救援人员。

14时,张德江副总理在温州主持召开会议,再次传达胡锦涛总书记、温家宝总理的重要指示精神,在听取浙江省、温州市和铁道部关于事故情况和抢险救援、伤员救治等进展情况的汇报后,进一步强调:"一定要坚决按照胡锦涛总书记、温家宝总理的重要指示要求,把救人放在第一位,全力以赴组织好抢险救援工作。同时,要做好下一步工作:一要全力以赴救治伤员,千方百计调动一切医疗力量进行救治、千方百计减少因伤死亡、千方百计减少因伤致残;二要认真做好遇难、受伤人员的善后工作,坚持以人为本,做好死伤人员的家属接待工作,依据有关政策妥善做好赔偿等工作;三要继续做好滞留旅客疏散的后续工作;四要在完成救援和相关工作后,在确保安全的前提下,认真组织好恢复通车准备工作,并尽快恢复通车,同时注意现场清理工作安全,加强列车运行科学调度,开展全路安全检查;五要加强宣传舆论工作,公开、透明发布事故消息,及时、准确报道救援进展情况;六要成立事故救援善后总指挥部,由浙江省政府主要负责同志任总指挥,铁道部主要负责同志任副总指挥,各部门积极支持配合,共同做好各项工作;要成立国务院'7·23'甬温线特别重大铁路交通事故调查组,由安全监管总局牵头,以严肃认真、实事求是、科学严谨的态度,全面开展事故调查工作,查明事故原因,总结事故教训,依法依规严肃处理相关责任人员。"

14时50分,中铁二十四局抢险救援人员将两台300t汽车吊就位,开始对桥上车体吊移施救。15时10分,D3115次列车第15号车厢被吊至桥下;16时30分,D301次列车第5号车厢被吊至桥下。此时,考虑到车厢里可能还有幸存者,吊动车厢会造成再次伤害,且在吊动过程中,也可能会造成遗体、遗物从车厢里滑落。因此,决定在桥上对D3115次列车16号车厢搜救完毕后再吊离。17时,当把压在D3115次列车16号车厢上的D301次列车1号车厢走行部吊开后,救援人员立即进入16号车厢内搜寻,在搜寻出7具遇难者遗体后,救援人员发现一个小孩被车厢行李架压着,便立即进行施救;17时15分,在D3115次列车第16车厢的小女孩项炜伊被成功救出,并紧急送往医院救治。

此后,铁路方面救援人员对桥面上散落的旅客行李物品进行了多次反复仔细清理收集,同时对桥面其他方面进行了仔细搜寻清理,在确认已没有受伤人员、遇难者遗体和旅客物品后,开始组织损毁线路修复工作。7月24日23时30分,永嘉站至温州南站下行线事故地段损毁线路重新铺轨、补砟完毕,线路和接触网修复完成。铁道部组织有关技术专家对桥梁主体结构进行了检测,确认墩台、梁体、支座均无损坏,事故对桥体主体质量没有影响,具备安全行车的条件。与此同时,为了保留温州南站列控系统事故发生时的现状,铁路方面制定了站间行车办法,取消了列车区间追踪运行。

7月25日4时32分,温州南站至永嘉站下行线恢复供电;5时05分,温州南站至永嘉站上行线恢复供电;9时31分通车。

整个救援过程中,共搜救出260名遇险人员,找到当场死亡的25具遇难者遗体。

此次事故造成的40名死亡人员当中,有旅客37人、司乘人员3人(其中:男性25人、女性15人;当场死亡25人、送医院途中死亡13人、医治无效死亡2人);172名受伤人员当中,有旅客169人、司乘人员3人(其中:男性94人、女性78人)。

浙江省、铁道部积极开展善后工作,按照"一对一"工作要求,专门成立58个"5+1+x"(即温州市5人,铁路部门1人,遇难人员所在地政府若干人)善后工作小组,全面开展遇难者家属接待、心理疏导、赔付等工作。

在整个事故应急处置工作中,也暴露出铁道部对动车组列车运行中发生的重特大事故应急预案和应急机制不完善、应急处置经验不足,信息发布不及时,对有关社会关切回应不准确等问题,引起社会质疑,造成了负面影响。特别是简单按照以往有关事故现场处置方式,在现场挖坑将受损车头和零散部件放入其中准备掩埋,虽被制止,但在社会上产生了不良影响。

四、事故原因和性质

(一)事故原因

经调查认定,导致事故发生的原因是:通号集团所属通号设计院在LKD2-T1型列控中心设备研发中管理混乱,通号集团作为甬温线通信信号集成总承包商履行职责不力,致使为甬温线温州南站提供的LKD2-T1型列控中心设备存在严重设计缺陷和重大安全隐患。铁道部在LKD2-T1型列控中心设备招投标、技术审查、上道使用等方面违规操作、把关不严,致使其在温州南站上道使用。当温州南站列控中心采集驱动单元采集电路电源回路中保险管F2遭雷击熔断后,采集数据不再更新,错误地控制轨道电路发码及信号显示,使行车处于不安全状态。雷击也造成5829AG轨道电路发送器与列控中心通信故障。使从永嘉站出发驶向温州南站的D3115次列车超速防护系统自动制动,在5829AG区段内停车。由于轨道电路发码异常,导致其三次转目视行车模式起车受阻,7min40s后才转为目视行车模式以低于20km/h的速度向温州南站缓慢行驶,未能及时驶出5829闭塞分区。因温州南站列控中心未能采集到前行D3115次列车在5829AG区段的占用状态信息,使温州南站列控中心管辖的5829闭塞分区及后续两个闭塞分区防护信号错误地显示绿灯,向D301次列车发送无车占用码,导致D301次列车驶向D3115次列车并发生追尾。上海铁路局有关作业人员安全意识不强,在设备故障发生后,未认真正确地履行职责,故障处置工作不得力,未能起到可能避免事故发生或减轻事故损失的作用。

(二)事故性质

经调查认定,"7·23"甬温线特别重大铁路交通事故是一起因列控中心设备存在严重设计缺陷、上道使用审查把关不严、雷击导致设备故障后应急处置不力等因素造成的责任事故。

(三)事故暴露出各有关方面的主要问题

1. 通号集团及其下属单位在列控产品研发和质量管理上存在严重问题

通号集团所属通号设计院研发的LKD2-T1型列控中心设备设计存在严重缺陷,设备故障后未导向安全。经事故调查组对采集驱动单元测试,以及委托工业和信息化部有关检测机构组成的联合测试组对列控中心主机和采集驱动板(PIO 板)软件进行测试,并经动车组实车模拟试验验证和反复分析论证,查明:从软件及系统设计看,温州南站使用的 LKD2-T1 型列控中心保险管 F2 熔断后,采集驱动单元检测到采集电路出现故障,向列控中心主机发送故障信息,但未按"故障导向安全"原则处理采集到的信息,导致传送给主机的状态信息一直保持为故障前采集到的信息;列控中心主机收到故障信息后,仅把故障信息转发至监测维护终端,也未采取任何防护措施,继续接收采集驱动单元送来的故障前轨道占用信息,并依据故障前最后时刻的采集状态信息控制信号显示及轨道电路。从硬件设计看,LKD2-T1 型列控中心设备主要存在以下问题:PIO 采集电源仅有一路独立电源,未按规定采用两路独立电源设计,一旦电源失效,PIO 机柜中全部 PIO 板将失去采集电源,当列控中心保险管 F2 熔断后,造成采集驱动单元采集回路失去供电;两路输入采集来自一个源点,无法构成输入信息的安全比较。这两处硬件设计缺陷导致设备不符合安全防护要求。具体问题如下:

(1)通号集团的问题

通号集团履行合武线、甬温线通信信号集成总承包商职责不力,未按照职责要求提供安全可靠的列控中心设备。未认真贯彻执行国家关于产品质量方面的法律法规和规章、制度、标准;对通号设计院的科研质量管理工作监管不到位,集团领导及其有关部门未认真履行职责,未对通号设计院科研质量管理体系的建立和执行情况进行监督检查,未能及时发现科研产品质量管理体系不完善、责任不落实的问题;将中标的系统集成项目完全交由下属通号设计院等企业负责,监督管理缺失,对相关重点设备研发情况不跟踪、不过问,致使先后向合武、甬温铁路提供了存在严重设计缺陷和重大安全隐患的 LKD2-T1 型列控中心设备上道使用。

(2)通号设计院的问题

一是决定研发 LKD1-T 型列控中心设备升级平台不慎重。通号设计院领导在未全面了解 LKD1-T 型列控中心设备升级平台研发过程、进度的情况下,仅凭列控所负责人口头汇报,即同意启动升级平台研发工作。

二是对列控中心设备研发设计审查不严,未能发现设备存在的严重设计缺陷和重大安全隐患。未能发现列控中心设备的 PIO 板未经评审的问题;管理和监督列控所的研发工作不力,对 LKD2-T1 型列控中心设备研发工作管理混乱、文档缺失等问题失察。

三是科研质量管理责任不落实,对下属企业列控所产品质量监督管理失控。未认真执行国家有关产品质量检验的相关规定,未对产品研发过程和产品质量进行把关、管控,未能保证提供的信号产品达到"故障导向安全"的根本要求。

(3)通号设计院列控所的问题

一是草率研发 LKD2-T1 型列控中心设备。在合武线建设合同约定的列控中心设备难以满足合肥站工程建设需要,以及现有 LKD1-T 型列控中心设备升级平台采集轨道电路继电器信息模块、PIO 板研发未完成的情况下,不负责任地向通号设计院领导建议开发 LKD1-T 型列控中心设备升级平台(即后来定型使用的 LKD2-T1 型列控中心设备)。

二是列控中心设备研发工作管理混乱。未组织正式的 LKD2-T1 型列控中心设备研发设计团队,仅靠列控所有关负责人口头指派相关人员研发;对设备研发设计过程管理控制不严格,导致设备存在严重设计缺陷和重大安全隐患;编制、审核研发文档不规范,且部分文档缺失。

三是违反程序开展 LKD2-T1 型列控中心设备研发工作。未对列控中心设备特别是 PIO 板开展全面评审,也未进行单板故障测试,未能查出列控中心设备在故障情况下不能实现导向安全的严重设计缺陷。

2. 铁路总公司及其相关司局(机构)在设备招投标、技术审查、上道使用上存在问题

(1)铁路总公司的问题

铁路总公司执行基本建设程序不规范、不认真,在铁路建设中抢工期、赶进度,片面追求工程建设速度,对安全重视不够,事故应急预案和应急机制不完善;铁路客运专线系统集成工作管理不力,规章制度和标准不健全;设立的技术系统集成项目组和系统集成办公室,未建立相应工作制度,造成集成办公室、项目组与客运专线技术部、基础部之间职能交叉、职责不清,削弱了有关部门正常职能;相关职能部门未认真履行职责,在设备招投标、技术审查、上道使用等多个环节违规操作、把关不严,进行无依据、不规范的技术预审查,同意没有经过现场测试的 LKD2-T1 型列控中心设备上道使用(总共在包括甬温线在内、广珠线、海南东环线的 58 个车站、18 个中继站使用,根据事故调查组提出的整改建议,铁路总公司于 8 月 19 日全面整改完毕);对上海铁路局安全生产责任制落实和规章制度、标准执行以及职工安全教育培训情况监督检查不到位。

(2)运输局客运专线技术部(司局级机构)的问题

一是对合宁、合武、甬温铁路客运专线列控中心设备招标投标工作审查把关不严。在铁路客运专线 CTCS-2 级列控系统相关技术标准不系统、不完整的情况下,草率对合宁、合武线列控设备定标选型,造成两线列控设备接口不统一,无法互联互通,不能满足工程需要,引发了合肥站、合武线列控中心设备型号的变更,导致后续一系列工作操作不规范;指导、协调甬温铁路招标时,审查同意在温州南站等 18 个车站招标采购仅经过技术预审查的 LKD2-T1 型列控中心设备。

二是跟踪督促合肥站列控中心设备设计比选工作不力。在组织召开合宁铁路 CTCS-2 级列控系统集成方案研讨会议,要求合肥站按合宁铁路相同类型的列控中心设备进行设计比选后,跟踪督促不力,未发现通号设计院在合肥站进行列控中心设备换型的违规行为,对通号设计院在合肥站进行列控中心设备换型的违规行为失察。

三是推动无依据、不规范的技术预审查工作。运输局客专技术部推动科学技术司、运输局基础部对不具备技术审查条件的 LKD2-T1 型列控中心设备进行技术预审查,并会签同意没有经过现场测试和试用的 LKD2-T1 型列控中心设备在合宁、合武线上道使用。

(3)运输局基础部(司局级机构)的问题

一是信号新产品上道使用管理存在漏洞。未按照职责要求制定系统完善的信号新技术、新产品的试验、审查、试用和上道使用管理制度及办法,未对信号新产品评审、试用期间保证安全生产方面做出特殊规定。

二是作为信号设备的业务主管部门,对 LKD2-T1 型列控中心设备上道审查把关不严。在 LKD2-T1 型列控中心设备没有经过现场测试和试用、审查资料不完善等情况下,会签同意科学技术司起草的技术预审查意见。

三是违规同意合武线全线改用 LKD2-T1 型列控中心设备。组织召开合武铁路列控中心设备类型专题会议,有关人员在 LKD2-T1 型列控中心设备经过技术预审查及合肥站开通使用、尚未进行现场测试的情况下,未经严格试验、审查,草率同意合武全线改用 LKD2-T1 型列控中心设备。

(4) 科学技术司的问题

一是未制定明确规范的技术审查规定。未按照职责要求制定程序明确、内容具体、要求严格的有关技术审查的规章、制度和规范性文件,致使LKD2-T1型列控中心设备技术审查无依据、不规范。

二是对LKD2-T1型列控中心设备进行了无依据、不规范的技术预审查。在合宁线建设工期要求紧迫、有关司局催办和LKD2-T1列控中心设备在合肥站已经进场安装的情况下,根据通号设计院、合宁公司提交的CTCS-2级列控系统技术审查的申请,会同有关部门对LKD2-T1型列控中心设备进行了无依据、不规范的技术预审查。

三是违规同意LKD2-T1型列控中心设备在合宁、合武线试验和上道使用。会同运输局基础部、客运专线技术部印发文件,同意LKD2-T1型列控中心设备"在合宁、合武客运专线工程现场试验和上道使用的过程中,不断完善系统功能"。该文件印发上海等路局及相关单位参照实行,客观上对仅通过技术预审查的LKD2-T1型列控中心设备在甬温铁路上道使用提供了依据。

3. 上海铁路局及其下属单位在安全和作业管理及故障处置上存在的问题

(1) 上海铁路局的问题

上海铁路局安全生产责任制不落实,安全基础管理薄弱,执行应急管理规章制度、作业标准不严不细,对职工安全教育培训不力;相关单位(部门)安全管理不力,对职工履行岗位职责和遵章守规情况监督检查不到位;相关作业人员安全意识不强,在设备故障发生后,没有及时采取有效措施,未能起到可能避免事故发生或减轻事故损失的作用;上海铁路局有关负责人在事故抢险救援中指挥不妥当、处置不周全,在社会上造成不良影响。

(2) 车务系统的问题

一是调度所行车管理、应急处置不力。调度所列车调度员虽然不知道信号升级的情况,但未进一步了解电务人员维修下行三接近"红光带"情况和工务人员检查线路情况,未及时了解前行D3115次列车在下行三接近运行的详细情况,没有及时提醒D301次列车司机注意运行,违反了《技规》和《高速铁路调度暂行规则》的有关规定;调度所值班负责人对有可能影响行车安全的突发情况处置不及时、处置措施不得力,对列车调度员没有及时提醒D301次列车司机的问题监控检查不力。

二是宁波车务段温州南站职工岗位责任制不落实,行车组织管理存在薄弱环节。温州南站值班员在发现D3212发车时上行出站信号机故障关闭、发现CTC终端显示与现场轨道电路占用状态不符等设备故障情况后,虽然不知道信号升级的情况,但未严格执行《上海铁路局行车簿填记标准》和《车机联控作业》的有关规定,没有及时与D301次列车执行车机联控;车站盯岗负责人在车站转为非常站控后,没有提醒行车室值班人员及时与区间运行列车有效执行车机联控。

三是宁波车务段对本单位和所属车站安全生产基础管理及行车业务工作指导不到位,对温州南站执行车机联控作业规章、制度、标准的情况监督检查不力。

四是运输处对调度所执行有关调度和安全生产规章、制度、标准情况监督、检查、指导不力,对车务系统专业监督、检查不到位。

(3) 电务系统的问题

一是杭州电务段温州车间和瓯海工区安全基础管理薄弱,组织开展职工安全教育培训不力。电务值班人员虽然不知道信号升级的情况,但没有认真履行岗位职责和严格执行作业标准,得知出现轨道电路故障后,未对永嘉站至温州南站下行三接近、温州南站至瓯海站上行一离去轨道电路故障登记停用即进行检查确认,未经登记联系就对除5829AG之外的轨道电路设备进行插拔更换,违反了《铁路信号维护规则》的有关规定;现场值班负责人对应急值守人员的违规行为未及时制止。

二是杭州电务段职工安全教育培训工作不到位,设备故障应急管理不力,对电务值班人员遵章守纪情况监管不到位。

三是电务处对电务系统职工安全教育培训不到位,设备故障应急管理责任和措施不落实,对电务值班人员遵章守纪情况和应急处置工作监督检查不力。

(4)工务系统的问题

温州南线路工区有关人员未按照《铁路客运专线技术管理办法(试行)》(200~250km/h部分)的规定,向列车调度员申请上道检查的调度命令,擅自打开防护网通道门上道检查作业,属于违规作业行为。

五、对事故有关责任人员和责任单位的处理建议(略)

六、事故防范和整改措施建议

(1)深入贯彻落实科学发展观,牢固树立以人为本、安全发展的理念。
(2)切实加强高铁技术设备制造企业研发工作的管理。
(3)切实健全完善高铁安全运行的规章制度和标准。
(4)切实强化高铁技术设备研发管理。
(5)切实严把高铁技术设备安全准入关。
(6)切实强化高铁运输安全管理和职工教育培训。
(7)切实加强铁路安全生产应急管理。
(8)切实加强高铁规划布局和统筹发展工作。

行车事故发生后,应尽快进行处理,最大限度减少损失,并迅速向有关人员或单位发出通报。

一、报告程序

事故发生后,事故现场的铁路运输企业工作人员或者其他人员应当立即向邻近铁路车站、列车调度员、公安机关或者相关单位负责人报告。有关单位和人员接到报告后,应立即将事故情况向企业负责人和事故发生地安全监管办安全监察值班人员报告,安全监管办安全监察值班人员按规定向安全监管办负责人报告。

铁路运输企业列车调度员要认真填写《铁路交通事故(设备故障)概况表》(安监报1),分别向事故发生地安全监管办安全监察值班人员、铁路总公司列车调度员报告。

事故发生地安全监管办安全监察值班人员接到"安监报1"或现场事故报告后,要立即填写《铁路交通事故基本情况表》(安监报3),并向铁路总公司安全监察司值班人员报告。报告后要进一步了解事故情况,及时补报"安监报3"。

涉及其他安全监管办辖区的事故,发生地安全监管办安全监察值班人员应及时将"安监报3"传送至相关安全监管办的安全监察部门。

铁路总公司列车调度员接到事故报告后,应及时收取或填写"安监报1",并立即向值班处长和安全监察司值班人员报告；值班处长、安全监察司值班人员按规定分别向本部门负责人、铁路总公司办公厅总经理办公室报告，由部门负责人向总公司领导报告。事故涉及其他部门时，由办公厅总经理办公室通知相关部门负责人。

发生特别重大事故、重大事故，由铁路总公司办公厅负责向国务院办公厅报告，并通报国家安全生产监督管理总局等有关部门。

发生特别重大事故、重大事故、较大事故或者有人员伤亡的一般事故，安全监管办应向事故发生地县级以上地方人民政府及其安全生产监督管理部门通报。

二、报告内容

(1)事故发生的时间、地点、区间(线名、公里、米)、线路条件、事故相关单位和人员。
(2)发生事故的列车种类、车次、机车型号、部位、牵引辆数、吨数、计长及运行速度。
(3)旅客人数、伤亡人数、性别、年龄以及救助情况，是否涉及境外人员伤亡。
(4)货物品名、装载情况，易燃、易爆等危险货物情况。
(5)机车车辆脱轨辆数、线路设备损坏程度等情况。
(6)对铁路行车的影响情况。
(7)事故原因的初步判断，事故发生后采取的措施及事故控制情况。
(8)应当立即报告的其他情况。

事故报告后，人员伤亡、脱轨辆数、设备损坏等情况发生变化时，应及时补报。

铁路总公司、安全监管办、铁路运输企业应向社会公布事故报告值班电话，受理事故报告和举报。

三、事故调查

(1)特别重大事故按《铁路安全管理条例》规定由国务院授权的部门组织事故调查组进行调查。
(2)重大事故由铁路总公司组织事故调查组进行调查。调查组组长由铁路总公司负责人或指定人员担任，安全监察司、运输局、公安局等部门和铁路总公司派出机构、相关安全监管办等部门(单位)派员参加。
(3)较大事故和一般事故由事故发生地安全监管办组织事故调查组进行调查。调查组组长由安全监管办负责人或指定人员担任，安全监管办安全监察部门、有关业务处室、公安机关等部门派员参加。

铁路总公司认为必要时，可以参加或直接组织对较大事故和一般事故进行调查。
(4)事故调查组履行下列职责：
①查明事故发生的经过、原因、人员伤亡情况及直接经济损失。
②认定事故的性质和事故责任。
③提出对事故责任者的处理建议。
④总结事故教训，提出防范和整改措施建议。
⑤提交事故调查报告。

事故调查组在事故发生后应当及时通知相关单位和人员：一般B类以上、重大以下的事故(不含相撞的事故)发生后，应当在12h内通知相关单位，接受调查。
(5)《铁路交通事故调查处理报告》应包括以下内容：

①事故概况。
②事故造成的人员伤亡和直接经济损失。
③事故发生的原因和事故性质。
④事故责任的认定以及对事故责任者的处理建议。
⑤事故防范和整改措施建议。
⑥与事故有关的证明材料。

(6)事故调查组应在下列期限内向组织事故调查组的机关提交《铁路交通事故调查报告》：
①特别重大事故的调查期限为60日。
②重大事故的调查期限为30日。
③较大事故的调查期限为20日。
④一般事故的调查期限为10日。

事故调查期限自事故发生之日起计算。

(7)《铁路交通事故认定书》是事故赔偿、事故处理以及事故责任追究的依据。《铁路交通事故认定书》应按照铁路总公司规定的统一格式制作，内容包括：
①事故发生的原因和事故的性质。
②事故造成的人员伤亡和直接经济损失。
③事故责任的认定。
④对有关责任单位以及人员的处理决定或建议。

四、事故责任的判定

事故分为责任事故和非责任事故。事故责任分为全部责任、主要责任、重要责任、次要责任和同等责任。

(1)铁路运输企业或相关单位发布的文电，违反法律法规、铁路总公司规章或铁路相关技术文件标准和作业标准等，直接导致事故发生的，定发文电单位责任。

(2)因设备管理不善造成的事故，定设备管理单位责任。

(3)因产品质量不良造成的事故，属设计、制造、采购、检修等单位责任的，定相关单位责任；应采用经行政许可或强制认证的产品而采用其他产品的，追究采用单位责任；采购不合格或不达标产品的，追究采购单位责任。

(4)自然灾害原因导致的事故，因防范措施不到位，定责任事故。确属不可抗力原因导致的事故，定非责任事故。

(5)营业线施工中发生的责任事故。属工程建设、设计、监理、施工等原因造成的，定上述相关单位责任；同时追究设备管理单位责任；已经竣工验收的设备，因质量问题发生责任事故，确属工程建设、设计、施工、监理等单位责任的，定上述相关单位责任；属设备管理不善的，定设备管理单位责任。

(6)涉嫌人为破坏造成的事故，在公安机关确认前，定发生单位责任事故；经公安机关确认属人为破坏原因造成的，定发生单位非责任事故。

(7)机车车辆断轴发生事故，由于探测、监测工作人员违章违纪或设备不良、管理不善等原因造成漏报、误报或预报后未及时拦停列车的，定相关单位责任。由于货物超载、偏载造成车辆断轴事故，定装车站或作业站责任。

(8)因列车折角塞门关闭造成事故,无法判明责任的定发生地铁路运输企业责任事故。

(9)错误办理行车凭证发车或耽误列车事故的责任划分:司机起动列车,定车务、机务单位责任;司机发现未动车,定车务单位责任;通过列车司机未及时发现,定车务、机务单位责任;司机发现及时停车,定车务单位责任。

应停车的旅客列车错办通过,定车站责任;在区间乘降所错误通过,定机务单位责任。

(10)因断钩导致列车分离事故,断口为新痕时定机务单位责任(司机未违反操作规程的除外),断口旧痕时定机车车辆配属或定检单位责任;机车车辆车钩出现超标的砂眼、夹渣或气孔等定制造单位责任。未断钩造成的列车分离事故根据具体情况进行分析定责。

(11)因货物装载加固不良造成事故,定货物承运单位责任;属托运人自装货物的,定托运人责任,货物承运单位监督检查失职的,追究货物承运单位同等责任。因调车作业超速连挂和"禁溜车"溜放等造成货物装载加固状态破坏而引发的事故,定违章作业站责任;因押运人员在运输途中随意搬动货物和降低货物装载加固质量而引发的事故,定押运人员所在单位责任,货物承运单位管理失职的,追究同等责任;货检人员未认真履行职责的,追究货检人员所在单位同等责任。因卸车质量不良造成事故,定卸车单位责任,同时追究负责检查的单位责任。

(12)自轮运转设备编入列车因质量不良发生事故时,定设备配属单位责任;过轨检查失职的,定检查单位责任;违规挂运的,定编入或同意放行单位责任。

因临时租用其他单位的设备设施、人员,发生事故,定使用单位责任。

产权单位委托其他单位维修设备设施,因维修质量不良造成事故,定维修单位责任;产权单位管理不善的,追究其同等责任。

(13)凡经铁路总公司批准或铁路运输企业批准并报铁路总公司核备后的技术革新项目、科研项目在运营线上试验时,在限定的试验期限内确因试验项目本身原因发生事故,不定责任事故;但由于违反操作规程以及其他人员人为因素造成的事故,定责任事故。

(14)事故发生后,因发生单位未如实提供情况,导致不能查明事故原因和判定责任的,定发生单位责任。

(15)事故涉及两个以上单位管理的相关设备,设备质量均未超过检修或技术限度时,按事故因果关系进行推断,确定责任单位。

事故调查组未及时通知有关单位接受事故调查,不得定有关单位责任。有关单位接到通知后,应派员而未派员接受事故调查的,事故调查组可以直接定责。

(16)铁路作业人员在从事与行车相关的作业过程中,不论作业人员是否在其本职岗位,由于违反操作规程、作业纪律,或铁路运输生产设备设施、劳动条件、作业环境不良,或安全管理不善等造成伤亡,定责任事故。

(17)铁路机车车辆与行人、机动车、非机动车、牲畜及其他障碍物相撞造成事故,按以下规定判定责任。

①事故当事人违章通过平交道口或者人行过道,或者在铁路线上行走、坐卧造成人身伤亡,定事故当事人责任。

②事故当事人逃逸或者有证据证明当事人故意破坏、伪造现场、毁坏证据,定事故当事人责任。

③事故当事人违反国家法律法规,有明显过失的,按过错的严重程度,分别承担责任。

(18)铁路总公司安全监管办有关部门及其人员未能依法履行职责,发生下列情形之一的,应当追究其行政责任。涉嫌犯罪的,移送司法机关处理。

①违反国家公布的技术标准或铁路总公司颁布的规章、技术管理规程和作业标准,擅自公布部门技术标准,导致事故发生的,追究相关部门及其人员责任。

②在实施行政许可、强制认证、技术审查或鉴定,以及产品设备验收等监督管理职责的过程中,违反法定权限、法定程序和有关规定,或对相关产品设备等监督检查不力,造成不合格、不达标产品设备等投入运用,导致事故发生的,追究相关部门及其人员责任。

五、事故损失认定

(1)事故相关单位要如实统计、申报事故直接经济损失,制作明细表,经事故调查组确认后,在《铁路交通事故认定书》中认定。

(2)下列费用列入事故直接经济损失:

①铁路机车车辆、线路、桥隧、通信、信号、供电、信息、安全、给水等设备设施的损失费用。报废设备按报废设备账面净值计算,或按照市场重置价计算;破损设备设施按修复费用计算。

②铁路运输企业承运的行包、货物的损失费用。

③事故中死亡和受伤人员的处理、处置、医治等费用(不含人身保险赔偿费用)。

④被撞机动车、非机动车、牲畜等财产物资,造成的报废或修复费用。

⑤行车中断的损失费用。

⑥事故应急处置和救援费用。

⑦其他与事故直接有关的费用。

(3)负有事故全部责任的,承担事故直接经济损失费用的100%;负有主要责任的,承担损失费用的50%以上;负有重要责任的,承担损失费用的30%以上、50%以下;负有次要责任的,承担损失费用的30%以下。

有同等责任、涉及多家责任单位承担损失费用时,由事故调查组根据责任程度依次确定损失承担比例。

负同等责任的单位,承担相同比例的损失费用。

六、事故统计、分析

(1)事故的统计报告应当坚持及时、准确、真实、完整的原则。事故的统计应按照事故类别、等级、性质、原因、部门、责任等项目分别进行统计。

(2)每日事故的统计时间,由上一日18时至当日18时止。但填报事故发生时间时,应以实际时间为准,即以0点改变日期。

责任事故件数统计在负全部责任、主要责任的单位,非责任事故和待定责事故件数统计在发生单位,相撞事故统计在发生单位。负同等责任或追究同等责任的,在总数中不重复统计件数。

一起事故同时符合两个以上事故等级的,以最高事故等级进行统计。

(3)发生人员伤亡的事故应按以下规定统计:

①人员在事故中失踪,至事故结案时仍未找到的,按死亡统计。

②事故受伤人员因正常手术治疗而加重伤害程度的,按手术后伤害程度统计。

③事故受伤人员经救治无效,在 7 日内死亡,按死亡统计;经医疗事故鉴定委员会确认为医疗事故的,或 7 日后死亡的,按原伤害程度统计。

④事故受伤人员在 7 日内由轻伤发展成重伤的,按重伤统计。

⑤未经医疗事故鉴定委员会确认为医疗事故的伤亡,按责任事故统计。

⑥相撞事故发生后,经调查确认为自杀、他杀的,不在伤亡人数中统计。

第四节　铁路行车事故救援

【案例 2-4】　2004 年 8 月 31 日 ZG 站旅客列车脱轨重大事故

1. 事故概况

2004 年 8 月 31 日,按施工方案 ZG 站早 6~8 时下行线,更换 1 号、7 号、9 号道岔转辙机施工,影响联动的上行 3 号、5 号道岔,上行列车利用绿色许可证发车。7 时 08 分,车站监控干部(值班站长)刘某,指派当班信号员袁某递交四道的 11040 次绿色许可证(待避 1394 次),而自己亲自顶替信号员岗位。顶岗后,在没有得到值班员命令的情况下,臆测 1394 次列车已全列出站,盲目操纵二道出发进路上有联锁的 11 号道岔,扳向反位,提前准备了四道的 11040 次出发进路,造成 1394 次挤过 11 号道岔,致使机次第 5、7 辆一位端台车脱线,构成旅客列车脱轨重大事故。

2. 事故原因

(1)值班站长刘某,身为车站施工监控干部,带头违章,严重违反《技规》第 162 条"行车工作必须坚持单一指挥的原则"和车务段关于施工作业的要求"坚持单一指挥,信号员在操纵信号按钮时必须得到值班员准许后,其他人员不得擅自操纵和使用。"在未经领导安排、未得到车站值班员下达接发车命令的情况下,擅自安排信号员袁福增送交凭证,在没有车站值班员下达任何命令的情况下,既不确认 1394 次列车运行情况,又不确认控制盘 2 道占用情况,盲目单操 11 号道岔反位,破坏了 1394 次 2 道出发进路,致使 1394 次挤过 11 号道岔、脱线。

(2)车务段施工监控干部盛某,只对值班员、信号员、助理值班员等直接作业人员进行监控,忽视了对值班站长刘某的监控,施工期间虽然在信号楼监控,但对值班站长的违章指挥、违章作业没有及时制止和纠正,没有真正负起监控干部的责任。

(3)站长宋某,对该次施工没有分清哪个部位、哪个环节是重点,没有按规定在信号楼监控,却到南扳道房监控,没有起到站长应尽的责任。

3. 事故教训

(1)安全思想意识淡化。安全专项整治根本没到位,安全措施根本不落实,只是停留在文章里、记录中,造成日常工作上的失职、失责、失控。

(2)开展安全大检查工作走过场,流于形式。施工中非正常接发列车安全隐患没有真正查摆出来,对于非正常接发列车监控,不到位、不记录、不填卡,监控干部没有起到卡控作用。

(3)基本规章办法不落实,不按施工行车组织规定组织施工行车,车站行车组织中,指定了施工值班人员以及监控值班干部,但车站实际上没有组织值班人员。站长、值班站长岗位擅自互换。

(4)车务段对施工作业缺乏足够的重视,认为现在施工作业都是"天窗"时间,列车相对减少或没有，所以监控力度相对薄弱，像这种更换转辙机的作业，主要领导没有到场，只派综合业务室副主任到场监控，缺乏领导重视和组织力度。

(5) 对于行车工作单一指挥的原则贯彻不到位。值班站长在担当信号员工作时，没有得到车站值班员命令的情况下，擅自单操道岔。

(6) 施工监控干部，监控不得力，施工前未能按施工组织措施的要求，规范作业行为。车站值班干部监控地点以及接发列车交接凭证，未能按施工组织措施进行人员安排，未能落实《站细》中大型施工双人上岗规定。

(7) 部分职工自认为资历老，经验多，不按规章标准作业，凭老经验干活，凭感觉作业，盲目图快，简化作业程序，不确认设备条件，违章操作。

(8) 施工例会质量不高，有为例会而例会的倾向，对关键性施工，对施工措施要求不细，走过场，没有稳妥可靠的要求加以保证。

一、事故救援设备

在铁路总公司指定地点，应备有经常处于整备待发状态、工具备品齐全整洁的各种救援设备，以保证及时起复机车车辆，消除线路障碍，迅速恢复正常行车。

(一) 事故救援列车

为及时处理机车车辆颠覆、脱线等事故而设置的专用列车。

事故救援列车由轨道起重机和装载拖拉机、发电机、钢轨、枕木及工具器材的车辆，以及救护、炊事、宿营等专用车辆组成。事故救援列车平时停放在指定的可以两端通行，不需转线即能直接在该线发车的站线（包括段管线）上，以备随时挂上机车即可开行。

为及时起复机车车辆，机车、动车、重型轨道车上均应备有复轨器。

(二) 电线路修复车

为修复受自然灾害或其他原因造成损坏的信号、通信电线路而设的专用车辆。

(三) 接触网检修车

电气化铁路因各种原因发生接触网断线、电杆及铁塔倒伏、瓷瓶破损等情况时，用以进行抢修的专用车辆。

二、复轨器使用方法

复轨器俗称"道爬子"。它能使脱轨的机车、车辆轮对复位到钢轨上。因此，它是使脱轨机车、车辆复轨的简单工具。复轨器一般有"人字形"复轨器、"海参形"复轨器、"组装形"复轨器和配合复轨器使用的导轮轨等起复工具。下面只介绍"人字形"及"海参形"两种复轨器。

(一) 人字形复轨器的结构和使用方法

人字形复轨器，从表面上看，其高起的两条导轮棱（俗称筋）的形状，从表面上看像"人"字，因此称人字形复轨器。它是利用导轮棱条（俗称大、小筋）的作用调整脱轨车轮转动方向，使车轮由地面沿复轨器方向或沿复轨器斜坡滚动升高至钢轨头部，使车轮复轨。

1. 安装方法

在脱轨车辆复轨牵引方向的一端按照车轮离钢轨的距离，选择适当的枕木位置，将人字形复轨器按车列、车辆进行方向左"人"、右"人"字的位置，跨放在钢轨上。两个复轨器要摆放一致（避开连接夹板），不要一前一后或只使用一个，后端须落在枕木上，再在头部与钢轨顶面接触处垫上薄棉纱或木片、破布等防滑,尾部两弯角处钉上道钉(如系水泥枕木可在尾部塞入短枕木,便于钉固),复轨器的腰或底部填充石碴,以防压翻。对改造过的复轨器,其尾部须与枕木边相齐,使圆销孔在枕木下,然后插进加固圆销即可。人字形复轨器的安装示意如图2-7所示。

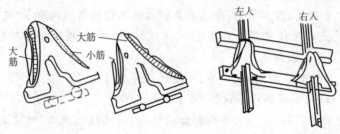

图2-7 人字形复轨器安装示意图

2. 安装注意事项

(1)复轨器不要安装在钢轨接头处,因该处有连接夹板,复轨器不易平放。不要在腐朽的枕木上安装,以免固定不牢复轨时压翻。如脱轨车轮斜扭太大,方向不对时,可在线路内侧铺设短轨,将车轮调整向钢轨方向,再用复轨器起复。

(2)遇下列情况不能使用复轨器起复:

①车辆转向架的中心销子脱出;

②车体与转向架分离。

(3)在道岔附近脱轨,应先把尖轨连接杆拆掉,以免挤坏道岔。

(二)海参形复轨器的用法

1. 构造

海参形复轨器是因其外貌形状而得名。其作用原理基本上与人字形复轨器相同。海参形复轨器由内侧用、外侧用两只合成一组,内侧用的矮小,外侧用的略大,用螺栓固定。

2. 安装方法

按车轮脱轨后的位置,对于脱轨在轨道外侧的车轮,使用一只略大的复轨器使其与钢轨外侧面靠拢。在钢轨内侧的车轮安装一只矮小的复轨器,使其与钢轨内侧面留出35~40mm的轮缘槽,然后将紧固螺栓从钢轨底部穿过,一端钩在钢轨上,一端从复轨器穿出,紧好螺母即可。在复轨器的高峰下坡面应与轨侧相对滑动面涂上点润滑油,安放后应用石碴从复轨器处垫平至脱轨车轮处,以防起复时轧伤枕木。海参形复轨器及安装方法如图2-8所示。

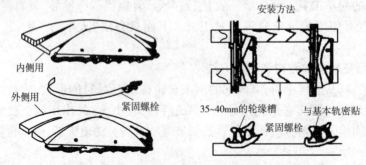

图2-8 海参形复轨器及安装方法图

3. 车辆轮对脱轨过远或偏斜的复轨方法

车辆运行中,由于障碍物垫起或车辆脱轨后受钢轨等物件障碍使脱轨车辆转动方向偏斜或车轮离开轨道较远，遇此情况必须先用导轮轨（短轨）或用钢丝绳一端挂在偏斜车辆外侧轴箱上，用机车拉动，先逼迫车辆向轨道方向调正，然后在适当地点安放复轨器，再次拉动即可复轨。

4. 车辆轮对脱轨成"骑马"状的复轨法

车辆运行中，由于突然受石头、铁块等障碍物垫起或制动梁脱落顶起转向架，容易造成转向架轮对脱轨成"骑马"状态。其复轨方法较理想的是采用钢丝绳调正拉复法。也就是先将货物卸下，然后在脱轨车轮前方铺垫石渣或钢板等，用钢丝绳一端拴在脱轨车轮外侧轴箱上，一端连接在机车车钩上，在脱轨车轮前方适当地方安装人字形复轨器，再用机车慢慢拉动。当脱轨车轮拉上复轨器后，即停止拉动，将钢丝绳挂在轴箱上的一端取下挂在脱轨车辆的车钩上，再拉动脱轨车辆，即可复轨。

5. 车辆跨线脱轨的复轨方法

车辆运行中，由于道岔不密贴或中途转换道岔等情况而造成车辆的两组转向架各进入一条线路，使车辆跨线脱轨，如图 2-9 所示。

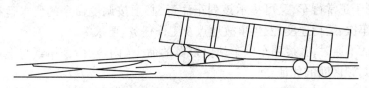

图 2-9　车辆跨线脱轨示意图

（1）先在靠近道岔的脱轨车辆转向架车轮前，安设复轨器，用钢丝绳连接机车拉动，使第一组转向架复轨，运行到尖轨后停车，将道岔扳向另一组转向架停留线位置，再继续拉动即可复轨，如图 2-10 所示。

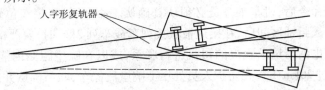

图 2-10　跨越脱轨复轨法示意图

（2）当两组转向架都脱轨时，第一组转向架复轨后，可用同样办法使第二组转向架复轨，然后拉动过道岔。

（3）先将道岔转辙连接杆解开，于适当地点安放复轨器，利用机车牵引，即可使两组转向架一次复轨，也不致挤坏道岔。

（4）拉动时，如果车辆旁承发生侧面接触，将影响转向架转向，此时可用撬棍或用千斤顶动一下，使其离开，当车体与转向架分离时，不能用此法。

三、救援列车开行办法

（一）救援列车的请求与派遣

1. 请求

当区间发生行车事故、自然灾害及线路故障需请求救援时，司机或工务、电务部门人员应迅速报告列车调度员或车站值班员。车站值班员接到请求后，须立即报告列车调度员。请求救援时，应报告事故、灾害或故障概况，并说明救援所需器材。

2. 派遣

列车调度员接到请求救援的报告后，应立即向调度值班主任报告，随即向事故区间两端站发布封锁区间的调度命令，并根据具体情况向有关单位发布调度命令，迅速派出救援列车。在发布派遣救援列车的调度命令后，一般规定救援列车应在30min内出动，开往事故现场。担当事故救援、抢修抢救的事故救援列车、单机、动车、重型轨道车，均为救援列车。

发生行车事故后，在派出的救援列车到达前，列车调度员应根据需要指示将事故列车前部或尾部完好的车辆拉至车站，以便于救援列车到达后的事故起复。

当调度电话不通时，接到救援请求的车站值班员，应根据救援请求办理前述工作。

（二）救援列车的开行

1. 行车凭证

救援列车在非封锁区间运行时，仍按该区间行车闭塞法优先办理，不得耽误和拖延时间；行车凭证为非封锁区间行车闭塞法的行车凭证。

救援列车需进入封锁区间时，不办理闭塞手续，以调度命令作为进入封锁区间的凭证。这样，既可区别于正常行车，又可提示该列车注意，必须按调度命令的要求运行。调度命令中应包括往返车次、运行速度、发生事故地点及工作任务、要求等。

当调度电话不通时，救援列车以车站值班员的命令（内容、命令用纸与上述调度命令相同），作为进入封锁区间的凭证。

2. 救援列车进出封锁区间的联系

救援列车向封锁区间发出或由封锁区间返回时刻、由区间拉回车数以及现场救援进度等，车站值班员应报告列车调度员，以便列车调度员掌握救援进度，及时安排人力、材料等。为使对方站了解救援及运行情况，上述内容亦须通知对方站。

司机接到救援命令后，机车乘务员必须认真确认。命令不清、停车位置不明确时，不准动车。救援列车进入封锁区间后，在接近被救援列车或车列2km时，要严格控制速度，同时，使用列车无线调度电话与请求救援的司机进行联系，或以在瞭望距离内能够随时停车的速度运行（最多不超过20km/h），在防护人员处压上响墩后停车，联系确认并按要求进行作业。

较复杂的事故救援现场，为了便于列车调度员联系以加速救援进度，以及办理由两端站向事故现场开行救援列车的需要，可设立临时线路所。该线路所值班员即为向两端站办理行车的指挥人。车站值班员每次向临时线路所发车前，均应取得临时线路所值班的同意，以便临时线路所做好接车准备工作和防护工作。救援列车向临时线路所运行时，应在防护地点外停车，待防护人员将事故地点及注意事项告知司机及有关人员，撤销防护后，救援列车再按调车办法进入指定地点。临时线路所向事故两端站发车时，必须得到列车调度员的命令及接车站的同意，撤除防护后方能发车。

四、事故现场的指挥

在事故调查处理委员会人员到达前，站长或车站值班员应随乘发往事故地点的第一列救援列车（分部运行时挂取遗留车辆的机车除外）到事故现场，负责指挥列车有关工作。

五、事故区间的开通

列车调度员接到事故现场负责人关于开通区间的报告，在查明区间确已空闲后，方可向两端站发布开通区间的调度命令。如列车须限速运行时，列车调度员还必须发布限速运行的调度命令。

当调度电话不通时,由两端站车站值班员在确认区间空闲后,以电话记录办理开通区间的手续。

第五节　铁路突发情况的应急处理

【案例 2-5】　湘桂线 1337 次旅客列车火灾重大事故

1. 事故概况

2001 年 1 月 11 日 5 时 21 分,郑州开往昆明的 1337 次旅客列车(郑州客运段昆明车队 4 组值乘,编组 16 辆,总重 852t,计长 35.2m)运行至柳州局管内湘桂线军田村至大溶江站间 K314+358 处(机车停车位置),机后 10 位餐车(CA2392116)因人为放火,列车乘务员拉紧急制动阀停车,停车后,机车、车辆乘务员共同配合,将着火车辆与列车前、后部车辆分离,大溶江车站值班员接到运转车长的报告后,立即向列车调度员汇报,并及时通知当地消防部门于 7 时 10 分将火扑灭。着火餐车甩在大溶江车站,10 时 27 分,1337 次列车欠编从大溶江站开出。延误本列 5h 06min,中断正线行车 2h 21min;餐车报废 1 辆,软卧车小破 1 辆;直接经济损失 28.378 万元。构成旅客列车火灾重大事故。

2. 事故原因

据柳州、郑州铁路公安部门事故现场调查:2001 年 1 月 10 日,放火犯罪嫌疑人甲、乙(女),持武昌至六盘水的硬座车票,在武昌站上 1337 次的 10 号车厢,因人多无座位,见 10 号车厢乘务间有 3 个学生旅客,甲也想进去,列车员不让进,两人发生争执。21 时 30 分列车在株洲开车后,列车长巡查到 10 号车时,甲问列车长是否有卧铺票,列车长告知无卧铺,但可到餐车休息,并带甲、乙夫妇及其女到餐车,坐在运行右侧的第 3 号桌的位子上,补了 40 元夜餐票。23 时后,餐车给买夜餐票的每人发夜餐 1 份及矿泉水或啤酒 1 瓶。当时坐在甲对面的一位旅客反映,甲用一小刀在刮酒瓶上的商标。4 时 20 分左右,软卧车厢列车员路过 3 号桌时,甲用手卡住其脖子,并用小刀威胁,乘警此时去打水路过此处,扭住甲的手,软卧列车员得以脱身,甲随后跳上 3 号桌上,大喊"不要过来,谁过来就杀谁"。经乘警多次劝阻无效,僵持了 40min 左右,甲便手拿啤酒瓶打烂后用破瓶割自己的手腕,同时叫乙点火,乙用打火机从 3 号桌的窗帘开始点火,后依次点着 2 号桌及 1 号桌的窗帘后,甲便从桌上跳下,在桌下拿出一个 5L 的塑料桶,打开盖后倒出里面的液体到处乱撒,致使火势突然猛烈起来,当时在餐车内的 2 个乘警、代车长、4 个列车工作人员及在场的部分旅客参与灭火,代车长拉动紧急制动阀。停车后,甲、乙夫妇两人见列车混乱,工作人员忙于救火,带小孩趁机逃跑,在公路上拦车不停,乙即抱女儿撞在一行驶的东风汽车上,导致其颅骨骨折、脑内出血,其女左腿及左眼部外伤。放火犯罪嫌疑人甲、乙夫妇被公安机关抓获。

据广西壮族自治区龙泉山医院、河南省精神病医院对放火犯罪嫌疑人甲、乙的精神疾病司法鉴定书认定:两人此次旅行乘汽车、转火车,因车上人员拥挤,睡眠极少,过度疲劳,在此情况下急性起病,精神失常,产生被害妄想,在极度恐惧、紧张下,突发旅途性精神疾病,导致病态作案。无刑事责任能力。

经郑州、柳州铁路公安局现场勘查,排除了餐车灶台起火及车内电器起火的可能性,餐车起火点在第 2~3 号餐桌间,与放火犯罪嫌疑人甲持刀劫持列车工作人员及放火犯罪嫌疑人乙放火位置吻合，也与调查所获得的证据吻合。

经铁道部认定，这起旅客列车火灾重大事故，系列车工作人员失职，未能及时采取果断有效措施予以制止所致。

3. 采取措施

(1) 重点剖析，深查隐患。按照铁道部事故现场调查组和郑州铁路局局长的指示精神，郑州分局1月17日召开党政工团联席会，对1337次客车火灾事故进行了专题分析，并决定从分局干部、安监、组织、两办、运输、车辆、公安部门抽出精干力量，组成专题调研组，自元月18日至2月9日，采取"上车上线，实地察看；查阅台账，逐一核实；开座谈会，个别谈话；应知应会，组织抽考"的办法，对郑州客运段、郑州公安处、郑州车辆段及分局有关业务部门在"安全管理、干部作风、制度落实"等八个方面存在的问题进行专题调查，解剖麻雀，举一反三，分析原因，查找教训，制定措施，进一步改进安全管理，杜绝类似事故再次发生。

(2) 强化"三乘一体"管理。一是按照"统一管理、同酬、同责"的原则，加大改革力度，逐步建立新的"三乘一体"管理模式，提高"三乘一体"的工作质量。二是加大乘务人员的管理力度，建立"竞争上车"机制，定期对乘务人员进行考核，对达不到标准的乘务人员，要坚决下岗。同时，规范临时工管理，按照有关规定对临时工进行理论、实际培训。三是加大对乘警的考核力度，禁止不具备乘警条件的人员上车，对在值乘中严重失职、不能尽职尽责的人员要严肃处理。

(3) 提高乘务人员业务素质。客运、车辆部门要强化在岗职工技术业务培训，把政治思想教育摆在重要位置，加强职业道德和"两纪"教育；以典型事故案例为教材，抓好安全第一的思想教育；以列车突发事件的应急处理知识为重点，加强模拟实作演练，提高乘务人员的应急处理能力。公安部门要坚持从实战出发，大力加强法律法规教育，战术技能培训工作，立足于具体，立足于实战，并在各警种中组织相关预案的考试考核、模拟演练，提高民警处置突发事件的能力。

(4) 规范列车经营行为。严格落实部、局有关开设列车经营项目的规定，不断提高经营服务质量，在价格上使旅客能够接受，服务上满足旅客要求，避免因服务质量低下引发矛盾。同时，加大监督检查力度，杜绝变相经营茶座，坚决取缔不符合规定的经营项目。

(5) 进一步转变干部作风。利用这次典型事故案例，结合当前开展的安全大检查活动，组织全分局深入反思，举一反三，对隐患、死角及时整改，杜绝反弹。客运部门要对添乘干部的工作内容进行细化、量化，严格落实干部考核机制；添乘干部要加强途中巡视，及时处理发现具有倾向性的问题，并针对存在的问题制定切实可行的措施。

(6) 加强客车薄弱环节的检查督导。牢固树立"客车无小事"的思想，认真吸取1337次旅客列车重大火灾事故教训。郑州客运段组织工作组，对重点车队、列车进行帮助指导，查隐患、定措施、抓整改，解决一个，销号一个，堵塞管理上的漏洞。郑州公安处针对这次事故暴露出的问题，对现有处置突发性案件的预案，分警种、分类别、分性质地进行科学细化、修订完善，使其具有更强的针对性和可操作性，便于基层单位和现场民警实战运用。郑州车辆段成立整顿乘务"两纪"检查组，不定点、不定期到局管外重点线路、重点区间检查乘务员的标准化作业情况，并对客车防火、安全管理进行指导、帮助，督促乘务人员贯彻落实好各项安全措施。

在铁路运输过程中，异常情况类别多样，原因复杂。但一般是在机车、车辆运行中发生，并在运行中不断向恶化方面发展。如处理不果断、不及时，很有可能酿成严重后果。因此，参与列车运行的司机、列车乘务人员和参与接发列车的车站有关人员,都应监视列车运行状态,一旦发现危及列车安全的异常情况,应使列车迅速停车进行处理。如来不及停车或仅是怀疑列车有异常情况时,就应及时将处理意见或情况向列车调度员报告。列车调度员接到现场关于列车异常情况的报告后,应高度重视、慎重对待、及时处理,绝不允许存有丝毫的侥幸心理或盲目臆测,继续放行列车。

一、发现车辆异常情况的应急处理

(一)车辆自动制动机故障

列车在运行中,车辆自动制动机的常见故障有:制动软管破裂、三通阀故障、主管或支管断裂等。

1. 制动软管破裂

在区间或无列检人员的车站,由司机负责使用备用制动软管或拆下机车前部或最后一辆的制动软管进行更换。

2. 三通阀故障或车辆支管断裂

应采用关闭故障车辆截断塞门,并拉紧排风阀使其副风缸余风排尽,可作为关门车继续运行至前方有列检作业的车站进行修理或更换。若因临时关门而造成违反《技规》有关"关门车"编挂位置的规定时,发生在车站或运行至前方站后,应及时按规定倒顺位。

3. 主管断裂

发生在车站时,应及时甩下。发生在区间时,应将故障车前部折角塞门关闭,使前部的车辆缓解,再将故障车及其后部所有车辆的排风阀打开,使其全部处于无风缓解状态,再由司机计算闸瓦压力,若计算出的数字低于该区段规定的最低列车闸瓦压力时,应对照《技规》限速运行,由调度员下令,准许该列车限速运行至前方站甩车处理。调度电话不通时,车站值班员应按照规定指示司机限速运行至前方站。

如果故障车是在列车中部,闸瓦压力计算的结果仍不能满足该区间最低要求,条件允许时,可采用分部运行的办法;条件不允许,只有请求救援,由后方站派出救援单机,将故障车后部的所有车辆拉回后方站。

(二)车钩破损

车钩破损是列车运行中常见的车辆故障,破损的部位可分为钩舌销、钩舌、钩头、钩身和钩尾框。

1. 钩舌销折断

(1)列车在无列检的车站,应尽可能从车站停留的车辆中选取钩舌销进行更换,保证列车的完整,而后通知列检来站处理。如果车站不具备更换条件时,可用本务机车前钩,或列车最后一列的后钩的钩舌销进行更换。

(2)列车在区间被迫停车时发现,可不作处理,让列车尽快开车。因车钩仍在闭锁状态,不会因钩舌销折断造成车钩自动开锁,可以继续运行至有列检人员的车站进行修理更换。

2. 车钩其他部件断裂或损坏

钩舌断裂,应用同一类型的车钩钩舌进行更换,若型号不同,以及钩头、钩身、钩尾框等部件破损或钩托板螺钉折断,造成车钩破损或钩头下沉时,在车站停车时,应将故障车甩下,在区间,应采用分部运行方法处理。

(三) 制动梁脱落

制动梁是车辆制动的重要部件,它悬挂在车辆下部,由于该悬挂部件的断裂,制动梁就会发生脱落,掉于安全链或安全托上,如果安全链或安全托也发生不良或破损,制动梁就会一端或两端落于轨面或地面,造成刮坏道岔,桥梁护轮轨等事故。严重时,可能造成车辆脱轨,颠覆等重大事故,下拉杆断裂脱落也可能造成同类的恶果,因此,制动梁和下拉杆脱落对列车的安全威胁极大,绝不可掉以轻心。

制动梁和下拉杆的脱落,除列检人员检查车辆时,能直观,及时发现外,车站接发车人员也容易发现,因为列车经过时,脱落的部件在轨面,地面除了拖拉,撞击的响声、火花外,在道口,轨枕上还会留下被刮的痕迹,当车站接发车人员一旦发现或听到上述情况后,应立即用无线调度电话呼叫司机停车,若来不及时,应尽早向值班员、列车调度员报告,调度员接到报告后,通知前方站将列车扣在机外,(以防列车直接进站时,刮坏道岔等设备,扩大损失),并派员带上铁丝等工具到现场协同司机,运转车长及时处理,若经查确系制动梁脱落,捆绑牢固后,将该车截断塞门关闭,拉风缓解后再进站,视其处理情况甩车或继续运行到有列检所的车站甩车修理。

(四) 车辆燃轴

轴承和轮轴是车辆走行的关键部件,车轴热轴,燃轴或轴承故障的发现,除了依靠"区间红外线轴温检查站"对热轴进行预报外,大部分车站还需从轴箱外观上进行观察,加以预防,如:轴箱处冒烟,冒火或轴箱高温滚动轴承故障还可能表现为车轮转动不圆滑,有不正常响声,甚至车轮在钢轨上发生滑动产生火花等。

当现场接、发车人员一旦发现上述种种迹象或已得到区间红外轴温探测检查站热轴通知后,应立即向调度员报告,并将处理意见一并提出,一般情况下,应将列车扣在前方站停车检查处理,情况严重时,应立即停车,不管在区间还是在站内,应立即呼叫司机在慢行中停车,以防紧急制动而发生切轴。

列车停车区间时,应按轴温检查站的处理意见处理,若是车站人员发现,经司机处理的,就按司机的意见发令执行。

列车在前方站停车处理时,原则上应接入直股线路,为防止牵出甩车时发生意外,可先将其故障车留在接车线内,从两端转线,等检察人员处理后,再转入其他线路。

二、发现货物装载异常的处理方法

货物的装载和加固状态良好是保证列车安全运行和货物完整无损运抵到站的重要条件。但由于列车在运行中的制动、调车作业的冲动,以及大风吹刮等原因,常使货车装载状态在运行中发生变化,造成货物窜动、倒塌、坠落、篷布松脱,车门开放等意外情况。对此,有关行车人员应迅速采取正确措施进行处理。

1. 货物轻微窜动

发现货物轻微窜动时,车站值班员应进行检查,认为不妨碍列车运行安全的,可继续运行至具备整理条件的车站进行整理。若货物窜动较严重,如平板车装载的汽车、拖拉机、机器等加固捆绑用的铁丝绷断、车轮越过三角垫木、敞车、平车装的圆木窜出端板或有脱落的可能时,应由车站派人进行检查,对利用列车停站时间无法完成加固整理的,应将车甩下。

2. 货物倾斜、横向窜动

货物倾斜、横向窜动超出机车车辆限界，有倒塌危险或使车体外胀、倾斜超过规定限度，如敞车装载的水果、蔬菜、竹枝、草袋或其他轻浮货物容易发生倾斜、超限，散装重质货物偏载，造成一侧或一端旁承游间压死，会使转向架转向不灵活，或致使车辆脱轨的危险等等，一经发现应立即报告列车调度员，进行甩车处理。

3. 货物发生倒塌、坠落

发现货物倒塌、坠落时，应立即通知司机停车处理，如在区间整理困难，不危及行车安全时，可限速拉至前方站整理，车站应派人前往区间寻找失落货物；情况较严重时，车站应派人携带工具和行车防护备品前往列车停车地点进行整理和防护。在车站时可进行整装或倒装处理。

4. 篷布苫盖不牢靠

用篷布苫盖的货车，如篷布苫盖不牢靠，在列车运行中，会使篷布掀起，造成绳头打坏，刮坏信号机，道岔表示器或打伤人员等事故。若篷布脱落，被卷入车底，就有造成车辆脱线的可能。

为此，要求车站接发车人员对有篷布苫盖的货车要予以特别关注。只要发现货车篷布或绳索捆绑不牢时，在站要派员协助司机进行整理加固，短时间整理不好的，应将车甩下处理。危及行车和人身安全的，列车调度员应通知将该列车在前方站机外停车处理。

三、列车发生火灾的应急处理方法

货物列车在运行中发生火灾的原因较多，如：司乘和押运人员吸烟、点火取暖；列车制动不良造成抱闸冒出火星点燃车地板；危险品因振动、摩擦、撞击、遇水等原因，造成燃烧、爆炸等。如发生火灾，列车在运行中，风助火势，火势极易蔓延，损失更大。旅客列车造成火灾原因，除了铁路各种原因外，还有旅客携带危险品、抽烟等原因。

因此，各级行车人员一旦发现列车火情，要迅速、正确地组织指挥好灭火工作。列车发生火灾的处理是一个比较复杂的问题，涉及列车性质、货物性质、天气风向、地理位置、设备条件等多种因素，应根据不同条件的具体情况进行处理。

（一）列车火灾的处理原则

（1）采取措施，使列车尽快停车；

（2）防止火势蔓延，减少损失；

（3）组织一切力量进行扑灭。

（二）处理火灾的具体办法

（1）发现火灾时，应立即显示停车信号或使用无线调度电话通知司机和车长，尽快使列车停下。

使用紧急制动时，一是不要太猛，防止断钩造成处理困难。二是尽可能选择停车地点，避开桥梁、隧道、油库、厂房等建筑物，尽量停在有水源和便于扑救的开阔地。

（2）停车后，司机应发出一长三短的警报信号，迅速组织动员一切可以利用的人力、器材进行扑救。

（3）客运列车着火，应协同列车长首先疏散着火车辆的旅客。

（4）为防止火势蔓延，对着火车辆应进行分解隔离。先将着火车辆与后部未着火车辆分离，拉到适当地点，再将前部车辆与着火列车分离。对分组停留的车辆应按规定采取防溜措施。

(5)迅速查明着火车辆及其前后有无危险、爆炸、剧毒及放射性货物,首先采取果断措施,防止火灾波及这些车辆;其次要根据《铁路危险货物运输管理规则》(简称《危规》)规定的消防方法进行扑救;第三,如无法补救时,要警告救援人员躲避,防止重大伤亡。

(6)列车火灾危及邻线安全时,应使邻线列车停车,必要时,可动用邻线机车设备,共同灭火。

(7)经过火灾扑灭后的车辆,要进行认真检查后,根据列车调度员指示组织运行。

四、恶劣气候时的应急处理办法

在铁路运输中,由于台风暴雨的肆意侵袭,或由于冰冻雪害,对铁路行车危害很大,这是一种不可抗拒的自然灾害。为了克服或减轻恶劣天气对安全行车的干扰和威胁,所有与运输有关的部门均必须引起高度重视,积极采取防范措施,以保证行车安全。

(一)台风暴雨的应急措施

1. 防洪防台的工作准备

(1)为确保汛期的列车运行安全,应提前做好准备工作。各铁路局、铁路站段在汛期到达前,以历年洪水侵袭铁路的规律为依据,编制洪水危及行车安全地段一览表、提供给有关机务,车务,列车段组织员工学习并周知。

(2)铁路各级防洪台的值班人员,应经常与当地防汛部门取得联系,当得知有暴风大雨的讯息时,应及时布置对暴风雨的防范工作。

(3)对经常遭受暴风,台风侵袭的地区,尤其是有疾风侵袭的地区,要注意预报准确,以便及时调整现编载重车辆数,限制运行速度或停运列车等安全措施。

(4)在大风暴雨天,工务人员要认真执行"雨前,冒雨,雨后"三检制和分段负责制,做到风雨不停,巡查不止。在发现危及行车安全的险情或遇狂风暴雨,江河洪水猛涨,线路情况不明时,工务人员可在区间拦停列车或通知车站,调度所扣发列车和封锁区间。

2. 防洪防台的行车安全

(1)车站值班员在接到机车、列车乘务人员,工务人员关于雨雪侵袭路基、桥涵,危及行车安全的报告后,不许盲目放行列车,须立即报告列车调度员临时封锁区间,如遇列车调度员电话不通时,两端车站值班员以电话联系直接封锁区间。此时,应通知工务领工员或工长,迅速赶赴现场检查处理。工务人员可添乘担任救援性质,执行勘察任务的单机,轨道车,轻轨车前往去检查看情况。在排除险情后,再与车站值班员共同商定向区间放行的列车的条件和方法。

(2)列车调度员在接到车站值班员,机车列车乘务人员和工务人员的报告后,应根据气候和线路的情况,及时发布调度命令,指示列车限速运行或停运。

所有的列车无线调度电话绝对处于开机状态,尤其是机车电台,车长电台要注意检查和勤于联系,以便途中的列车能随时与调度,车站取得联系。

(3)机车乘务人员,应对防洪台重点地点心中有数,严格按规定速度运行,并与沿线工务巡守人员互对信号应答回示,以保运行安全。

当列车运行前方遇有情况不明时,应适当减速和停车,发现险情须及时果断地采取有效措施,并立即报告给车站或调度所。

(4)暴风雨期间行车,机务段应指派专人重点添乘,加强指导。发现洪水已侵到路肩时,列车运行速度不得超过 25km/h,严禁列车涉水运行。

(5)一旦发生水害断道或未断道但已危及行车安全时,各部门各单位都要服从抗洪抢险的需要,动员一切力量,组织抢救。

(二)冰冻雪害的应急处理

雪害,主要是指降雪量大,将各种外漏的行车设备覆盖,导致无法正常工作,冰冻,是因为夜间气温骤降,使日间积雪化水冰冻,致使各种铁路设备设施不能操作,甚至损坏。

除冰扫雪作业的几点注意事项如下:

(1)对道岔等外露型的重要行车设备,除冰扫雪时应注意:

①采用电热,红外线等加温设备或其他加温设备,解除道岔冰冻时,需注意立即将解冻后的冻水扫干净,以免又结冰;

②采用喷洒解冻挤进行化雪解冻时,亦同样要注意迅速将化冰后的各种水分彻底清除干净;

③人工扫雪和铲除冻冰时,须注意将残雪冰碴清除到道岔较远的适当地点,切勿堆积道岔周围,以免化冰后重又流回道岔区结冰生患。

(2)在道岔上清扫积雪及铲除冰冻时,需特别注意将道岔尖轨与基本轨一段之间的积雪冻冰清扫干净。未清扫干净前切勿强行搬动道岔,如硬性将积雪挤压在尖轨与基本轨之间,部分残雪将被黏在尖轨和基本轨的侧面表层,逐渐变为冻冰,使之更难铲除。况且,强行扳动道岔,很可能造成尖轨与基本轨不密贴而造成"四开"。

(3)道岔的积雪冰冻清除后,在准备进路时,以设备之别应注意以下两点:

①电气集中联锁的车站,车站值班员或信号员在准备进路或开放信号时,需注意控制台上的信号表示灯(或光带)的显示正确无误;

②在非集中联锁或无联锁的线路上准备进路时,必须认真确认道岔位置正确,尖轨密贴,闭止块落槽,进路正确无误后,方可汇报或显示还道信号。

(4)根据气象部门的预报和工务部门关于线路积雪情况的报告,对雪害较为严重的区段及线路,调度所要注意及时开出除雪列车,以确保运输畅通。

五、区间发生事故(险情)的应急处理办法

(一)区间发生重大,大事故的应急处理

(1)在事故调查委员会或事故现场临时调查处理小组到达前,由司机负责统一指挥救援工作,并应查明事故概况。向列车调度员或就近向车站值班员报告。

(2)发往事故地点的第一救援列车,车站值班员(站长)应当随乘,并应携带紧急备品箱一起进入区间。

指定站长、车站值班员随乘第一救援列车进入区间,一是为了便于迅速查明事故现场实际情况,及时向列车调度员报告;二是为了加强现场救援指挥;三是站长有利于动员地方人力,物力,加速救援和后勤保障。

(3)如需成立临时线路所时,由随乘站长或车站值班员担任线路所值班员工作,由于事故现场相关的工务部门在适当地点设立临时站界标或指派有关人员以临时停车手信号为站界。

(4)区间发生重大,大事故,车站应尽一切努力,动员路内外人力,物力,动力设备以及医务人员等,赶赴现场,参加救援工作。

(5)发生事故区间的两端站,应准备空闲路线,为救援列车机车转头及停放事故车辆做好准备,以免延误救援时间。

(二)区间发生列车分离的应急处理办法

1. 区间发生列车分离的原因

区间发生列车分离的基本原因有以下四种可能：

(1)钩舌断裂。

(2)钩尾配件破裂,车钩与尾框折断,或车钩头下垂。

(3)车钩高低差超过75mm或防跳位磨损过多。

(4)其他原因,如篷布绳索缠拉提杆或扒车人员误提等。

2. 应急处理的步骤及方法

在区间发生列车分离,首先查明原因,然后分别情况进行处理,处理的办法,应尽量避免分部运行,一般采取以下办法：

(1)列车分离后,前后车钩均处于闭锁状态,一般是由于车钩中心高差超过75mm,经过陡坡或路基松软地段造成。

对这种情况,可重新连挂,慢引至前方站再进行处理。

(2)列车分离后,一只车钩锁闭,另一只车钩全开。发生这种情况有两种可能,一是外力作用拉开车钩,二是提销上防跳位磨损过多。

(3)列车分离后,车钩钩舌断裂,应会同司机,车长尽量利用机车前端或列车后端车钩的钩舌,拆下后更换,继续运行。

(4)如不能按上述方法进行处理时,应按列车在区间分部运行的办法处理,或请求救援。

3. 分部运行的处理办法

(1)禁止分部运行的规定

①采取措施后,可整列运行的。

②对遗留车辆未采取防护防溜措施时。

③遗留车辆无人看守时。

④列车无线电话故障时。

(2)开行办法

不得已需要分部运行时。其办法如下：

①对停留车需按技规规定拧紧人力制动机制动,防止车辆溜逸。

②安排好防护人员。

③查明停留车位置和数量。

④用无线调度电话报告前方站和列车调度员。

⑤司机仍按信号机显示运行至前方站。但在半自动区间,分部运行的前部车列运行至进站信号机前必须停车(无论进站信号机是否开放),司机应向值班员报告情况后,方可进站。若车站值班员已确知已分部运行时,列车可直接进入站内。

⑥司机或车站值班员向调度报告事故概况,停留车位置。

⑦列车调度员依据情况,决定由前方站或后方站派出救援单机。

⑧值班员在确认遗留车辆已全部拉回车站后,请求调度解除封锁,开通区间。

六、电气化铁路接触网停电及故障接发列车的应急处理方法

(一)区间停电时接发列车的处理方法

(1)区间停电,禁止列车进入时,有关站应在控制台靠近停电区间的按钮上扣戴"停电"

或"禁止发车"等安全帽。也可以在停有电力机车或其牵引的列车及禁止进入停电区间的列车(动车、轨道车)的股道按钮上扣戴安全帽。

(2)除供电检修作业车外,其他机车或动车、轨道车均不准进入停电区间。遇特殊情况必须进入时,由列车调度员(取得电调同意)与车站值班员共同确定机型后,发布调度命令,方可办理。

(3)如在"天窗"时间接触网停电时,其作业方法按"封锁区间"开行路用列车作业方法办理。

(4)区间内某一地段接触网停电,前地段及其前后系处于平道或下坡道,在列车运行上需电力机车降弓滑行通过该地段时,由列车调度员发布调度命令。命令中应明确降弓滑行地段的起止里程、列车车次及其他注意事项,交给司机。

(二)站内停电时接发列车的办理

(1)站内线路接触网停电时,应在控制台股道两端按钮上扣戴"停电"安全帽,不得向该线接入电力机车(含电力牵引的列车及电动车组,下同)。

(2)当区间接触网有电,站内线路无电,有条件时,列车调度员征得电调同意。向车站及电力机车发布调度命令。司机根据调度命令滑行进站或通过车站。

(3)车站值班员接到滑行进站或通过的调度命令后,应特别确认接车线无接触网检修施工作业,按规定准备接车进路和开放进站信号(或引导信号)。

(4)列车接近车站时。可用列车无线调度电话联系,司机自规定地点降弓滑行。

(5)站内停车、区间停电,如需发出电力机车(列车)时,根据调度命令,采用电力机车作业后部补机将列车推送出车站,至区间有点的接触网下,电力机车升起受电弓继续运行。

(三)接触网临时停电时的处理

无论接触网临时停电或发生其他原因造成故障停电时,车站值班员接到报告后,应立即报告列车调度员,通知接触网工区或电调派人处理。对驶进接触网停电区前的电力机车(列车)应使其尽快停在停电区前。在接触网恢复送电前,应停止经过停电区的电力机车(列车)的接发和电力机车担当的调车作业。

(四)接触网突然脱落或接触网导线断线的处理

(1)接触网突然脱落或接触网导线断线时,车站值班员接到报告后应立即报告列车调度员,并通知接触网工区或电调派人处理。此时,应立即停止通往该处的接发列车和调车作业。

(2)在接触网检修作业人员到达以前,应派人防护。如脱落或断线的接触网侵入建筑限界或影响邻线时,亦应采取相应防护措施。

(3)对已断接触网接地,距接地处 10m 范围内,任何人不得进入。如有人在 10m 范围内,应使其双脚并拢或单脚(不能换脚)跳离此范围,以防触电。

(4)发生故障的线路如设有隔离开关,可派员将隔离开关置于断电位置。

(5)处理脱落或断线的接触网,一般要停电进行检修作业。作业时须在控制台相应处扣戴安全帽。

(五)电力机车临时故障及刮弓的处理

1.电力机车临时发生故障的处理

电力机车发生故障不能继续运行时,如接触网无损坏,可按以下方法处理。

(1)发生在区间须立即报告列车调度员,请求救援。根据调度命令,封锁区间,派出救援列车,将故障电力机车(列车)拉回站内。

(2)发生在站内,如确不能修复,报告列车调度员,按其指示办理。

2.电力机车刮弓的处理

由于电力机车受电弓或接触网状态不良,造成机车刮弓事件时,应视不同情况进行处理。

(1)车站值班员得到报告后,应立即报告列车调度员和通知供电工区。

(2)如发生在区间,一时不能修复时,应调度命令封锁区间,开行救援列车。

(3)发生在站内,应尽快了解停电修复时停电的影响范围,及时停止接发列车或调车作业。

(六)电力机车进入无电区的处理

"无电区",从行车的角度来说,是指:未悬挂接触网导线的非电化线路或区间;设有隔离开关的线路上,隔离开关在断电位置;接触网停电的线路、区间或地段;接触网的分段绝缘器、分项绝缘处;越过接触网终端标的地段。

电力机车(列车)闯入无电区,其后果是相当严重的。在运行上,因无法继续运行,打乱了运行秩序;在设备方面,可能刮坏受电弓或接触网,造成更大损失,延误修复时间;在人员方面,如闯入正在检修作业的线路,可能带进高压电,造成检修人员的群伤群亡事故。

为此,必须采取有效措施,防止电力机车误闯无电区。

1.防止电力机车闯入无电区的一般措施

(1)设备状况的标示

①在车站控制台上,对非电气化的线路和区间方向,在渡线地段,揭挂警示牌或扣戴安全帽,以引起作业人员注意。

②遇施工停电时,由施工负责人用红笔画出接触网分段示意图,揭挂行车室,施工完毕后抹消。

(2)严格进行交接班

①车站值班员交接班时,对隔离开关的断送电位置、列车运行计划中接入非电化线路的车次、列车调度员的断送电命令、接触网的检查维修登记、站内各股道停留的机车类型、控制台上的标示等均要交接清楚。

②信号员要对控制台上的标示、有关命令、各股道停留机车类型要交接清楚,并与值班员核对。

(3)接发列车前的确认检查

①电力机车(列车)接入有隔离开关的线路时,要检查隔离开关的送电位置,并不能进行检修作业。

②非电气化线路接入列车时,应先核对列车运行计划,并与邻站及列车调度员核对机型实为非电力机车,由接车调度员发布调度命令方可执行。

③接触网停电检修作业的线路、区间,接发电力机车前要确认接触网确已检修完毕,已登记消点,恢复送电。

④有停电施工的站场,在放行电力机车前必须得到施工负责人在《行车设备检查登记簿》上证明"×点×分同意×道放行电力机车"的签认后,方准放行。

(4)降弓滑行的落实

降弓滑行一般很少实施,故一旦采用降弓滑行时,要确认降弓滑行的列车的司机已有调度命令,明确降弓滑行地点及有关要求。

(5)通知分相绝缘器的速度

对于进站信号机外设有分相绝缘的车站,一般不要使列车在进站信号机外停车。为防止列车在分相绝缘器处停车,准许列车在分相绝缘器前适当提高速度,通过分相绝缘器后再按规定运行。

2.电力机车停于无电区的处理

(1)电力机车停于无电区时,在排除人员伤亡,设备损坏等情况外,应根据具体情况,采取不同的方法。

①停于分段绝缘处时:电力机车一段停于分段绝缘处,可降下该受电弓,升起另一端的受电弓,即可继续运行。

②停于分相绝缘处时:如升起另一端受电弓能接通电源时,可继续运行;如需退行一段距离才能继续运行时,应按照列车退行的办法办理;如仍不能接通电源时,应请求救援。

③停于隔离开关断电的线路时:电力机车停于隔离开关断电时或接触网停电的线路或地段时,应停止该路的检修或货运作业,有条件时可于接触网送电后继续运行。如不能送电又需继续运行时,在区间应请求救援;在站内可用其他机车将其送出无电区。

④超过接触网终点标时:机车或列车停于超过接触网终点标或进入无接触网的线路时,应用其他机车将其挂出。

(2)发生电力机车进入无电区,在处理时应注意的问题:

①电力机车进入无电区后,应先检查有无人员伤亡或设备有无损坏,不得盲目升弓。

②车站值班员及有关人员要及时向列车调度员报告,以确定处理方案。

③等待救援或在站内等其他机车挂出时,应及时对列车做好防护。

④用电力机车担当救援时,应考虑有足够的隔离车。

七、列车冒进信号机的处理

1.冒进进站信号机

(1)接车进路已准备妥当,以调车方式接入站内。

(2)停车位置影响准备接车进路时,可通知司机退出有关道岔,准备好接车进路后,以调车方式接入站内。电气集中联锁的车站,退出信号机后准备接车进路,开放进站信号机进站。

(3)挂有装载超限货物车辆的列车,接入线满足限制接入列车条件时,以调车方式接入站内;否则,应通知司机后退,接入超限列车的固定线路。

2.冒进出站信号机

列车冒进出站信号机且越过接车线末端警冲标,司机除迅速向车站值班员报告外,应使列车及时退入警冲标内方。如列车不能移动且必须接发其他列车时,车站值班员首先应确认其他列车的接发列车进路不受影响,通知有关列车司机注意,并派人进行防护,然后接发其他列车。列车冒进信号后应及时报告列车调度员,以便进行列车运行调整。

 思考题

1.为什么要设置铁路线路安全保护区?

2. 铁路安全管理的方针是什么?
3. 哪些铁路应当实行全封闭管理?
4. 什么是行车事故?行车事故是如何分类的?
5. 什么是相撞、冲突、脱轨?
6. 什么是列车发生火灾、爆炸?
7. 什么是正线、繁忙干线?
8. 什么是中断铁路行车?
9. 什么是耽误列车?
10. 占用区间系指什么?占用线如何定义?
11. 铁路线路安全保护区是如何规定的?
12. 什么是未准备好进路?
13. 未办或错办闭塞发车系指什么?
14. 什么是列车冒进信号或越过警冲标?
15. 机车车辆溜入区间或站内系指什么?
16. 简写7·23事故报告。
17. 《铁路交通事故调查处理报告》的内容包括哪些?
18. 事故调查组应履行哪些职责?
19. 事故救援设备包括哪些?
20. 救援列车如何请求与派遣?
21. 列车火灾处理的原则是什么?
22. 区间发生重大、大事故应如何处理?
23. 哪些情况禁止列车分部运行?
24. 电气化铁路区间停电时接发列车如何处理?
25. 防止电力机车闯入无电区的一般措施?

第三章 铁路行车安全管理

★ **教学目标**

本章主要讲述接发列车安全管理；调车安全管理；停留车安全管理；行车调度指挥安全管理；电气化铁路行车安全；行车作业人身安全等内容。通过本章的学习，使学生了解车站行车安全制度；无联锁接发列车安全；冲突、脱轨、挤道岔事故的主要原因；冬季调车作业的安全；行车调度指挥安全管理的措施；电气化铁路行车安全。掌握接发列车安全注意事项；电话闭塞法、引导接车、双线反方向行车的安全控制事项；掌握防止调车事故的主要措施；调车人身伤亡事故的主要原因及措施；掌握停留车安全管理措施和行车作业人身安全的主要措施。通过结合事故案例讲解事故发生的原因，使学生吸取教训，树立"行车无小事"的观念，总结事故教训，从而积累经验，为将来的铁路运输工作打下良好的安全基础。

★ **建议学时**

20 学时。

第一节 接发列车安全管理

【案例 3-1】 2004 年 2 月 28 日 TL 站列车冒进信号一般 C 类事故

1. 事故概况

2004 年 2 月 28 日 83404 次列车于 4 时 52 分到达 TL 站南直通场 5 道。计划 5 时 45 分开车，5 时 45 分开放出发进路信号，信号开放后，车站值班员李某与司机按规定通报发车进路，司机复诵后，告知值班员："货票没有送到。"值班员李某以电话找车号员催其送票，由于该列车为集通线到达的列车，集通线确报系统没有升级，列车无确报，列车到达的编组顺序表为手工编制，列车开车前需车号员重新对票，核对现车，以微机编制编组顺序表。内勤车号员陈某 5 时 44 分编制完列车编组顺序表，外勤车号员王某 5 时 57 分将列车编组顺序表及货票送到机车，并按规定办理票据交接。值班员李某当时不知货票及顺序表已送上机车，便以无线调度电话呼叫助理值班员李某："5 道 83404 次不开了，放 2 道机车入库。"二道单机 4 时 49 分到达北场，5 时 50 分到南场，该机车系 BC 机务段担当的长交路机车，值班员急于放行该机车入库。车站值班员在通知助理值班员取消 5 道发车时，李某盲目地答应值班员："好了。"没有将自己已经显示发车信号的作业过程向值班员报告。助理值班员答应值班员取消 5 道发车进路后，立即用无线电台与司机联系，但是，由于助理值班员携带的无线电台电量已经耗尽，与司机联系不上，助理值班员本应立即奔向机车通知司机，而是盲目返回发车室换电池。列车于 5 时 59 分动车。车站值班员得到助理值班员的回话后，命令信号员季某取消 5 道发车进路，放 2 道机车入库。信号员按照值班员的命令，以总人解的方式取消 5 道发车进路，5 道进路经 30s 延时后解锁。信号员随即排列了 2 道机车入库的进路。6 时

02分值班员李某通过控制台发现5道出发进路轨道电路变红,立即以无线电台连续三次呼叫83404次司机停车。83404次机车于6时02分停于223号道岔前。

2.事故原因及教训

(1)值班员李某在取消83404次5道发车进路时,只通知助理值班员,没有通知司机。

(2)值班员通知助理值班员取消发车进路时,不了解助理值班员作业动态,不了解助理值班员是否已经显示发车指示信号,不了解助理值班员能否通知司机。

(3)值班员李某通知助理值班员取消发车进路后,没有给助理值班员通知司机的作业时间,而是立即命令信号员使用总人解办理取消发车进路作业,5道发车进路经30s延时解锁后,立即命令信号员排列了2道单机入库的调车进路。

(4)助理值班员李某在已经显示发车指示信号,而且不能立即通知司机的情况下,同意值班员办理取消5道发车进路作业。

(5)助理值班员与司机联系时发现无线电台电量耗尽无法联系时,没有立即跑向机车,而是返回发车室换电池,应急处理严重失误。

一、车站行车安全制度

车站根据铁路总公司、铁路局的规章,结合本站的生产实际制定车站的行车安全工作制度,是保证行车安全的重要手段。车站的行车安全制度主要包括下面几个方面。

(一)车站交接班制度

车站交接班制度分工种制订,这里只介绍车站值班员交接班对接发车安全有关要求。

交班前,交班的车站值班员应将日班计划、列车运行、区间及站内施工、轻型车辆使用、站内到发线停留车位置、车数及防溜措施、行车命令、电报、备品、安全注意事项、列车运行情况等记录在交接班簿内,向接班的车站值班员交代清楚,双方确认后相互签名交接。

接班前,接班的车站值班员应亲自检查到发线的使用情况和停留车情况。

(二)行车安全工作制度

在接发列车和调车作业时,应按规定的作业程序、作业标准办理,并正确执行作业过程中的"联系、确认、监督、检查"四项制度。

1.联系

加强行车有关部门、班组、工种及个人间的互相联系,互相交底,对行车情况心中有数。

2.确认

在接发列车、调车作业、扳动道岔、操纵信号机相互联系时,一定要严格执行确认制度,不得臆测行事。

3.监督

小组间、工种间、个人与个人间实行相互的作业监督。

4.检查

对线路、设备、行车、停留车等,应认真执行检查制度。

(三)接发列车工作制度

1.办理闭塞后互问互报制

办理闭塞后,发车站应及时向接车站报点,超过规定时间,应询问列车是否已发出;接车站当列车到达后,应及时向发车站办理开通。超过规定时间,应询问列车是否已到达,以防止列车机外停车。

2. 信号、道岔、线路确认制

确认控制台显示与信号开放状态一致、信号开放显示与道岔开通位置一致并确认线路空闲,才能办理接发车工作。

3. 行车呼唤应答制

在办理闭塞、准备进路、开闭信号、扳动道岔等工作时,都应实行呼唤应答制。

4. 区间情况查明制

当列车已经出发、而没按规定的时间到达,或超过一定的时间仍未到达,也未接到被迫停车的通知时,双方应迅速查明区间列车情况。

5. 安全工作检查制

坚持领导与群众相结合的安全检查制度,积极开展"预想活动",抓早、抓小、抓预防,把事故消灭在萌芽状态。

二、接发列车安全注意事项

接发列车作业以统一、协调为原则,要求接发列车作业各工种人员在操作、时机、用语、动作等方面实现最佳配合。依照上述原则制定的《接发列车作业标准》,在全路已普及推行,对接发列车安全起了很好的保证作用。

接发列车作业,从办理闭塞(预告)、准备进路到开放信号、交接凭证,直到列车由车站发出或通过,其间任何一个环节的疏漏都可能埋下事故隐患;任何一项作业的差错,都往往危及行车安全。因此,日常办理的每一趟列车,均须高度重视,认真作业。

接发列车安全注意事项如下。

(一) 办理闭塞

办理列车闭塞(预告)是接发列车的首要环节,是列车取得区间占用权的重要环节,也是较易发生事故的关键环节。

1. 办理闭塞前,必须认真确认区间空闲

【案例3-2】 2003年9月2日SPZ站向占用区间发出列车一般C类事故

1. 事故概况

2003年9月2日,85572次6时57分在SPZ站通过后,双泡子站车站值班员洪某在没有取得列车调度员许可及KDM站车站值班员同意的情况下,违章办理了1调跟踪85572次调车作业,并擅自填写了"出站(跟踪)调车通知书",承认时间为7时05分至8时00分。85572次于7时07分到达KDM站后,7时08分洪某又同意了KDM站86583次发车闭塞请求,直到86583次于7时09分KDM站开出后,洪某才意识到86583次和1调进入了同一区间。洪某立即呼叫86583次SPZ站机外停车,并告诉1调司机说:"KDM来车了,你抓紧时间退回吧。"在司机采取紧急措施后,86583次于7时12分停在KDM站下行出站信号机外317m处,SPZ站1调停在SPZ站下行进站信号机外15m处。

2. 事故原因

(1) 车站值班员洪某在工作中违章作业,胡干乱干,把安全当儿戏的工作作风是这起事故发生的根本原因。

(2) 车站值班员洪某违反了《技规》第224条规定,在未取得列车调度员许可和邻站值班员同意的情况下,擅自办理了跟踪出站调车作业。

(3)车站值班员洪某违反了《技规》第258条规定,未确认区间是否空闲就同意了邻站的闭塞请求,从而导致86583次和SPZ站1调进入同一区间。

3. 事故教训

(1)职工两违问题时时刻刻不能放松,尤其是蛮干、乱干,极端不负责任、不听从命令的行为,日常要进行严格规范。

(2)安全管理必须严密有效,车站、车务段都没有对信号机外移及越站频繁的情况进行跟踪监督,也没有制定具体的监控措施。

(3)干部作风飘浮问题不能忽视,干部不负责,现场作业不监控,会给安全工作带来极大的危害。

办理闭塞前,两邻站(所)的车站值班员对区间空闲的确认应注意;区间有无列车占用;区间是否封锁;区间有否遗留车辆;是否同意在区间使用轻型车辆;区间岔线的道岔是否已开通正线并加锁;出站(跟踪)调车作业是否完毕;

2. 办理闭塞(预告)时,车次必须准确清晰

办理闭塞时,车次必须准确、清晰,避免误解与错听,特别是须接入固定线路的关键车次,一定要核对清楚才能下达进路。

【案例3-3】 超限列车进入非固定线路的一般C类事故

××××年××月××日,××站车站值班员向×××站请求5204次闭塞,×××站车站值班员误听为5104次,将挂有4辆超限车的5204次接入有高站台的3道,构成超限列车进入非固定线路的一般C类事故。

3. 办理闭塞(预告)时,用语必须准确完整

随意化简规定用语是现场作业人员惯性错误。同意邻站闭塞时,只说"同意",而省略复述车次,这样就起不到互控、联控的作用。上例5204与5104之错,即与用语不完整有关。

4. 办理闭塞中,必须正确操纵控制台闭塞按钮

办理闭塞中,现场作业人员容易发生下列几种错误:

(1)不先通话,见黄灯就按;

(2)听到控制台铃声就按;

(3)瞬间按压(按压时间不足1s)。

前两项是简化作业所致,后一项往往是新职车站值班员的通病。

不正确的操纵往往会造成两端显示不一,如果再加上有目的的确认,很容易发生事故。

(二)准备进路

准备进路,这是所指的准备列车的接车进路、发车进路和通过进路。准备进路亦是接发列车工作中一项极为重要的作业环节。

1. 确认接车进路空闲

确认接车线路空闲,是防止"有车线接车"的重要条件。新中国成立以来最大的旅客列车事故——荣家湾"四·二九"事故就是典型一例。

线路空闲,是指线路未被机车车辆占用;邻线停放的机车车辆不影响本线;无施工封锁;无影响列车运行安全的障碍物;所接线路符合所接列车的条件等。

检查线路空闲的办法在《站细》中有规定,一般分为现场检查确认和控制台检查确认两种。

现场实地检查时,检查确认人员应站在线路中心就地"眼看、手指、口呼"进行一致确认;

设有轨道电路的车站,可通过控制台上该股道表示灯(光带)进行确认。

有一种情况必须注意,即车站新铺轨、更换钢轨或较少使用的线路,由于锈痕较厚或接触不良,列车在上面行走,控制台上的表示灯有时隐时现的现象,更有甚者,线路上停有车辆控制台却无显示。为此,确认应特别注意。

2. 及时停止影响列车进路的调车作业

【案例 3-4】 SY 站 7·17 旅客列车冲突事故

1. 事故概况

2002 年 7 月 17 日 6 时 31 分,HGT 站与 SY 站办理 2257 次旅客列车闭塞,6 时 41 分 2257 次在皇姑屯站通过,6 时 42 分车站值班员杨某向中信号楼值班员李某布置接车进路,下达命令办理选排 2257 次列车接入客场 6 道。当时,运转二班六调在下 5 道北头挂 12 辆,由下牵一牵出后去下 2 道挂 28 辆,计划推送到铁西车场,6 时 39 分北信号楼助理值班员陈某开放了进入下 2 道 D324 次列车调车信号。车列连挂后,调车机及机次 3 辆未进入警冲标内方,在未试拉的情况下便盲目向前推进,在接近关闭的下 2 道南头信号机前停车时,前 11 辆油罐车与原车列分离溜出(放风制动员在放风时已将车钩提开),调车组人员采取手闸制动不及,与正在进站的 2257 次旅客列车在中信号 114 号道岔处发生侧面冲突,造成 2257 次列车 3—5 位脱轨,构成了一起调车作业与旅客列车侧面冲突的重大事故,无人员伤亡。

2. 事故原因及教训

(1)六调在带 12 辆挂下 2 道 28 辆时,检查现车不认真,未发现南头第 11 辆车钩已经断开,在推进作业前未进行试拉,造成前部 11 辆溜出。

(2)车站值班员在办理客车 2257 次列车进路前,未按《站细》规定通知北信号楼,未下达停止影响 2257 次列车进路的调车作业命令。

(3)北信号楼助理值班员擅自代理信号楼值班员作业,在放行六调挂下 2 道推进作业前,未按《站细》的规定请示车站值班员准许。

(4)调车区长臆测行事,未向站调请示联系,盲目图快,下达反常规的调车作业计划,变更计划时传达不彻底,调车推进车辆前不试拉。

调车作业影响接发车进路主要有下列几种情况:

(1)调车进路与接发列车进路重叠时;

(2)调车进路与接发列车进路交叉时;

(3)调车进路违反接发客运列车特定的限制条件时;

(4)调车进路的相邻线路接发超限列车,或接发列车线路的相邻线路调动超限车辆,其线间间距不足规定要求时;

(5)进路信号机外制动距离内进展方向超过 6‰,在接车线末端无隔开设备的延续线路上调车作业时;

(6)其他影响列车进路的调车作业(如在无隔开设备的线路上手推调车等)。

"及时"是指在《站细》规定的时间内应停止调车作业,严禁"抢钩"。

3. 确认接发车进路开通正确无误

【案例 3-5】 1999 年 6 月 13 日 TS 站未准备好进路发车一般 C 类事故

1. 事故概况

1999 年 6 月 13 日,车站值班员魏某在办理客车 611 次下行发车进路时,未执行作业标准化,错误排列上行发车进路,开放客车611上行出站信号,使客车611次错误进入上行线。(TS站为双线自动闭塞区段)。

2. 事故原因

(1)值班员工作不集中,办理发车进路时,未认真执行《接发列车作业标准》(TB/T 1501—2009)。

(2)助理值班员没有通过控制台认真监视信号,没有认真确认进路及信号开放状态,不认真执行标准化,盲目的发车。

(3)车站管理不到位,对规章制度执行不严格,对设备联锁关系存在的隐患不能及时发现并制定措施。

因此,接发列车进路的确认极为重要、切不可疏忽。集中联锁的车站,必须通过控制台股道表示灯(光带)等设备的显示来确认接发列车线路;非集中联锁设备的车站有关扳道人员必须确认尖轨密贴、闭止块落槽、道岔表示牌(灯)的显示及列车进路正确无误后,方可向车站值班员报告。遇有联锁设备停用时,对列车进路的现场检查更须严密细致、准确无误。

(4)接车进路的命令应向两端扳道员同时发布。

向两端扳道员同时发布接车进路命令的目的是,防止一端接车,而另一端放入调车的机车车辆,造成有车线接车。

(三)行车凭证

行车凭证是列车获准进入区间的依据。为此,有关人员在办理行车凭证时,必须认真严谨,注意防止因差错而造成行车事故。

1. 防误使用

行车凭证在交付使用前,应注意核对其使用区间、方向、车次、型号、号码等,确认是否符合。尤其是绿色许可证、调度命令、路票更须注意。

2. 防误操纵

信号是指示列车运行的命令。因此,操纵信号时,必须特别慎重,稍不注意,往往因错位误按而造成事故。

【案例3-6】 出站信号未复位的一般C类事故

×××年××月××日,××站,1015次列车17时03分从1道开出,但因信号电路故障,1道出站信号一直未能复位。后1013列车次又接入1道,车站值班员未确认就离岗,当1013次列车进站时,助理值班员见出站信号已开放,就将1013次列车发出,向邻站报点时,才被邻站发现,构成一般C类事故。

从上例可见,信号的开放与关闭至关重要。为此,车站值班员、信号员在操纵信号时,必须全神贯注、精力集中,遵章守纪,严格坚持"眼看、手指、口呼"一致的确认操纵制度,确保信号指示的准确无误。

3. 防误填写

使用路票、调度命令、绿色许可证等书面凭证办理行车时,对其使用区间(含区间停车地点)、车次、电话记录号码等应特别注意。书面凭证填写完后,必须认真核对,经确认正确无误后,方可交付使用。

(四)作业程序及用语

为确保接发列车安全的稳定性,接发列车作业必须按规定程序办理,并使用规定用语。

不允许随意简化或程序颠倒。否则,后患无穷。

【案例 3-7】 扳道员误听指令致使两列车正面冲突造成的行车重大事故

××××年××月××日 19 时 21 分至 22 时 05 分,××站,2022 次列车停于站内 2 道,计划交会 1319、385 次列车后折返开出。车站值班员盲目布置两端扳道员,准备 1319 次 2 道通过进路,而两端扳道员既未出场确认进路,也未填写占线揭示板,竟先后盲目汇报 2 道通过进路准备妥当。直到 1319 次列车逼近,车站值班员出场接车时,才发觉 2 道停有 2022 次列车,慌忙跑回运转室,用扳道电话急忙命令 1 号扳道员:"改进 1 道,改进 1 道",而 1 号扳道员却误听为:"赶紧引导,赶紧引导。"放下电话就朝进站信号机方向跑去。结果,1319 次列车与 2022 次列车正面冲突(列车颠覆,死亡 6 人,伤 1 人,货车报废 16 辆,大破 8 辆,机车报废 1 台,大破 1 台,中断行车 24h)。构成行车重大事故。

这起严重的事故,是多人严重违章造成的;是值班员发现问题处理不当造成的;是不按程序和用语造成的。"简化"了程序和用语,带来的是"严重"的后果。

(五)接送列车及指示发车

接送列车时,应确认:列车是否停在警冲标内方,是否越过出站信号机,是否认真监视列车运行安全状态。

发车前应确认出站信号是否开放,确认进路上有无障碍物,确认列检作业是否完毕,确认旅客上下、行包装卸是否完毕,一切确认无误后方可显示发车指示信号。

三、电话闭塞法的安全控制主要事项

由于基本闭塞故障或停用,造成了一系列联锁不起作用,此时完全靠制度的约束和参加接发车作业的所有人员间配合来保证安全,因此,每一作业环节,每一个人稍有疏忽,都可能造成事故。其中,下列几项是至关重要的。

(一)办理闭塞前必须确认区间空闲

由于采用电话闭塞法,已不能从设备上确认空间是否被占用,因此,确认区间空闲这一作业环节显得尤为重要。不按这一作业程序和作业标准进行作业,很容易造成像占用区间发出列车事故,轻则为一般事故,重则车毁人亡,不堪设想。

【案例 3-8】 占用区间发出列车的一般 C 类事故

1994 年 7 月 18 日 10 时 08 分,SH 站向占用区间发出列车就是典型的一例。该站 1994 年 7 月 18 日 8 时 30 分起因施工,停止基本闭塞法(自动闭塞),改为电话闭塞法。9 时 58 分向下行方向开出 1311 次货物列车,因邻站 XF 站满线,10 时 08 分 1311 次列车停在 XF 站进站信号机外。SH 站值班员在未得到 XF 站列车到达报告,也未认真确认区间空闲的情况下,于 10 时 12 分擅自向区间发出了 2301 次货物列车。当向 XF 站报点时,才发觉 1311 次列车还停在区间,急忙用无线列调呼叫,使 2301 次列车停于 K6+200 处,构成了一件向占用区间发出列车的一般 C 类事故。

1."区间空闲"的认定

认定区间空闲包括以下几项内容:

(1)区间未被封锁或封锁已解除。

(2)区间未被列车占用,包括以下几项:

①闭塞前最后一趟列车为本站发出列车,邻站到达通知(号码)已收到;

②闭塞前最后一趟列车为邻站发出的列车,列车以整列到达本站;

③闭塞前最后一趟列车为区间返回列车,列车已整列返回车站;

④闭塞前最后一趟列车为挂有后部补机返回的列车,本列已到达邻站,补机已返回发车站;

⑤越出站界调车或跟踪出站调车已完毕。

2. 区间空闲的确认办法

确认空间是否空闲的办法一般从以下几个地方确认:

(1)检查调度命令簿,确认区间是否被封锁;

(2)确认控制台是否接挂有揭示牌,如"封锁区间"、"列车占用"、"越站调车"、"跟踪调车"等;

(3)检查各次列车到达通知(号码)是否发出和已收到。

(二)发车前要确认发车进路正确

接发车进路分为接车进路、发车进路、通过进路三种。这里只介绍不能从设备上确认进路的发车进路检查方法。

检查发车进路是否正确,检查内容包括:影响进路的调车作业是否已停止,进路有无障碍物,道岔开通位置是否正确,有关道岔是否已加锁等。

为了保证发车进路正确无误,现场的操作顺序应为:

(1)值班员向现场作业人员发出停止影响发车进路的调车作业命令。

(2)得到调车作业确已停止的汇报后,值班员下达准备发车进路的命令,并指令对其相关的道岔进行加锁。

(3)得到进路准备妥当及道岔已加锁的汇报后,车站值班员亲自或派助理值班员检查确认进路。

(4)一切确认完成后,方可将行车凭证交付司机进行发车。

以上的作业顺序是不能颠倒,更不能简化的,否则就会发生挤坏道岔,开错方向等列车事故。

【案例 3-9】 2005 年 5 月 31 日 DSC 站未准备好进路发车一般 C 类事故

1. 事故概况

2005 年 5 月 31 日 2 时 44 分 DSC 站助理值班员罗某,在未准备好 40131 次 Ⅱ 道发车进路的情况下,盲目向车站值班员报 Ⅱ 道发车进路好了,同时报告发车进路确认好了。造成 40131 次进路不对通过,司机发现紧急停车,机车挤过 4 号道岔 20m 停车的一般 C 类事故。

2. 事故原因

(1)助理值班员严重违反《单双线电话闭塞无联锁接发列车作业标准》,简化作业程序、未执行《站细》第 54、59 条有关规定是事故的主要原因。

(2)车站值班员未执行互控、卡控制度是造成这起事故的重要原因。车站值班员指示助理值班员,再次现场检查确认进路,助理值班员放下电话后不到 1min 就报进路确认好了,根本未去现场检查,值班员明知助理未去现场也就默认了。

(3)车站监控干部副站长严重失职失责,对关键作业环节的控制不到位,没有起到控制作业是造成这起事故的又一重要原因。

(三)行车凭证要确认填写正确

路票是采用电话闭塞法的行车凭证,由于漏填、错填、误拿等原因,很容易造成行车事故的发生。特别是使用旧路票的年代,因路票不正确造成事故的比例相当大,是常见的惯性事故。

1992年实行一种新式的硬卡片式路票,由于具有许多的优点,被沿用至今。新版硬卡式路票的采用,大大减少了因路票的原因而发生的行车事故。然而,因路票的问题而发生的事故仍时有发生。

【案例3-10】 误填路票

××××年××月××日××站车站值班员在办理1104次行车凭证时,误填为1004次。致使该次列车在该站通过,司机发现后临时停车,构成一般事故。

【案例3-11】 错交路票

××××年××月××日21时56分,××站因停电停止使用基本闭塞法,改用电话闭塞法行车。车站值班员对到达的1813次下行列车路票未及时划"×"注销,在办理1308次上行列车通过时,错将原下行到达的1813次废止路票放入自动传输架传递,被司机发现后站内临时停车处理,构成"错交行车凭证耽误列车"的行车事故。

从以上两个事故例子可知,只要切实执行"确认"这一作业环节,就可防止一些事故。确认路票指确认区间与方向是否正确;确认《电话记录》是否漏填;确认站名印是否盖上;确认须同时递上《调度命令》的内容是否正确。确认路票应在填写时进行,递交前再确认和互相确认。

列车车次是最容易发生错误的地方,误听或误传,注意力不集中,对车次概念不清,都是填错车次的原因。为此,办理接发列车时,列车车次必须传准说清,复诵无误,防止误听误传。车次不清楚时,必须立即询问,严禁臆测行车。

为确保客运行车安全,填记车次做了特别的规定:特快客运列车车次前冠以"T"字;快速旅客列车车次前冠以"K"字;临时旅客列车车次前冠以"L"字;临时旅游列车的车次前冠以"Y"字;行包快运专列的车次前冠以"X"字。

四、引导接车的行车安全

(一)引导接车的情况确定

凡发生下列情况之一时,车站应按引导接车办法接车:

(1)进站、接车进路信号机发生故障时;

(2)遇施工、检修、停止使用基本闭塞,同时亦停用进站、接车进路信号机;

(3)因停电造成基本闭塞和信号设备停用时;

(4)轨道电路发生故障,导致进站、接车信号机不能正常显示时;

(5)向进站、接车进路信号机联锁范围以外的线路上接车时;

(6)接入无双向闭塞设备的双线区间反方向开来的列车时;

(7)其他原因致使进站、接车进路信号机无显示或联锁失效时。

当车站发生上述情况时,车站值班员应迅速进行核实,经慎重确定后,方可按有关规定办理引导接车。千万不能臆测行车,盲目办理。

【案例 3-12】 扳道员误操作险些造成"有线车接车"的一般 C 类事故

××××年××月××日,06 时 40 分至 06 时 48 分,××站 1308 次列车于 06 时 35 分进Ⅱ道,计划交会 2581 次列车,2581 次列车进 3 道。办理 2581 次接车进路时,扳道员误将道岔开通Ⅱ道,车站值班员未确认控制台表示,即盲目操纵"3 道"及进站信号按钮,进站信号开放不了,仍未确认,却误认为进站信号机断丝(控制台断丝表示灯当时正遇故障亮灯),即开放引导信号将 2581 次列车引导接入停有 1308 次列车的Ⅱ道,幸被司机及时发现,紧急停车后距 1308 次列车仅 12 根枕木距离。构成性质极为恶劣的"有车线接车"一般 C 类事故。

(二)引导接车条件限制

引导接车是在特殊情况下进行的,因此,必须严格遵守有关作业要求和条件限制,否则,往往留下事故隐患。

【案例 3-13】 两列车同时接入线内构成的一般事故

××××年××月××日,禁止办理相对方向同时接车的××站,因信号施工,停止使用基本闭塞法改用电话闭塞法,并使用引导方式办理接车。在接入 80 次和 385 次旅客列车时,由于车站值班员××的疏忽,误将两端扳道员(兼任引导员)同时都派出引导,结果造成两趟客运列车同时接入站内,构成"禁止办理相对方向同时接车而办理同时接车"的一般事故。

为确保引导接车作业安全,必须有一定范围的作业要求和条件限制:

(1)列车进站速度,不得超过 20km/h。

速度控制在 20km/h,主要目的是遇到危急情况时可随时停车。

(2)非到发线上接车时,不得办理列车通过。

非到发线均无联锁设备,安全系数低;同时车站还须向司机传达调度命令及交递行车凭证等,为此不得办理列车直接通过。

(3)双线区间反方运行时,亦不得办理列车通过。

(4)禁止办理相对方向同时接车的车站(或列车),不得向车站两端同时派出引导员(或同时开放引导信号)引导接车。

(5)车站值班员指示引导员前往引导接车后,不得变更接车顺序,接车进路和接车方式。

遇特殊情况必须变更时,在安全行车条件允许的情况下,车站值班员应先通知并撤回引导人员,取消前发引导命令后,方可重新发布命令。

(6)引导信号开放后,除危及人身安全和行车安全的紧急情况外,不得关闭。因为列车迫近车站时,突然关闭信号,往往会因停车不及而造成冒进信号事故。

(7)未确认进路及道岔开通正确无误时,不得进行引导接车。

【案例 3-14】 盲目开放引导信号险些造成列车颠覆事故

××××年××月××日,××站接通过的 385 次旅客列车时,进站信号开放不了,控制台上的进路白色表示灯又无显示,车站值班员臆测认为进路表示灯灯泡断丝,即盲目开放引导信号,导致 385 次引导进站后,挤道岔通过。后查明是 8 号道岔尖轨不密贴,形成"四开状"。如果是上行列车,则就可能造成列车颠覆事故。

因此,对接车进路及道岔开通状态的检查,必须确认无误后,方可办理引导接车,这是该项作业中至关重要的环节。

（三）引导接车办法

（1）严格进路、道岔、接车线路的检查，执行三人对道制度。

（2）开放引导信号接车。当进站、接车进路信号机设有引导信号时，由接车人员按压引导按钮，开放引导信号将列车接入站内。

（3）派引导员，显示引导手信号接车。未设引导信号的进站、接车进路信号机，或因故障不能开放引导信号，或对双线反方向开来的列车，应派引导员接车。

（4）引导员应在"引导员接车地点标"（或进站、进路信号机、站界标外方适当地点）处显示引导信号，列车头部越过引导信号后即可关闭或收回引导信号。

（5）引导接车时，列车应以不超过20km/h的速度进站，并做好随时停车准备。

（6）使用引导手信号接车时，能从设备上锁闭进路时，必须从设备上锁闭；不能从设备上锁闭时，应采用人工锁闭。

（7）引导接入通过列车时，在出站信号已开放、发车手续已完备的情况下，可以对引导进站的列车办理站内通过。

（四）引导接车注意事项

（1）进站、接车进路信号机在开放引导信号时，应显示一个红色灯光和一个月白色灯光。如红色灯光熄灭，则不构成引导信号，列车不能进站。此时，应使用引导手信号接车。

（2）当引导信号开放后不能保留时（如6502设备进站、进路信号机内方第一轨道区段故障），应按压不放，至列车头部越过进站信号机后，方可放开。以免司机误认为信号关闭，影响行车。

（3）派引导员接车时，引导信号的显示一定要标准，使司机易于确认。

（4）在无联锁的线路上办理接车时，不能办理同时引导接车。应一端列车被引导进站进入接车线停妥后，方可引导另一端列车进站。

（5）遇不能同时接发时，原则上应派出引导员将进站列车先行引导接入。

五、无联锁线路接发列车安全

所谓联锁，是指车站上道岔、进路及信号机之间建立的相互制约关系。这种关系，是为防止发生敌对进路或进路错误开通及信号错误显示等，以设备来达到保证行车安全的目的。

（一）无联锁线路的概念

"无联锁线路"的概念含义有：一是指原装有联锁装置的线路上，由于施工部门施工、检修、停电或联锁设备发生故障等原因，导致联锁失效；二是指该线路本身就未装设联锁设备。在这二者之一的线路上办理接发列车作业，就叫无联锁接发列车。

（二）无联锁线路接发作业安全

在无联锁线路上接发列车时，由于设备失控，安全系数较低，加之可能人为产生疏忽、大意或违章违纪等不利因素，极易发生事故。

【案例3-15】 未准备好进路发车的一般事故

××××年××月××日，××站设备临时故障停用半自动闭塞法改按电话闭塞法行车。车站接发车线路均处于无联锁状态。386次旅客列车Ⅱ道通过后，4道还有1130次待发，进路上5号道岔仍处于开通Ⅱ道的位置，3号扳道员来检查和确认，却盲目汇报"4道发车进路准备妥当"。结果,造成1130次挤坏5号道岔出站,构成"未准备好进路发车"的一般事故。

【案例 3-16】 385 次进站后与 2582 次发生正面冲突的重大行车事故

××××年××月××日,××站因大雪造成交流电停电,直流电源又供电不足,致使停止使用基本闭塞法改用电话闭塞法行车,并以手信号引导接车。由于扳道员将385次旅客列车进路错扳至被2582次货物列车占用的2道,又盲目汇报,造成385次进站后与2582次发生正面冲突的重大行车事故。

上述两起事故,都是在无联锁线路上接发列车进路上的问题。一是严重违纪而忘扳道岔,另一是盲目违章而错扳道岔。据统计分析,在非正常情况下接发列车作业中,无联锁线路上发生的事故率最高,特别是确认区间空闲、检查接车线空闲、布置和检查接发列车进路三个作业环节,更是事故发生的主要环节。

为保证无联锁线路上接发列车作业安全,对这三个作业环节,应尤其引起重视。

1. 确认区间空闲

在非正常情况下办理接发列车,在办理列车闭塞前,首先应确认区间是否空闲。本节主要介绍通过闭塞设备、《行车日志》、各种表示牌,以及有关人员的情况报告等,根据不同的闭塞,确认区间空闲的方法。

(1)自动闭塞:通过控制台的监督器(列车离去表示灯)或出站信号机复示器,确认第一及第二闭塞分区空闲情况。

(2)半自动闭塞:除根据闭塞机上表示灯显示外,还应根据《行车日志》,以及助理值班员、扳道员检查到达列车情况的报告来确认区间空闲。

(3)电话闭塞:根据《行车日志》上列车到达的电话记录号码和时分,以及助理值班员、扳道员检查到达列车情况的报告,确认区间空闲。

各种表示牌的及时揭挂,是确认区间空闲一项很好辅助措施。如"区间封锁"、"列车占用"、"使用轻型车辆"、"区间折返"、"跟踪调车"、"越站调车"、"区间空闲"等各类揭示牌,在显眼的地方,如能及时揭挂,效果很不错。

当然,除了以上各种办法外,千万不要忘记检查调度命令登记和工电部门的施工登记。

2. 检查接车线空闲

接发列车时,车站对接车线是否空闲的检查、主要采取以下几种办法。

(1)现场目视检查

昼间天气良好时,由现场接车值班员、两端扳道员分别站在接车线路中心,以"眼看、手指、口呼"一致确定的检查办法,确认接车线路空闲。

(2)分段现场检查

在夜间或昼间天气恶劣,或地处曲线,直接目视检查有困难时,车站值班员、助理值班员与两端扳道人员按《站细》所划分的地段,以互对股道号码信号或分段步行检查确认接车线路空闲。

(3)辅助检查

当车站正线、到发线上有列车、车辆占用时,在控制台盘面上的按钮(或手柄)上夹挂"列车占用"、"车辆占用"、"存有车辆"、"线路封锁"等字样的表示牌,并在行车室、扳道房的"占线揭示板"上填记列车车次或存车代号、符号等。以便接发列车人员用以辅助记忆及检查路线使用的情况。

3. 确认进路无误

(1) 为保证无联锁线路上进路的正确性,有关人员应做到:扳道员须执行"一看、二扳、三确认、四显示"的作业制度,严格按车站值班员的指示,正确及时地准备进路,"眼看、手指、口呼"一致检查确认接发车进路正确无误,并按规定将有关道岔进行加锁。

(2) 引导员(由胜任的人员担当或由扳道员兼任)在出场引导接车前,必须再度确认接车进路上每一副道岔位置正确无误,并报告车站值班员后,方可前往规定地点进行手信号引导接车。

(3) 现场发车的助理值班员,应与有关扳道员以对道方式相互确认列车进路正确无误。

六、非到发线上的接发车作业安全

所谓非到发线,泛指车站正线、到发线以外的,在特殊情况下可直接代用接发列车的线路。

非到发线往往是未装设出站信号机的线路,该线进路上的道岔一般未与进路及信号机构成联锁关系,有一些型号的道岔,又不能满足《技规》对接发列车安全的要求。所以在这样的线路办理接发列车作业时,尤其要注意线路的确认、道岔的加锁,否则,往往因进路上的问题而发生行车事故。

【案例 3-17】 出发列车挤道岔出发构成的一般事故

××××年××月××日,××站因到发线满线,须在 6 道(非到发线)发出 2032 次列车,扳道员未将发车进路上的道岔开通,盲目汇报,发车值班员发车时又未进行现场确认,结果出发列车挤道岔出发,构成一般事故。

在非到发线上办理接发列车时,有关人员必须对关键岗,关键点加强人工互控,同时,应做好下列有关事项:

(1) 在非到发线上接发列车时,应事先取得列车调度员准许,并将调度命令抄送给司机。

(2) 自动、半自动闭塞的车站,在未设出站信号机的线路上发车时,应停止使用基本闭塞法行车。

(3) 车站值班员应亲自或指派胜任人员确认列车进路正确无误、进路上有关对向道岔及邻线上的防护道岔加锁。

(4) 使用进站、接车进路信号机的引导信号或引导员手信号接车时,列车进站速度不得超过 20km/h,并随时做好停车的准备。

七、双线反方向及双线改单线行车安全

【案例 3-18】 误操作造成信号不能开放导致耽误列车事故

1. 事故概况

2004 年 3 月 7 日,根据连铁运电〔2004〕42 号电报要求:封锁 JZ—NGL 间上行线施工,客车 K580、K682 次 JZ—NGL 间下行线反方向运行。12 时 33 分按照公司 161 号调度命令,客车 2051 次 JZ 站Ⅰ场到后,客车 K580 次利用 JZ—NGL 下行线反方向运行。2051 次 12 时 49 分Ⅰ场过后,Ⅳ场值班员 12 时 51 分与Ⅰ场值班员办理客车 K580 次反方向闭塞后,Ⅰ场值

班员指示信号员办理 K580 次金—南间下行线反方向进路,监控干部值班站长代替信号员作业,12 时 52 分办理进路时,排列 SZ2—X、SL8—SZ2 进路,信号不来,办理改变方向后,重新排列进路,信号仍然不来(反复开放信号三次)。立即通知电务人员,并立即登记,电务签字按非正常办理,K580 次 13 时 03 分停在总出站信号机前,13 时 08 分开。

2. 事故原因

(1)值班站长李某代替信号员操作信号,由于对信号设备特点不熟,误操作造成信号不能开放,导致耽误列车事故。

(2)值班员对值班站长操作信号不予制止,设备发生故障后,处理不及时。

【案例 3-19】 区间信号无显示致司机无法改变发车方向进而停车

1. 事故概况

2004 年 2 月 18 日 14 时 46 分,11669 次列车 QDZ 站反方向进站 3 道通过。由于 QDZ – GBZ 间第一离去着灯,无法改变发车方向,车站根据 11669 次列车的到达能够确认区间空闲,在第二离去正常的情况下,车站值班员使用绿色许可证发出 K642 次列车,同时车站值班员开放 2 道的调车信号,进行锁闭进路,K642 次由 QDZ 站 2 道 15 时 07 分发出。进入区间后,由于区间信号无显示,司机停车。

2. 事故原因

值班员规章、基本技术不熟,没有认真确认新改方向按钮的使用条件,只是注重设备着红光带,没有认真办理恢复正方向行车。

我国铁路机车正向运行时司机的操纵位置和铁路沿线及站内的固定信号、标志等设施,一般都设在列车正常运行方向的线路左侧。因此,双线区段上,列车在左侧运行线路上运行时,称为列车正方向运行;反之,则叫做列车反方向运行,如图 3-1 所示。

而双线改为单线行车,是指在双线区间遇有特殊情况时,封锁(停用)一线而仅用一线行车时的情况,如图 3-2 所示。

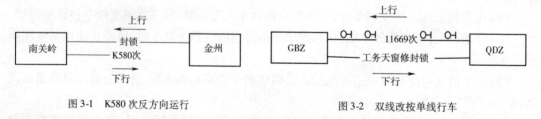

图 3-1　K580 次反方向运行　　　　　　图 3-2　双线改按单线行车

1. 产生原因

造成双线区间列车反方向运行或双线改单线行车的主要原因包括:

(1)列车调整运行;

(2)线路封锁施工;

(3)线路及"信、联、闭"设备故障;

(4)发生不可抗拒的自然灾害侵袭;

(5)发生行车事故;

(6)其他特殊情况。

2. 行车办法

列车反方向运行或双线改单线行车时,应停止基本闭塞法行车。因此,在办理此项作业时,首先必须取得列车调度员的"调度命令"准许。

3. 注意事项

(1) 双线区间办理反方向行车时,列车调度员应检查并监督两端车站值班员确认该线路区间已空闲后,方可发布准许反方向行车的调度命令。

(2) 双线反方向行车时,禁止办理相对方向同时接车和同方向同时发接列车。

(3) 双线区间遇特殊情况改为单线行车后,为防止误办、错办、漏办及作业混淆而引起事故,严格禁止以半自动闭塞法与电话闭塞法交叉办理行车作业。

(4) 双线半自动闭塞区间,其中一条正线的闭塞设备发生故障时,应将该线正线方向改为电话闭塞,而另一正线仍按正常方法办理。

(5) 双线区间的车站,凡以电话闭塞办理反方向发车时。在查明区间空闲后,取得邻站同意接反方向运行的列车的电话记录号码承认后,方可填发路票。

第二节 调车安全管理

【案例 3-20】 2007 年 1 月 31 日 TL 站调车脱轨事故

1. 事故概况

1 月 31 日 3 时 20 分左右,TL 站车站值班员与机务段联系 40133 次机车情况,得知机务段库内没有机车,并通知了站调。5 时 40 分,TL 站三调在编发场 6 道编成 40133 次(编组 26 辆,计划 5 时 40 分开),驼峰调车长使用封锁按钮将 6 道封锁。站调在 40133 次没有机车的情况下,指示调车区长将 26029 次(4 时 07 分到)中白城以远的 8 辆车补编 40133 次。5 时 45 分,调车区长张某将 26029 次解体计划下达给信号楼信号长和驼峰调车长。6 时 20 分,驼峰调车长葛某将调车计划输入完毕,便去了厕所。

由于编发线紧张,站调请示调度员将三间房车流与哈南车流混编,调度员不允许。5 时 50 分,由于 5 道 44146 次没有机车开不了(44146 次是四平车流,准备 44146 次开后,5 道编哈南车流),站调再次请求时,调度员口头指示三间房车流与哈尔滨车流混编,于是车站调度员通知调车区长变更 26029 次解体计划。6 时 10 分,调车区长张某变更了 26029 次解体计划,1、5 道合并为 1 道下车(1 道开 22011 次排局车到三间房)。

6 时 22 分,车站值班员李某通知列检 6 道 40133 次作业,列检安设脱轨器后开始作业。

6 时 25 分,调车区长张某到驼峰调车长处送变更后的计划(两人在同一楼内),见驼峰调车长葛某未在(去厕所),调车区长张某未与任何人联系,便擅自将 6 道封锁条件解除,驼峰调车长回来后询问调车区长取消封锁条件告诉信号楼没有,调车区长说告诉了。随即驼峰调车长便将 26029 次解体计划重新输入微机,并开始作业。

6 时 32 分,26029 次解体作业进行到第 2 钩 6-5 辆时,溜放车组前端车辆轧上脱轨器造成前后两台车脱轨,于 11 时复救完毕。

2. 事故原因及教训

(1) 调车区长张某越权作业,擅自取消封锁条件,是事故发生的主要原因。

(2) 信号长蔡某在 6 道封锁的情况下,盲目接受了"空线西、4 道推 26029、6 道封口"的违章计划,特别是接受计划后,没有向车站值班员汇报,导致值班员没有通知列检人员,是事故发生的重要原因。

(3)车站调度员缪某在40133次编成后,在补编8辆车需要改变编发线使用的情况下,没有与车站值班员联系,导致车站值班员没有通知列检人员,是事故发生的次要原因。

(4)驼峰调车长葛某发现调车区长擅自取消封锁条件,在调车区长简单回答后,没有与车站值班员联系确认,是事故发生的又一原因。

在调车事故中,以冲突、脱轨、挤岔子三项事故件数最多,统称调车惯性事故。还有少数的其他事故,如碰轧脱轨器或防护信号,未确认连接状态造成列车分离,抢钩招致列车停车等。

一、冲突事故主要原因

在调车作业中,由于某种原因,造成车辆冲突,导致机车、车辆、技术设备损坏,人员伤亡,影响行车等均算为冲突事故。如其损坏程度虽未构成事故,但有很大危险或接近事故边缘,由此引起的货物整理、倒装、损坏的等均为事故苗子,应一并进行分析。造成冲突事故的主要表现及原因包括以下几方面。

1. 超速挂车或连挂

按《技规》规定,调车作业时,接近被连挂的车辆,不得超过5km/h,超过这个速度界限,就很可能造成调车事故。主要原因有计划传达不彻底或传达错误,发生漏钩;制动技术差,基本功不硬,观速、观距有误差;未执行十、五、三车距离信号或带车连挂;前端无人显示信号,以及夜间无人显示停留车位置信号;堵门车未按《站细》采取措施,制动控制不住;对溜放或驼峰解散车辆(组)制动不当,如未选好、试好人力制动机,未按规定使用铁鞋,操纵减速器不当等。

2. 车辆尾随

主要原因是车组前慢后快,特别是前组为难行车,后组为易行车,摘挂车时,未注意间隔而发生追尾;前停后行,前组车因拉风不彻底或未松开人力制动机以及空车内弯道阻力等各种原因发生途停,后组车来不及制动造成追尾。

3. 进入异线

由于错误地进入非指定线路(即进入异线),致使溜放车辆无人制动发生冲突。其主要原因有错排进路或错扳道岔;变更计划未彻底传达到有关作业人员;电气集中设备的道岔发生故障等。

4. 侧面冲突

侧面冲突对车辆破损危害很大,轻则小破,重则中破、大破、报废甚至脱轨颠覆堵塞数条线路。主要原因为前慢后快,间隔距离不够(一般规定为15m),抢扳道岔;车场两端同时作业,一端推顶车辆前端无人望或推送车辆未试拉、车组脱钩越过警冲标等。

5. 车辆溜逸

近年来,车辆溜逸事故的比重不断增加,且后果严重。主要是滚动轴承使车辆走行阻力减少;另一方面是线路坡度,随着清筛路渣不断变化,由于未按规定做好防溜措施,造成车辆溜走。其主要原因为空线溜放,无人防护,致使车辆溜走;当空线有坡度或刮风时调车,临时摘车,放置铁鞋不牢固,未拧紧人力制动机或未按铁路总公司规定实行"双保险"等。

6. 两端作业联系不彻底

对两端同时作业的调车区,由于未执行两端作业的联系办法,擅自越区作业或同时相对溜放、顶送造成冲突等。

二、脱轨事故的原因

【案例 3-21】 2007 年 10 月 25 日某站调车脱轨事故

1. 事故概况

10 月 25 日 16 时 05 分，56612 次轨道车（编组五辆，两端各一辆轨道车，中间三辆平车）由 JZ 方向到达 QP 站二场 1 道，准备进入工务线停留。16 时 09 分，Ⅱ场信号楼值班员尹某未执行分路不良区段作业办法，没有指派人员现场检查，就指示信号员杨某排列了由Ⅱ场 1 道去工务线的调车进路，16 时 11 分，当轨道车组越过 212 号道岔后，信号员杨某仅从控制台上观察红光带消失，就认为轨道车已全部进入工务线，在未执行车机联控制度、未确认轨道车行进位置的情况下，盲目将 212 号道岔恢复定位（脱轨器距离 212 号道岔尖轨尖端 66.08m），致使与 212 号道岔联动的安设在工务线上的脱轨器复位，轨道车组最后一辆轨道车后台车轧上脱轨器后脱轨，构成一起调车脱轨事故，如图 3-3 所示。

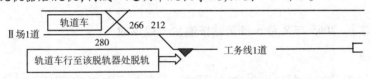

某站轨道车经 212DG、D212G 分路不良区段在工务线轧脱轨器脱轨

图 3-3 脱轨事故

2. 事故原因及教训

（1）职工作业严重违章。一是信号员严重违章。信号员杨某不执行调车作业钩钩联控制度，仅从控制台上观察红光带消失就认为轨道车已全部进入工务线，在不确认轨道车组具体位置，也未得到轨道车司机到达停车地点报告的情况下，盲目恢复 212 号道岔定位，导致轨道车后台车轧上脱轨器后脱轨。二是值班员严重违章。车站值班员尹某在明知工务线 212DG、D212G 为分路不良区段的情况下，不严格执行《行规》《站细》规定，没有按规定指派人员现场检查分路不良区段是否空闲，就指示信号员杨坤排列了由Ⅱ场 1 道去工务线的调车进路，轨道车组进入工务线后没有及时提醒信号员确认轨道车组是否已到达停车地点，在信号员盲目恢复 212 号道岔定位时也没有立即制止。

（2）干部监控严重失职。棋盘站分路不良区段较少，现有分路不良区段 5 处，全部集中在Ⅱ场。工务线 212DG、D212G 为常年分路不良区段，此处调车作业应是Ⅱ场的关键处所，值班干部应到场监控。但车站认为工务线作业量不大，没有把此处的调车作业列为关键点，没有引起高度重视，在这批作业中值班主任均未到现场，室内室外均无人进行监控。

（3）规章制度不落实。《行规》《站细》和车务段〔2006〕61 号业务通知都对轨道电路分路不良区段作业做了具体规定，车站也将轨道电路分路不良作业纳入了安全关键点，制定了控制措施，并制定了轨道车站内转线作业安全控制措施。但是没有一项得到落实，作业中，现场无人检查确认、钩钩联控制度不落实、自控互控完全丧失，而且值班员、信号员对作业办法掌握也不到位，致使这一安全关键完全处于失控状态。

（4）安全管理问题突出。一是信号员杨某由Ⅳ场调到Ⅱ场时间较短，但车站没有列为关键人进行重点包保，薄弱人员管理上失控。二是业务培训管理问题突出。传达了就等于培训了，知道了就等于弄懂了、会干了的问题十分突出。车务段〔2006〕61 号业务通知下发后，车站转至车间，车间只是利用点名会向职工进行了传达，没有进行有针对性的培训，致使关键作业岗位人员不知道、不清楚、不会干。三是班组管理问题突出。QP 站Ⅱ场信号楼值班员为大四班工作制，信号员为小四班，造成值班员与信号员在班次上不同步，班组管理、作业互控上存在隐患。

脱轨事故系指在调车作业中，发生机车、车辆的车轮落下轨面。此类事故如果发生在正线、到发线或咽喉道岔处，易堵塞正线，稍一不慎超过规定时间就会构成重大、大事故，严重干扰运输秩序，主要原因包括：

(1) 抢扳或错扳道岔造成途中转换。

(2) 忘撤铁鞋或压鞋后未按规定取出，挂车时又不检查即盲目牵出或推进运行。

(3) 使用铁鞋不当，造成卡鞋或跳鞋后脱轨。

(4) 货物堆放距离不够 1.5m（距站台边缘不足 1m），调车前又未认真检查；未检查确认防护牌或脱轨器是否撤除即进行调车等。

三、挤道岔事故原因

【案例 3-22】 2005 年 9 月 5 日某站挤道岔一般事故

1. 事故概况

9 月 4 日 20 时 28 分，43161 次（编组 58 辆，由苏机 DF4 型 3877 号机车担当乘务）到达××站 3 道停车。列车到后，在 3 道北头加挂了 4 辆。9 月 5 日 0 时，机车司机接到第二批调车作业计划。计划为 3 道单机出，1 道转头，3 道挂 7 辆，粮 2 摘 7 辆……0 时 20 分，作业进行至第 3 钩，转头进 3 道挂车后，机车压在 S3 信号机轨道电路上。0 时 20 分 45 秒，车站值班员呼叫司机："43161 次，压岔子出，前面调车信号好了。"司机复诵之后，调车员用调车灯显装置向司机显示启动信号。21 分 52 秒动车，22 分 8 秒压上 13DG，22 分 23 秒机车挤上 13 号道岔，车站值班员呼叫司机停车。

2. 事故原因及教训

(1) 车站值班员王某选排进路时，在机车压在 17DG 轨道区段不能正常选排 3 道至牵出线调车进路的情况下，没有指示调车人员将车推至 S3 内方，致使机车"走黑路"，同时未将 13 号道岔扳向正确位置，是造成挤岔子事故的主要原因。

(2) 调车长王某在未得到值班员通知的情况下，"看远不看近"，没有确认 S3 信号机的显示状态，只见到 D7 信号机显示白灯，臆测行车，盲目通过调车灯显装置向司机显示动车命令，是造成挤岔子事故的重要原因。

(3) 值班站长何某在 3 道停留车多的情况下，对整个作业过程缺乏安全预想，只想到下车检查防溜设施的撤除，忽视了对调车进路的确认，没有控制住作业的关键点，是造成挤岔子事故的重要原因。

凡是道岔开通方向不对，盲目向外牵出，造成车辆挤过或挤坏道岔就算挤道岔事故，此类事故约 90% 左右是由于错扳、忘扳道岔造成的。其主要原因如下：

(1) 扳道员未认真执行"一看、二扳、三确认、四显示"的扳道程序，关键是未加强确认即盲目显示开通信号。

(2) 调车人员未认真执行要道还道制度，盲目牵出特别是原路返回车列轧绝缘时，未联系彻底即盲目牵出。

(3) 电气集中的道岔溜放车辆时，由于速度高，保护区段不足，作业人员未加确认，盲目转换道岔。

（4）由调车人员负责扳动的道岔，未确认道岔开通位置或车列未停妥即盲目扳动或显示道岔开通信号。

（5）变更计划时，未彻底传达清楚，特别是已开放的调车信号，临时变更关闭时联系脱节等。

四、防止调车事故的主要措施

防止调车事故的根本措施是"遵章守纪"，按标准作业，要真正落实并能持之以恒，时时处处都做到认真负责。全路安全先进单位的重要经验，就是保证调车安全，在指导思想上必须牢固树立"安全第一、预防为主、综合治理"的思想，坚持"执行规章一点不差，差一点也不行"；在具体作业中，必严格做到"一钩一辆不马虎，一丝一毫不凑合，一分一秒不疏忽"。深入开展"严三控"（自控、互控、他控）"达四标"（上标准岗、用标准语、干标准活、交标准班）活动。

调车作业千变万化，活的因素多，因此挤、脱、撞惯性事故是人们攻关重点。通过对上述原因的分析，提出下列主要防止措施：

（1）调车计划内容必须正确、齐全、清楚。没有计划、计划不清、口头传达未复诵，不准作业。变更计划必须按规定停轮传达清楚。

（2）作业前，必须彻底预检线路、道岔和停留车状况，未经预检，不得作业。

（3）作业中，必须按规定显示信号，通话用标准语。没有信号，不准动车；信号不清，立即停车。没有十、五、三车距离信号不准挂车（单机除外）。严禁臆测作业。

（4）越区、转场必须联系好。两台机车同时接近一个进路道岔，要先防护一台，敌对进路未消除，不得撤除防护。

（5）推送车辆必须试拉。领车作业时不得中途下车，瞭望不准间断，不准超速运行、超速连挂、以撞代顶、提活钩。使用电台不准离岗指挥。

（6）溜放前必须选闸试闸，没有试闸良好的报告、溜放车组间隔距离不够或前慢后快有侧面冲突危险时，不准提钩，不准扳道。铁鞋制动必须做好检查、准备，严格执行一车三鞋制。驼峰解散、牵出线溜放，未得到准备妥当的报告，不准作业。

（7）车辆停留必须按规定采取防溜措施，车辆在中间站停留时，无论线路是含有无坡道和停留时间长短以及在调车作业中对临时停留在线路内的车辆，均应按规定采取防止车辆溜逸的措施。

在超过2.5‰坡度的线路上进行调车作业时，应有安全措施。没采取好防溜措施，不得摘开机车。

在中间站停留的车辆，要连挂在一起，拧紧两端手制动机，并以铁鞋、止轮器、防溜枕木等牢靠固定。因装卸车、对货位等情况，停留车不能连挂在一起时，应分组采取防溜措施。

调车作业机车连挂车辆前，应检查停留车的防溜措施，挂妥后再撤除防溜器具。摘车时，必须在车辆停妥采取防溜措施后再提开车钩。

推送及连挂车组后，必须确认前部车辆停稳，防止溜逸。被连挂车组距离警冲标不足50m及挂距尽头线不足10m，必须一度停车，采取妥善措施。

严格执行防溜措施的交接班检查及室内提示板揭示制度。

（8）调车作业必须实行单一指挥，少于2人不许作业，不足3人不准溜放。调车人员必须熟悉调车设备、周围环境和规章制度,未经考试定职人员不准单独作业。

(9)扳动道岔(操纵按钮)必须执行"四程序",未确认道岔开通位置,不准还道。未确认机车车辆越过联动道岔B端,不准手触A端作业。电气集中车站,未通知调车人员前,不准取消已准备好的调车进路。

(10)加强调车人员的培训工作,大练基本功,努力提高观距、观速、制动水平,认真学习基本业务知识和有关规章、办法,并组织定期的竞赛评比活动。

五、人身伤亡事故主要原因和措施

【案例3-23】 2007年3月11日某站职工重伤事故

1. 事故概况

3月11日8时30分,专3次到达BX车务段ND站进行调车作业。当作业至第11钩7道甩14辆,连结员闫某在提钩时,调车长王某临时变更作业分工,对连结员闫某说"你去2道准备南头铁鞋止轮,我自己牵出"。

9时34分,当作业到第12钩向2道推送8辆时,调车长王某确认D4信号开放,向司机显示起动信号。车列启动后,9时37分调车长王某在军专线小道口处,从车列前第二辆上车时,由于没有抓稳蹬牢,身体跌落,双脚进入车组间,将两小腿轧断,构成一起职工责任重伤事故。

2. 事故原因及教训

(1)调车长王某在7道牵出时,严重违反规定,自己1人单独作业,而且在上车地点(军专线小道口处)路面有积冰的情况下,精力不集中,蹬上第二辆敞车时,没有站稳抓牢,导致身体跌落车下,是事故发生的主要原因。

(2)连结员闫某对调车长违章指挥调车作业的行为,没有进行制止,也没有跟车作业,联防互控制度没有得到有效落实,是事故发生的重要原因。

(3)监控干部王某监控重点掌握不准,监控位置不当,车站调车作业不使用平面调车灯显设备,监控干部应在现场监控,但却在7-14后去机车上监控,导致对调车长一人带车作业的问题没有发现和制止,失去了监控作用,是事故发生的次要原因。

(一)调车作业人员伤亡的原因

在车务系统的职工伤亡事故中,调车人员占很大比重。调车作业中,调车工作稍有麻痹、疏忽或违章作业,就可能造成人身伤害,轻则伤,重则亡。常发生的有"挤、轧、掉"几种主要情况,其主要原因如下。

1. 轧

超速上下车,未选择好地点及车辆上下,横越线路不执行"一站、二看、三通过",不确认机车车辆有无移动,在车辆运动中进入线路内提钩、摘管,坐卧钢轨、枕木头,侵入邻线,徒手下铁鞋。

2. 挤

不确认、不联系、不防护进入线路内调整钩位,穿越小天窗,在装载易于窜动的车辆间和货物空隙间站立或坐卧,站在站台一侧作业。

3. 掉

在车辆行动中跨越车辆,使用对口闸,骑坐车帮,在棚车顶上或超出车帮的货物上站立或行走,多人站在机车同侧脚踏板上。

为防止人身伤害,必须认真贯彻《铁路车站行车作业人身安全标准》,特别严禁超速上下车;顺线路走时应走两线路中间;横越线路严格执行"一站、二看、三通过",进入线路调整钩位、提钩、摘软管应确认车列停稳,连挂机车作业时要与调车长联系彻底,做好防护方可进入;通过高站台应站在高出站台车梯上;穿越天窗要认真加强两头望;严禁在车辆行动中跨越车辆、骑车坐帮,或在棚车及超出车帮的货物上站立行走;上车必须抓牢站稳。

(二)调车人员作业安全

(1)调车长是调车组的指挥者,负责全组的人身和技术安全。接班前应对本组成员的服装、防护用品及精神状况进行检查,并布置安全注意事项。作业中应加强对组员的安全技术指导,随时掌握本组人员动态,对不注意安全的情况及时提示,予以纠正。

(2)调车长在制定调车作业方法时,应充分考虑技术安全。作业开始前,必须认真向参加调车作业的有关人员传达清楚,作业中途不得随意变更;如中途必须变更时,应先停车将变更内容向有关人员彻底传达后再开始作业。

(3)调车人员必须熟悉全站(作业区)的技术设备和作业方法,以及接近线路的一切建筑物的形态和距离,在作业中必须服从调车长的单一指挥,不得有任何违反。

(4)摘解车辆时,必须执行一关折角塞门,二摘软管,三提钩的作业程序。绝对禁止在车辆走行中进入钩档、道心提钩锁销、摘软管或调整钩位。连结软管时,必须等车辆停妥,并得到调车长准许,不准双足进入道心。遇两台机车编组同一列车时,应加强联系。

(5)在接近停留车时,应将速度降低到5km/h及其以下。在连挂车辆前,应了解停留车位置,注意车钩状态。遇钩位不正或钩销不良时,必须停车调整后再行连挂。调整钩位时不准探身两车钩之间。平车、低边车、罐车、客车及特殊用途等车辆,应注意端板支架、缓冲器、风挡及货物装载状态。

(6)调车作业显示信号不准侵入机车车辆限界,严禁站在邻线道心或枕木头上显示信号。

(7)溜放作业前,制动员必须按计划作好排风、摘管和试闸工作,检查人力制动机部件。对制动作用不良的人力制动机绝对禁止使用。

(8)如需拧紧折叠式人力制动机时,应于车辆停妥后竖起闸杆,将闸杆固定后再使用。要认真检查方套铁、月牙板、插销是否良好,如有异状,禁止使用。

(9)进行试闸工作和人力制动机制动时,必须正确使用安全带,做到"上车先挂钩,下车先摘钩"。凡是不能使用安全带的车辆,如平车、低边车、砂石车、罐车(有通过台安全栏杆者除外)等,一律禁止使用手制动机制动。

(10)上车前应注意车梯、手把杆、低边车的侧板和机车脚踏板的牢固状态。上车及在运行中必须抓紧、站稳。上下车时必须注视地面是否平坦,有无障碍,雨雪天气时应注意防止滑倒。上下平车时,因把手过低,注意身体不要被警冲标或其他障碍物打伤。

(11)溜放调车作业时,提钩人员应站在车梯上进行提钩。不准跟着车一边跑,一边提钩(驼峰作业除外)。严禁在车辆行进中抢越线路到外侧进行提钩。

(12)手推调车时,推车人员应在车辆两侧进行,不得位于两钢轨之间,并注意脚下有无障碍物,以免滑倒。

(13)去专用线取送车作业时,调车长应根据计划,于作业开始前指派专人检查线路有无障碍,大门是否开放,门钩是否挂好,以及线路两侧货物堆放情况。如不能事先派人检查时应在大门前停车,并确认无任何障碍后方可出入。单机或牵引运行时,严禁调车人员在机车前端坐立。

(14)在装卸线调车时,应注意线路两旁堆放货物有无倾斜倒塌现象。在车辆移动时,禁止在散装的货堆上走行或上下车。禁止调车人员登乘车辆穿越装卸机械(门吊除外)。在高路基(路基窄)的线路上作业时,必须停上停下。

(15)调车人员在作业中,应随时注意调车作业线上有无正在进行线路维修和清扫道岔等的工作人员以及其他障碍物等,并应确认车门及端侧板是否关好,装载货物有无不良、窜动或倒塌的危险。

(16)调车机车在到发线、修车线或装卸线上挂车时,应预先检查该线所设置的防护信号,待撤除后,方准作业。严禁调车人员擅自或代替上述作业人员撤除防护信号。

(17)使用铁鞋制动的人员注意事项。

①使用铁鞋制动时,要注意车辆及货物装载状态、注意邻线机车车辆,制动铁鞋使用后应放置指定地点。

②使用铁鞋叉子安放铁鞋时,应背向来车方向,弯腰不要过大,以免叉柄将人带倒或触及车辆。严禁徒手使用铁鞋。

③对有蹬梯、侧梁、支架、漏斗、侧柱以及车底结有冰柱的车辆,使用铁鞋叉子安放铁鞋时要特别注意。在夜间或天气不良的条件(风、雪、大雾等)下,应提前将铁鞋准备好,放好基本鞋,并严密注视车辆走行状况。

六、冬季调车作业安全

(一)冬季调车作业的特点

(1)在冬季,气温较低,车辆凝轴较多,起动阻力和运行阻力增大,这样就会影响调车速度和车辆的溜行距离。

(2)冬季冰雪多,钢轨滑,车轮踏面滑,铁鞋滑,机车的黏着牵引力降低,整列牵出时易打滑空转。铁鞋和人力制动机制动力减小、滑行距离延长。

(3)冬天天气严寒地带,冰面覆盖,调车设备容易发生故障。尤其是电气集中的车站,道岔易冻结,一些杂型车的部件钢材脆,容易断损,车辆自然停车多,如果在溜放过程中前后车组的技术间隔掌握不好,就容易发生撞车、挤道岔等调车事故。

(4)冬季风大、雾多、冰天雪地,调车人员穿戴较多,加上地冻打滑,行动不便,影响作业。

以上所述既是冬季调车作业的特点,又是不利因素。因此如何克服这些不利因素,战胜严寒对调车的影响,就要积极采取各项有效的防寒措施,确保行车和人身安全。

(二)冬季调车作业安全

1. 凝轴规律的掌握和活轴的方法

冬季气温低,轴油容易凝结,这给调车作业带来不少麻烦。一般来讲,到站解体列车若停留时间较长,车辆容易凝轴;另外,车辆段内的检修车辆以及货场、专用线装卸的车辆容易出现凝轴,所以解、编、取、送调车作业最好赶在凝轴前来进行。

在编解列车时,为了使凝轴变"活轴",以加快作业进度,一般采用"少拉、远走、快跑"的方法。调车组在解体凝轴列车时,应与司机事先加强联系,提高牵出速度,并尽可能牵出远些,以便"活轴"。

调车区长在编制调车计划时,也应考虑凝轴情况,采用坐编、活用线路及分部牵出的方法。对到达解体列车,应尽量做到随到随解。

2.峰上和峰下作业注意事项

(1)峰上作业

①变速,推峰速度的变化虽然是依照天气、风向、线别、车组等因素确定,但在冬季作业须特别注意天气、凝轴情况。一般原则是加大溜放速度,避免车辆中途停车和追尾。

②解体凝轴列车,应运用远程高速牵出,推进猛下闸的办法。即牵出距离要远,峰上推速要快,减速要猛下闸,这样可使凝轴变热轴。

③解体空车、难行车组以及轨面存有积雪时,采用峰上单钩溜放或第一钩顶送的方法,防止中途自然停车。对车数少、钩数少的车组,采用远距、快速、多组溜放。

(2)峰下制动

峰下制动除根据溜放车组的性能和下峰速度外,还应根据冬季制动时铁鞋脆、滑行距离长、车轮踏面滑、钢轨滑、车辆零件脆的特点,采用不同的制动方法。

①铁鞋的防滑措施。由于冬季冰雪多,铁鞋、轨面、车轮、踏面之间的摩擦力减小,车轮压上铁鞋时的冲击力很容易将铁鞋打掉,加上冬季铁质发脆,铁鞋容易折尖而掉鞋,极易发生事故。为了增大轨面、鞋底和车轮踏面间的摩擦力,防止掉鞋,可在轨面上撒砂。撒砂的方法一般是在鞋结冰下雪时,因车辆制动阻力减弱,铁鞋滑行距离长,容易被打掉,在安放铁鞋前,最好将轨面的冰或积雪除净后,撒上砂子。

使用完了的铁鞋,撒下来时不要放在冰雪上,应放在枕木头上,太阳出来后,将鞋底晒一下,以免鞋底结冰发滑。

②铁鞋的安放办法。冬季铁鞋和钢轨之间摩擦力较平时小,铁鞋滑行距离较平时长,因而安放基本鞋和辅助鞋时,应较平时放的远一些,为了保证安全和防止掉鞋,仍应采用双基本和远下基本近掏档的有效方法。另外,进行铁鞋制动时,既要考虑原存车距离,还应注意早、中、晚的气温变化情况。

③冬季调车作业,特别要做好峰上、峰下的互相配合,互相照顾。提钩制动员要认真检查车辆走行状态,连结员要做好峰中护闸,峰下制动员要实行邻线互相监督,搞好联防,以防追尾和自然停车。

④人力制动机制动时,首先要选好闸位。一般冬季应选车组前部车辆上易于望的人力制动机,同时要进行检查。检查闸瓦是否与车轮密贴以及有无冰雪和油污等,检查闸杆与闸链有无冻结情况。消除闸盘和掣轮掣子锤等处的冰雪。对折叠式手制动机要看闸杆能否竖起,方轴套、月牙板、插销等是否被冰雪冻结,确认能否使用。在使用人力制动机前需进行磨闸,磨掉闸瓦上的冰雪,以防制动力减弱。

(三)冬季调车作业的人身安全

(1)冬季调车作业时,衣服要穿暖和,穿得紧凑利落,不宜过厚,以保证调车作业时手脚灵活。帽子要有耳孔,手套要分五指,勿穿塑料底及带钉子的鞋。裤腿要扎紧。戴眼镜、风镜时不要戴口罩,以防镜片上凝结水汽,影响视线。

(2)下雪结冰时,调车人员脚下应捆草绳,以防滑倒。上、下车时,要选好地点,对经常上、下车的地段和峰顶提钩地段,以及机车脚踏板等处应清扫冰雪或撒上粗砂、炉灰等。下车时要注意防止衣服、手脚被挂住而发生危险。

(3)遇到刮风、下雪、下雾等不良天气,应尽量不要变更调车计划,并要认真检查线路、准确掌握速度,以保证调车作业安全。

(4)上车时必须手抓紧,脚站稳。下车时要注视地面,选好地点。不得超过《站细》规定的速度上下车。

第三节 停留车安全管理

【案例3-24】 万年水泥厂专用线车辆溜入正线事故(防溜铁鞋脱落)

1. 事故概况

2009年2月15日5时20分,万年水泥厂包装车间熟料线停留的9辆车装车完毕。5时57分,熟料放料工程某接到通知负责对车组进行防溜并提开调度绞车。其到现场后将铁鞋放置在存车新N6号道岔方向第三位后台车轮缘下。由于车钩提不开,程某在另一熟料放料工叶某操纵调度绞车牵引车组过程中将车钩提开。车辆脱钩后振动打掉铁鞋并溜逸,程某没有立即采取防溜措施。溜逸的9辆重车越过新N6、新N2、C3等十二组道岔,挤坏其中两组,走行1037.48m,撞坏企业牵出线挡车器,冲上土挡,造成2辆车(C62BK 4627779、C64K 1450205)脱轨。其中第一辆车前端左侧上部侵入皖赣线K481+652处限界1.5m,影响皖赣线正线行车。事故造成铁路线路损坏20m,车辆大破1辆,中破1辆,供电贯通线电线断100m,挡车器一个。

2. 事故原因

该企业无操作上岗证的人员违规操纵设备,违反调度绞车牵引重车不能超过5辆的规定一次牵引9辆重车,并且没有采取好防溜措施,导致车辆溜逸,是造成这起事故的主要原因。

列车摘下机车,即为停留,就应采取防溜措施。做好停留车的防溜工作,是保证铁路行车安全的重要基础。在《技规》中对停留车的防溜问题有如下规定。

一、机车车辆停留的线路及停留地点

机车车辆必须停在警冲标内方。

(1)调车作业中,车辆临时停在警冲标外方时,一批作业完了后,应立即送入警冲标内方。

(2)因特殊情况需在警冲标外方进行装卸作业时,须经车站值班员、调车区长准许,在不影响列车到发及调车作业的情况下方可进行,装卸完了后,应立即送入警冲标内方。

(3)安全线及避难线上,禁止停留机车车辆;在超过6‰坡度的线路上,不得无动力停留机车车辆。

二、机车车辆停留的安全措施

(1)装载爆炸品、气体类危险货物的车辆及救援列车,必须停放在固定的线路上,两端道岔应扳向不能进入该线的位置并加锁;临时停留公务车线路上的道岔也应扳向不能进入该线的位置并加锁。集中操纵的道岔可在控制台上进行单独锁闭。

(2)编组站、区段站在到发线、调车线以外的线路上停留车辆,不进行调车作业时,应连挂在一起,并须拧紧两端车辆的人力制动机,或以铁鞋(止轮器、防溜枕木等)牢靠固定。因装卸车对货位等情况,不能连挂在一起时,应分组做好防溜措施。

(3)中间站停留车辆,无论停留的线路是否有坡道,均应连挂在一起,拧紧两端车辆的人力制动机,并以铁鞋(止轮器、防溜枕木等)牢靠固定。因装卸车对货位等情况,不能连挂在一起时,应分组做好防溜措施。一批调车作业中临时停留的车辆,须拧紧两端车辆的人力制动机或以铁鞋(止轮器)止轮。

(4)编组站和区段站的到发线、调车线是否需要防溜以及作业量较大中间站执行上述规定有困难时,由铁路局规定。

(5)动车组无动力停留时,有停放制动装置的动车组,由司机负责将动车组处于停放制动状态;动车组无停放制动装置或在坡度为20‰以上的区间无动力停留时,由司机通知随车机械师进行防溜,防溜时使用止轮器牢靠固定。动车段(所)内动车组防溜办法由铁路局规定。

三、《行规》的补充规定

各铁路局为做好停留车的防溜工作,在其《行规》中对《技规》的规定进行了补充说明。以下以沈阳铁路局《行规》规定为例,掌握对停留车防溜能够有更深的理解。在沈阳铁路局《行规》第60条做出了如下规定。

(1)机车附挂车列停留时,应使机车自阀置于制动状态;机车附挂车辆停留处于停机状态时,机车乘务员须通知车站,至少有一名乘务员值守负责机车防溜,车站按规定在尾部车辆采取止轮措施;机车车辆在机务段(折返所、折返点、车间,下同)停留时,机务段制定防溜办法并纳入《段细》;机车、自轮运转特种设备出段(库)后及运行途中停留时,值乘人员不准同时离开机车和关闭空气压缩机,并对机车和车列实施制动。因机车(包括附挂车辆)故障等原因不能保压停留时,司机对机车采取防溜措施,并通知车站,车站对尾部车辆按规定防溜。

(2)路用(救援)列车、自轮运转特种设备及所挂车辆在车站无动力停留时,分别由司机、随乘人员负责按《站细》规定止轮;路用列车在区间或施工作业中不得无动力停留或摘开机车;自轮运转特种设备及附挂车辆在段管线停留时,按段管线所属段《段细》规定止轮。宿营车在临时铺设的线路上停留时,要切断与站内线路的连接,由使用单位负责防溜;宿营车在车站线路停留时,防溜措施执行三道防线。

(3)动车组装备停放制动装置无动力停留时,由司机使用停放制动装置防溜。无停放制动装置或停放制动装置故障的动车组无动力停留时,在车站由动车组司机通知车站,由车站使用随车止轮器防溜并进行明示,动车前,车站派人撤除防溜措施;在段管线内的防溜办法由相关段制定,维修或存放时必须采取防溜措施。

(4)列车本务机车摘开或需在车站调车作业、机车将客车底送至到发线,摘开软管前,摘解人员须与司机确认自动制动机达到最大减压量(不得采用紧急制动排风),并确认停留车辆中2辆自动制动机处于制动状态。未得到起动信号,司机不得缓解车列。

(5)编组站、区段站到发线上到达车列(终到解体的列车车站排风摘管作业完毕除外)、列检作业后的待发车体或出库客车底,停留在不超过2.5‰坡道线路且停留时间不超过60min时,不另采取防溜措施;其他情况停留车辆须拧紧两端车辆人力制动机或以铁鞋(止轮器、防溜枕木等)牢靠固定。停留在超过2.5‰的连续下坡线路时无论时间长短,还须在下坡端增加一道防溜措施。终到解体的列车,车站应在列检作业15min后,方可排风摘管,由车站负责采取防溜措施。

(6)货物线(包括到发线兼货物线的线路装卸作业时,以下同)、岔线、段管线与接发旅客列车的正线、到发线相衔接而无隔开设备或接轨处没有安全线在车辆溜出脱轨后能影响正线时,停留的车辆须拧紧衔接端车辆人力制动机,并以铁鞋和防溜枕木(或止轮脱轨器)防溜,非衔接端按规定采取防溜措施;与不接发旅客列车的正线、到发线相衔接而无隔开设备时,停留车辆须以人力制动机和铁鞋(防溜枕木、止轮器等)防溜。向衔接方向超过2.5‰的连续上坡道,可减少一道防线(中间站采取二道防线时除外)。

(7)列检作业期间的防溜由列检负责,需撤除车站已采取的防溜措施时,车辆部门需根据检修作业要求,采取安放铁鞋或拧紧车辆人力制动机的防溜措施,列检作业后须使车辆恢复到全列制动状态(不能恢复除外),并恢复原防溜措施,列检人员与车站进行防溜措施交接后方可离开。

(8)编组站、区段站的调车线、编发线停留车辆时,该线路两端车辆必须采取防溜措施(驼峰侧除外);平面溜放向牵出线方向上坡道时,连续解散车辆临时停留,可不采取防溜措施。

(9)中间站分组停留车辆时,两端车组外侧按规定采取防溜措施,两端车组内侧和其余车组两端须拧紧人力制动机或以铁鞋止轮。一批调车作业中临时停留车辆采取二道防溜措施;中间站客车底出库送到发线、旅客列车换挂机车需摘开机车时,车列两端以铁鞋止轮;调车线驼峰侧的防溜办法及设有调车线且调车线两端与正线、到发线有隔开设备的车站连续解散临时停留车辆的防溜办法,由车站制定并纳入《站细》。

(10)专运车辆挂上本列后、车列未挂机车前,防溜铁鞋须安放在距专运车辆后部约2m处的适当地点,并指派专人现场看管,待机车挂妥后,由看管人负责撤除。

(11)车辆停留应遵守以下规定:
①在坡度超过6‰的线路上,不得无动力停留机车车辆。
②中间站到发线不准停放闲置客车底。
③牵出线和岔线的走行线上不准停留车辆(临时倒调除外),特殊情况必须停留车辆进行装卸作业时,经铁路局批准,由站长派人监督装卸,并应设立装卸地点标。

(12)使用防溜用具必须指定安撤人,明确安撤时机与联系办法,并纳入《站细》。

(13)由车站担当专用线、段管线取送车作业时,由车站作业人员负责采取防溜措施,与专用线、段管线指定人员在《防溜交接簿》上办理防溜互签。车辆在岔线停留期间的防溜由所属企业负责;对岔线、段管线的防溜用具管理及车站取送车时的防溜办法,应纳入取送车《安全协议》,明确防溜措施和责任;段管线内的防溜办法由相关段按规定制定,并纳入《段细》。

(14)车站、岔线和段管线所属单位应分别配备数量足、质量好的防溜工具。防溜铁鞋应涂红色并编号,安装防盗铁链(调车场可不安装防盗铁链),根据需要设立防溜铁鞋箱,确定配备防溜铁鞋的数量,各单位制定使用、交接登记制度;一批调车作业中临时停留的车辆,使用铁鞋防溜时可不加锁(中间站到发线作业除外);尽头式线路的末端应安装挡车器(设有端部站台时除外)。车辆靠端部站台停留时,该端可不采取防溜措施。防溜工具交接,做到止轮地点、措施、数量清楚;一批作业未完,工具数量不符不得交接。接班人员应按分工对站内停留车防溜情况进行现场确认,发现问题,及时处理。使用或撤除防溜工具时,使用人将防溜措施采取或撤除情况,向负责人报告,并进行揭示,中间站在占线板上进行揭示,编组、区段站揭示办法由车站制定。要做到现场、揭示及工具存放状态一致。

(15)各类机车车辆的防溜措施,均须确认止轮牢固可靠。使用人力制动机或人力制动机紧固器防溜时,须拧紧制动机;使用铁鞋(止轮器)防溜时,鞋尖(止轮器)应紧贴车轮踏面,牢靠固定;使用防溜枕木防溜时,应在距停留车辆不大于5m处放置(采取三道防线时除外)。防溜枕木为贯通式,材质坚固,斜口夹角30°、深100mm、宽90mm,对防溜枕木应固定加锁。

(16)在设有接触网的线路上不宜使用人力制动机时,应以人力制动机紧固器代替。

(17)工务部门旧线复测后应将变化的车站平纵断面图提供给车站和机务段,由于施工等原因使线路坡度发生变化时,施工单位应及时向维修单位和车务段(车站)、机务段等使用部门提供资料。对超过2.5‰、6‰的线路变坡点由工务部门在钢轨上标注(正线、特别用途线、走行线除外)。

(18)各车辆段施修的各级修程车辆必须保证人力制动机配件齐全、作用良好;特、一级列检作业场应保证人力制动机良好、无破损。人力制动机故障的车辆或车组不能按规定采取防溜措施时,应与人力制动机作用良好的车辆连挂在一起,禁止单独停留。遇最外方人力制动机故障时,可顺延使用下一车辆人力制动机,车组两端仍须按规定采取防溜措施。中间站货物列车摘下人力制动机故障的车辆无其他车辆连挂时,经列车调度员准许,可将列车中其他人力制动机良好的车辆摘下连挂;不能摘下其他车辆时,不得摘车。

(19)遇有暴风雨雪等不良天气或位于大风地区的车站,应根据实际情况增加防溜措施。

【案例3-25】

1.事故概况

2001年9月11日2时32分,11068次列车进某站4道,全列27辆重车,计划4道单机南行,货物线+1,煤台线-1,货新线+8,4道连结开车。当班值班员马某、信号员张某、调车长曲某、连结员杨某。2时34分开始作业,调车长安排连结员去货物线扳道岔后,独自一人去摘开机车。调车长随机车南行去货物线作业,2时39分左右,信号员发现18/20号道岔区段出现红光带,进而发现4道无占用表示,值班员在确认4道停留车溜逸后,立即通知许家屯站值班员贾某,贾某立即呼叫正在通过的客车4218次司机,要求停车返回。停留在4道的27辆重车于2时39分溜入许万间上行线。

2.事故原因

(1)调车长严重违反《行规》第60条关于"摘车时,摘解人员要确认车辆自动制动机必须处于制动状态后,方可摘开机车"的规定。在作业中盲目图快,臆测行事,在未确认车辆自动制动机是否处于制动状态下,同时也未派人采取止轮措施的情况下,擅自提钩,是构成这起事故的直接原因。

(2)信号员违反《技规》第172条关于引向安全线、避难线集中操纵的道岔必须保持定位的规定,在11068次进入4道后,未及时将18/20号道岔恢复定位,致使4道停留的27辆重车经由18/20号道岔溜入区间,是这起险性事故的直接原因。

(3)连结员在调车作业中未执行《调标》、《站细》第80条关于到发线停留车辆采取两道防线的规定,对4道停留车根本没有采取止轮措施,是造成这起车辆溜逸事故的主要原因。

(4)值班员违反《技规》第172条关于引向安全线、避难线集中操纵的道岔必须保持定位的规定,没有提醒信号员将18/20号道岔恢复定位,致使4道停留的27辆重车经由18/20号道岔溜入区间,对这起事故负有主要关联责任。

(5)站长违反沈铁电运字(92)239号电报关于"利用本务机担当调车作业的中间站,值班的中间站长或值班干部必须亲自监督调车作业"的规定,对调车作业没有实施监控,对这起事故负有直接领导责任。

3. 事故教训

(1) 安全工作的关键点和重点环节没有得到有效控制,虽然确定了安全关键点和关键环节,但是在日常工作落实上流于形式,对安全生产的分析制度不落实,对安全工作的超前预想滞后,没有从根本上落实安全防范控制措施,特别是在调车作业中严重忽视了到发线停留车止轮问题的考核,导致了事故的发生。

(2) 安全出现断层,逐级负责制落实得不好,对中间站干部放松管理,管理考核不够严格,存在以感情代替原则的问题,有时对工作中出现的问题,没有进行认真解决和处理,存在迁就思想。中间站干部没有按照要求及时上岗监控调车作业,特别是夜间作业存在问题比较突出,使调车作业得不到有效控制。

第四节 行车调度指挥安全管理

【案例 3-26】 盲目指挥、严重失职,为列车追尾埋下隐患

1. 案例概况

2005 年××月××日 19 时 45 分,西安至长春的××次旅客列车通过京哈线新××站进入新××至××台子区间,违章解锁越过未故障的 4321 号通过信号机后,又违章解锁越过故障的 4333 号通过信号机,19 时 49 分运行至哈大线 K433+535 处,与前行的 33219 次货物列车发生追尾。

事故发生后,从事故发生前列车调度员的命令发布和指挥情况进行的回放中发现,19 时 29 分当 XCZ 车站值班员代司机请求要调度命令,允许 11103 次列车机车乘务员关闭监控装置通过故障信号机时,列车调度员×××没有制止这一严重违章行为,而是发出允许关闭监控装置的调度命令,先是只给命令号,不给命令内容,后又口头发布命令,既没有拟写命令内容,也没有作任何登记,违章指挥行车。在非正常情况下的指挥上,列车调度员安全意识淡薄,自 15 时 30 分 XCZ—XTZ 间 4333 号通过信号机故障时起至事故发生,列车调度员没有及时指示有关单位迅速恢复设备,且没有注意列车在车站到发及区间内的运行情况,盲目指挥行车,给事故的发生埋下了隐患。

2. 违反规章

(1)《技规》第 180 条第 3 款:注意列车在车站到发及区间内的运行情况,正确、及时地处理临时发生的问题,防止列车运行事故;

(2)《技规》第 181 条:指挥列车运行的命令和口头指示,只能由列车调度员发布。列车调度员在发布命令之前,应详细了解现场情况,并听取有关人员意见;

(3)《调规》第 58 条第 1 款:熟悉有关站、段及列车的技术设备、作业过程、各项技术作业标准及各站接发列车的有关规定,正确地指挥列车运行;

(4)《调规》第 60 条第 1 款:调度命令发布前,应详尽了解现场情况,听取有关人员的意见,书写命令内容、受令处所,必须正确、完整、清晰;

(5)《调规》第 60 条第 2 款:采用计算机发布调度命令时,必须严格遵守"一拟、二审核(按规定须监控人审核的)、三签(按规定须领导、值班主任签发的)、四发布、五确认签收"的

发布程序。受令人必须认真核对命令内容并及时签收。

3. 存在问题

透过列车调度员盲目指挥行车的表面现象，深挖根源，暴露出列车调度员在日常运输指挥中，没有真正树立安全第一的思想、安全与效率的关系被扭曲、工作作风不实、素质不高、业务能力低下等多方面的问题。

（1）安全第一的思想树立不牢

调度所作为路局运输指挥大本营，把握着全局行车指挥安全的命脉。我们在日常工作中虽然把安全问题经常挂在嘴边加以强调，但没有真正落实，导致部分调度员安全意识淡化，盲目图快、注重效率，置安全于不顾，违章命令不加思索张口就来，非正常情况下的运行指挥卡控不到位，违章蛮干，忘记了列车调度员的基本职责，安全意识严重弱化，使《调规》第58条关于"调度指挥，必须坚持安全生产"的要求流于形式。

（2）现场设备不熟，调度命令发布不规范

XCZ车站值班员代11103次司机请求关闭监控装置通过故障信号机的调度命令时，列车调度员由于对哈局机车设备情况缺乏了解，又没有作进一步的调查研究，而是在效率的驱使下，随意发布了有命令号，而没有命令内容的调度命令。命令发布后，直至事故发生后，列车调度员仍然不知道自己发布的命令的用途何在，不但没有制止司机的违章行为，相反使其违章合法化。

（3）执行规章制度不严格，盲目抓效率没有对列车运行情况进行监控

在事发当日15时30分，新城子—新台子下行区间4333号信号机故障，列车区间运行时间延长3～4倍，打乱了正常的运行秩序，由15时30分4333号信号机故障至事故发生，下行共有客货列车21列，列车调度员盲目抓效率，只顾多放行列车，在区间通过信号机故障的情况下，对故障区间多趟列车运行时间明显不正常的情况，没有引起重视和进行制止，没有履行列车调度员应履行的职责。

4. 吸取教训

（1）列车调度员必须通过TDCS系统或其他信息渠道，随时注意列车在车站到发及区间内的运行情况。

（2）必须熟练掌握有关站、段及列车的技术设备、作业过程、各项技术作业标准及各站接发列车的有关规定。

（3）遇须发布调度命令时应详细了解现场情况，并听取有关人员意见。

（4）要严格执行调度命令的发布程序。

（5）要杜绝调度指挥的随意性，正确、及时地处理临时发生的问题。

（6）列车调度员在当班中要保证精力集中，随时掌握列车运行情况，非正常情况和重点列车重点监控，发现现场的违章和错误行为及时予以纠正。

【案例3-27】 业务不熟，车站代行指挥，造成不良影响

1. 案例概况

××××年××月××日A—B的2190次列车，在××线（半自动闭塞区段）甲站2道通过时，因出站信号机突然关闭，致使2190次列车前部越过出站信号机停车。××台列车调度员，当接到车站值班员关于："2190次16分停在出站信号机1号道岔处，里一半外一半"的报告时，没有认真了解现场情况，对如何处理不作明确指示，而是由车站值班员代行指

挥,使列车退回站内,列车调度员发布了11702号"根据甲站值班员请求,现查明甲站至乙站间上行线区间空闲,准甲站使用故障按钮办理闭塞机复原"的命令。2190次20时31分开车。

2. 案例评析

(1)情况不清,盲目指挥,当得到2190次发生异常情况的报告后,未能及时、准确了解该列车的停车原因,停车位置及相关情况,违反《技规》第181条关于"列车调度员在发布命令之前,应详细了解现场情况,并听取有关人员意见"的规定。

(2)运用规章不准,违反《行规》关于"列车冒进关闭的出站、进路信号机或接车线末端警冲标,如不退回时,半自动闭塞区间已办妥闭塞和自动闭塞区间,不再发给行车凭证,由车站组织发车"的规定,2190次已办妥闭塞并开放甲站出站信号,虽然信号突然关闭,但闭塞手续并没有取消,根据列车实际运行情况不必退回,因而就没有必要退回站内并重新办理闭塞开车。

(3)处理问题不果断,对如何处理不作明确指示,由车站值班员代行指挥,违反《技规》第180条第3款关于"正确、及时地处理临时发生的问题,防止列车运行事故"和《技规》第181条关于"指挥列车运行的命令和口头指示,只能由列车调度员发布。"及《技规》第177条"行车工作必须坚持集中领导、统一指挥、逐级负责的原则"的规定。

(4)调度命令发布程序错误。在下达准甲站使用故障按钮的命令时,先发命令号,后发内容,违反了《调规》第60条关于"采用计算机发布调度命令时,必须严格遵守'一拟、二审(按规定须监控人审核)、三签(按规定须领导、值班主任签发的)、四发布、五确认签收'的发布程序"的规定。

3. 吸取的教训

导致处理不当的根本原因是业务不熟,对规章的理解一知半解。当得到2190次发生异常情况的报告后,应详细了解该列车的停车原因,停车位置及相关情况,在确知2190次因出站信号机突变导致停车且根据列车实际运行情况不需退回时,应及时指示甲站组织开车。这样不但减少了发布11702号命令的过程,更重要的是避免了2190次退行的安全隐患,而且减小了信号突变造成的影响。

铁路运输调度是铁路日常运输组织的指挥中枢,分别代表各级领导组织指挥日常运输工作。铁路运输调度担负着确保运输安全、组织客货运输、保证国家重点运输、提高客货服务质量的重要责任,对完成铁路运输生产经营任务,提高铁路运输企业效益起着重要作用。各级调度人员必须精心组织,科学调度指挥,努力增运增收、节支降耗。凡与行车组织有关日常生产活动都必须在运输调度的统一组织指挥下进行。行车调度指挥工作对于整个铁路运输安全管理起着非常重要的作用。

一、调度安全检查监控管理

1. 调度内部安全监控体系

由安全室牵头、工种调度室具体负责,对调度安全关键环节实施全方位检查监控把关。

(1)行车调度室设行调指导人员,负责分管调度台的施工组织、非正常行车处理、接触网倒闸及停送电作业、列车运行调整(专运、特运、军运、特警、超限、剧毒品、抢险救灾等重点列车)、调度命令发布、调图核对等安全关键环节的监控,监督、指导列车调度员正确执行规章、制度、措施、办法和作业标准。

（2）工种调度室设兼职安全员,由工种调度室主任担任,具体负责本工种调度安全关键环节的监控和安全教育、管理、分析、考核工作。

（3）调度班组设兼职安全员,由值班副主任、值班安全信息副主任担任,具体负责本班组各工种调度安全关键环节的监控和安全教育、管理、分析、考核工作。

（4）班中安全信息、安全问题,由班组兼职安全员（值班安全信息副主任）及时向安全室及相关工种调度室反馈。

2. 调度外部安全监督体系

安全室与路局各处（室）、运输站（段）间建立联系、沟通制度,定期收集与调度有关的安全信息,从中发现调度指挥存在的安全隐患,制定安全防范措施,及时通报相关工种调度室（班组）进行整改,并跟踪检查工种调度室（班组）及有关人员整改落实情况。

3. 监控包保分工

（1）安全室负责对工种调度室安全管理进行检查、考核、指导。

（2）工种调度室负责本室分管工种调度安全关键项点的检查、监控、包保（具体分工由工种调度室确定并报安全室备案）。

（3）除工种调度室对本室分管工种调度命令进行动态跟踪检查、考核外,安全室对行车调度命令进行全覆盖检查、考核。

二、列车调度员岗位监控要点

1. 阶段计划

（1）阶段计划（无 TDCS 区段或 TDCS 系统故障时口头方式）下达是否及时、准确、完整,重点是到开计划兑现情况,调度集中区段车站到发线使用是否正确。

（2）中间站甩挂作业计划安排是否合理、下达是否及时、内容是否完整。

（3）重点工作布置是否及时、到位。

（4）分歧方向列车是否与班计划、车站核对。

（5）临时变更列车运行调整计划且已接近执行时,是否及时采用口头方式布置（包括调度集中区段布置助理调度员核对进路序列）。

2. 调度命令

（1）调度命令发布前是否详细了解现场情况,并听取有关人员的意见。

（2）调度命令的受令处所是否齐全、准确。

（3）调度命令的内容是否正确、完整、清晰。

（4）采用计算机（含使用无线调度命令传送系统）发布调度命令时,是否严格遵守"一拟、二审核（按规定必须监控人审核的）、三签（按规定必须领导、值班主任签发的）、四发布、五确认签收"的发布程序;是否跟踪确认受令单位的签收情况。

（5）采用电话发布调度命令时,是否严格遵守"一拟、二审核（按规定必须监控人审核的）、三签（按规定必须领导、值班主任签发的）、四发布、五复诵核对、六下达命令号码和时间"的发布程序办理。发布、接收调度命令时,是否认真填记《调度命令登记簿》,并记明发收人员姓名及时刻。

（6）采用常用行车调度命令用语拟写的命令,计算机编辑时"用语"中未用到的字句是否删除,书面拟写时"用语"中未用到的字句是否圈掉。调度命令书写不正确时,是否重新书写。

(7)已发布的调度命令,遇有错、漏或变化时,是否取消前发命令,重新发布全部内容的调度命令。

(8)发布有关线路、道岔限速的调度命令,是否注明具体地点(包括站内线别、道岔号码)、起止里程及时间。发布事故救援命令有关线路、道岔是否注明里程。

(9)使用无线列车调度通信设备向列车发布临时限速运行的调度命令时,是否发给转达调度命令车站和进入限速地点前的第二个车站及关系站。

(10)挂运超限超重货物车辆列车、挂有限速机车(车辆)的列车及有运行要求(限速、禁入)的路用列车、自轮运转特种设备,是否按照限制条件发布调度命令。

(11)除《技规》明确规定以外要求发布调度命令的情况,是否按规定发布调度命令;是否以口头指示代替调度命令。

(12)发布救援调度命令是否符合规定。

(13)列车运行途中因故无运行揭示调度命令时,是否按规定向司机及时、准确发布。

(14)发布调度命令是否符合一事一令要求。

(15)在动车组运行的 CTCS-2 区段,有运行揭示调度命令的站内或区间遇有限速时,列车调度员是否提前发布数据格式的列控限速调度命令(进行列控限速设置)。临时产生的限速或提前发布的限速命令有变化时,是否通过调度命令无线传送系统向动车组司机发布限速调度命令并发布数据格式的列控限速调度命令(进行列控限速设置)。

(16)需交接调度命令是否利用《交接班记录簿》认真交接。

3. 施工组织

【案例 3-28】 施工命令叙述不清,同一区间同一时间两种闭塞法

1. 事故概况

××××年××月××日,根据施工日计划,丙站全站电务修改联锁施工,影响乙—丙—丁间上下行停用基本闭塞法改按电话闭塞法行车。如图 3-4 所示。

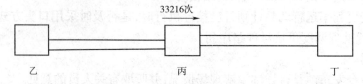

图 3-4 乙—丙—丁间上下行施工

列车调度员于 15 时 24 分发布了"根据丙站请求,自 33126 次列车丙站出站起至 16 时 30 分止,准丙站进行电务修改联锁施工。自 33126 次列车丙站出站起,乙站—丙站—丁站间上下行线停用基本闭塞法,改按电话闭塞法行车"的 61065 号调度命令。

由于未考虑列车的实际运行情况,生搬硬套常用行车调度命令用语,致使命令文本叙述不清,造成一个区间同一时间两种闭塞法。

2. 事故评析

33216 次列车 15 时 10 分按半自动闭塞法通过乙站进入乙—丙区间,丙站 15 时 26 分通过,也就是说 33216 次列车是按半自动闭塞法进入的丙—丁区间,而命令中规定:"自 33126 次列车丙站出站起,乙站—丙站—丁站间上下行线停用基本闭塞法,改按电话闭塞法行车。"这样造成 33216 次列车丙站按半自动闭塞进入丙—丁区间后,在丙站出站后该区间又停基改电,致使 33216 次列车在同一区间使用两种闭塞法行车。

3. 事故教训

车站电务施工,如相邻区间有列车运行时,对于不同的区间应根据列车的实际运行情况,在调度命令中规定不同的停基改电开始时间,而不应该笼统的下达,这样才能保证在同一区间、同一时间内一个列车有唯一的闭塞方式。

根据列车运行情况,上述命令应修改为:根据丙站请求,自33126次列车丙站出站起至16时30分止,准丙站进行电务修改联锁施工。自33126次列车丙站出站起,乙—丙间上下行线、丁—丙间上行线停用基本闭塞法,改按电话闭塞法行车;自33216次列车到达丁站起,丙站—丁站间下行线停用基本闭塞法,改按电话闭塞法行车。

(1)本班(包括跨班)施工日计划(维修计划)项目、停用设备及影响范围、限速及行车方式变化、设备变化等内容是否清楚。

(2)施工前列车运行调整计划编制是否合理、下达是否及时。

(3)是否按规定时间将车站报请的施工(维修)单位登记内容与施工日计划(维修计划)进行认真核对;施工调度命令是否提前20min下达。

(4)需行调指导人员(值班副主任)审核的施工调度命令是否执行审核后再下发的规定。

(5)封锁区间施工,由一端进入两列及以上或由两端站相对进入作业车时,调度命令中相互间的停车距离是否符合《行规》规定。

(6)电气化区段,列车在区间作业时,调度命令中是否注明作业时接触网是否停电。

(7)施工用的路料是否及时安排动力挂运并及时安排时间装卸。

(8)接触网停送电倒闸作业是否按规定程序办理;是否严格掌握倒闸作业时机;是否得到相关列车均已预告的报告后再通知供电调度员进行倒闸操作。

(9)施工前后有运行速度限制时,是否严格掌握列车编组、线路坡道、限制速度值及列车运行间隔、跟踪监视列车运行情况。

(10)施工结束(开通)前,是否将车站报告的施工(维修)单位销记内容与施工日计划进行认真核对无误且确认区间空闲后再下达施工结束(开通)调度命令。

(11)施工开始(结束)时,停用(恢复)基本闭塞法的时机是否准确。

(12)封锁施工开通后有第1、2、3……列限速要求的列车,列车调度员是否提前确定列车车次,并向相关列车转交调度命令(既有线调度集中区段必须交付书面调度命令)。

(13)是否严格执行月度施工计划中注明的"首次列车不准为旅客列车"的要求。

(14)临时取消施工日计划(项目)时,列车调度员是否向有关处所下达调度命令,有运行揭示调度命令的是否一并取消或取消后重新发布运行揭示调度命令。

(15)因施工提前、延迟或其他原因造成与运行揭示调度命令不符时,列车调度员是否在取消前发运行揭示调度命令的同时,向有关车站值班员、司机、施工负责人重新发布全部内容的调度命令。

(16)临时停止施工涉及运行揭示调度命令变化跨班时,有关列车调度员是否重点进行交接。

(17)有效的运行揭示调度命令是否按当日有效和跨日有效分簿保管;对跨日(跨班)有效运行揭示调度命令是否在《交接班记录簿》上按命令号码登记交接。

(18)接班后,对有效的运行揭示调度命令,是否与相关车站逐条进行核对。

(19)对滚动施工产生的限速,是否在每次施工结束前与现场施工负责人核对实际限速里程、限速值和限速值变更的起止时间,并与运行揭示调度命令核对。如核对不一致时,是否立即与施工调度室、有关机务段、施工单位进行核对;在未核准之前,是否按其最长的限速里程和最低的限速值向有关车站、有关列车发布调度命令。

(20)调度集中区段列车调度员是否按规定时间布置助理调度员设置(取消)封锁、停电;助理调度员是否正确及时设置(取消)封锁、停电,是否将施工开通后通过施工地点的第一趟列车取消自触。

4. 行车指挥

(1)机车乘务员超劳。

(2)旅客列车变更固定走行径路、动车组变更接车线。

(3)机外停车。

(4)调整失误导致途停等信号。

(5)同意跟踪出站调车、侵正作业是否符合规定,用语是否标准。

(6)特警运输是否严格执行调度所《特运组织办法》规定。

(7)剧毒品运输是否严格执行调度所《剧毒品货物运输管理办法》规定。

(8)超限超重、限速机车(车辆)、D型车运输是否严格执行调度所《超限超重货物、限速机车(车辆)运输管理办法》、《工程(路用)列车及自轮运转特种设备运行管理办法》规定;龙门架工程车、有运行限制的长轨列车是否按规定下达调度命令。

(9)路用列车上线前,行车台是否认真核对运行计划(包括核对轨道车车号)、及时组织放行。

(10)遇特殊情况路用列车临时上线运行无"运行揭示"时,列车调度员是否根据运行揭示调度命令向路用列车下达调度命令。

(11)列车运行途中遇跨越运行揭示调度命令有效时段或其他原因,造成列车运行没有可依据的运行揭示调度命令时,列车调度员接到司机报告后,是否在列车进入有"运行揭示"的区间(站)前的车站安排列车停车交付运行揭示调度命令,跨区段(局)运行时,是否通知相邻区段(局)列车调度员。

(12)调度集中区段进行操作方式(控制模式)转换是否符合规定。

5. 应急处理

(1)热轴处理是否严格执行调度所《车辆燃轴、故障处理办法》规定。

(2)接触网跳闸是否按规定进行故障判断、处理。

(3)接到危及行车安全的异常情况报告时,是否按调度所《危及行车安全信息处置办法》规定处理。

(4)接到列尾故障的报告时,是否在前方站停车处理。

(5)接到天气恶劣,信号机显示距离不足200m的报告时,是否及时向有关车站和列车发布"改按天气恶劣难以辨认信号办法行车"的调度命令。

(6)接到信联闭故障时,是否严格按调度所《信联闭设备非正常处理办法》规定处理。

(7)接到断轨报告时,是否按规定处理。

(8)接到机车"三大件"故障报告时,是否按规定处理。

(9)接到现场人员报告线路上有临时限速标志而没有运行揭示调度命令(也没有工务人员在车站登记临时限速)时,是否立即核准限速起止地点和限速标志上的限速值,并向有关车站和后续列车发布限速运行的调度命令,同时报告值班副主任;值班副主任是否立即与有关工务段(施工单位)联系,查明情况,及时处理。

(10)危及行车安全的临时设备抢修,是否按规定程序办理。

(11)对现场未经报告转为非常站控模式的情况,是否及时发现并处理。

(12)是否严格执行调度所《列车调度员联防互控要求》。

(13)其他非正常情况处理是否执行有关规定。

三、安全分析制度

调度所安全管理坚持"抓基础、抓制度、抓秩序",牢固树立各级干部和调度员"安全第一"的生产方针。

1. 安全分析职责分工

(1)调度所安全分析工作,由主管安全副主任统一领导,安全室负总责,工种调度室专业负责。

(2)调度所安全分析实行专业安全分析与综合安全分析相结合的安全分析管理体系。

(3)工种调度室对本室发现或收集到的本室分管工种调度安全信息、安全问题,由工种调度室兼职安全员(室主任)组织进行专业分析,制定整改措施,及时向安全室反馈相关情况并跟踪整改落实。

(4)安全室对日常发现和收集到的各类安全信息、安全问题,结合工种调度室的专业分析资料(报告),通过语音回放和TDCS回放记录,进行综合分析。

2. 安全分析内容

(1)日常分析

以《安全运输信息汇总表》、《安监报1》及内外部收集、反馈的安全信息为源点,重点对非正常行车处理、调度命令发布、施工组织、列车运行调整、超限超重及组合列车掌握、军专特运组织、机外停车、调度集中区段接发列车和调车作业组织等安全信息进行日常分析。

(2)专题分析

对日常分析中发现的安全典型问题,本着"四不放过"、"事不过夜"的原则,组织召开安全专题分析会,深入剖析问题产生根源,制定整改措施,形成专题分析报告(典型挂图或专题考核通报)。

(3)定期分析

以旬为时间段,对调度安全问题进行定期分析,归纳安全倾向性问题,制定整改措施,提出对专业调度室(班组)安全薄弱环节包保及监控建议,利用学习班时间进行集中点评、讲解,并跟踪检查专业调度室(班组)及有关人员整改落实情况。

3. 安全分析要求

(1)安全问题分析要坚持做到"六个必须"。

①过程分析必须对标。通过对问题发生过程中的每一个环节分析,查找都违背了哪些规章制度和作业标准,并全面分析规章制度是否健全,作业标准是否完善。

②原因分析必须引申。对问题的分析不能就事论事,要分析直接原因和间接原因,主观原因和客观原因,要从专业管理、规章制度、设备质量、人员素质、行车组织等方面深挖隐患。

③责任分析必须明确。要从发生问题涉及的工种间、台间结合部和管理原因入手,找准各相关人员存在的问题和管理漏洞,确定相关人员责任;对所有参加作业人员、涉及的管理

人员、包保人员都要分析并明确责任。

④教训分析必须深刻。要从问题可能发生的后果上去查找教训,要注重从同类问题发生的周期中去吸取管理方面的教训,要分析工作作风方面的教训。

⑤专业分析必须翔实。各专业调度室要通过分析收集的资料、语音回放、调监回放、有关人员叙述的情况等,还原问题发生的过程,从专业管理入手,全面分析问题存在的原因和应吸取的教训。

⑥问题整改必须到位。有关人员和相关室要针对分析出的倾向性问题制定有针对性的整改措施;要指定整改负责人,制定整改推进计划,明确整改期限,及时消除安全隐患。

(2)安全室、专业调度室对日常考核发现的问题,要及时进行跟踪分析(通报信息);对典型安全问题要形成专题考核通报(挂图);对非典型安全问题及时在调度所共享信息平台"考核"栏发布考核信息,确保问题剖析、整改的实效性。

(3)安全室建立安全分析台账,不断积累资料,形成调度安全分析资料库。

(4)安全室负责,技术教育室配合,选取典型安全问题,每年编辑一册《调度指挥案例》。

四、安全问题库管理

1. 调度所对较严重问题纳入问题库管理

为加强安全问题的管理,明确责任,及时制定措施,有效跟踪整改。安全问题库分为两大类,一是日常"两违"安全问题库,主要是指职工违反劳动纪律和作业纪律问题,分为调整工作岗位、离岗培训、联挂考核、批评教育类问题;二是其他安全问题库,主要包括行车设备、设施质量、安全管理、规章制度、职工岗位基本技能和培训教育等方面以及其他部门反馈的涉及调度问题信息库。

(1)"两违"安全问题以调度所考核管理网页为基本平台,坚持"谁发现、谁录入"原则,考核管理人员及时将检查发现的问题录入。每日14时由安全室专职人员负责录入经考核领导小组审核通过的较严重两违问题,纳入问题库。为保持安全问题管理的严肃性,考核管理人员严禁擅自对审核通过后的问题进行更改、删除。如确需进行更改、删除时,应向考核领导小组说明原因。

(2)各室人员在日常工作中发现的管理、设备、规章、教育培训等安全隐患问题及时上报本室(班组)主任,由各室(班组)主任将具体问题上报安委会领导小组,由安委会共同研究确定整改措施及整改负责人纳入安全问题库,责任科室负责实时跟踪问题整改情况,并上报安全室。对调度所内部无法解决问题经安委会研究确定后上报相关处室协调解决。

2. 安全问题以整改销号为闭环标志

(1)"两违"问题。对责任人按规定进行考核、追究视为闭环。

(2)设备质量问题。按现行规定采取措施,设备缺陷得到克服视为闭环。

(3)安全管理问题、职工素质问题、路外治安问题等。采取有针对性的措施,问题得到了切实解决或有效控制视为闭环。

3. 安全问题库坚持定期清理

"两违"问题对照月度工作质量考核,保持一致性按月汇总存档;涉及其他处室协调解决问题经整改负责人核实确定整改完毕的,进行问题存档后清出问题库,对未解决的继续纳入下月问题库,同时整改负责人对问题的整改情况存档备查。

第五节　电气化铁路行车安全

【案例3-29】　2006年10月12日××站电力机车接入无网区一般事故

1. 事故概况

2006年10月12日,根据接触网施工计划顺号6,5时20分至7时50分下行到达场2、3道、11道、14道接触网停电,禁止办理电力机车。6时25分NGL站向Ⅰ场值班员预告电46003次,值班员未认真核对车次,向信号员下达了电46003开放场外停车信号命令,信号员也未认真确认是否是电力机车,就办理了2道停车进路。造成电46003次进入××站一场14道无电区,烧坏电务设备及接触网,构成一起电力机车接入无电区事故。

2. 事故原因

(1)值班员在办理电46003次列车时,阶段计划、临站预告、临站报点、车机联控四个环节都明确是电力机车,而且临站在开车前还询问施工是否结束,在此情况下,值班员也没有引起重视,也不确认接车线是否具备接车条件。而是盲目地安排向无电区排列接车进路,基本的作业标准没有落实,是这起事故的主要原因。

(2)信号员在接到值班员临站开车预告后,就填记占线簿,在占线簿上写明了电46003次,而且在值班员车机联控时也是呼叫电46003次,但是值班员安排怎么排路就怎么排路,基本联控职责丧失了,是这起事故的重要原因。

电气化铁路是指电力机车作为牵引动力的铁路,与普通铁路相比增加了一套牵引供电系统。牵引供电系统主要包括牵引变电所、接触网和继电保护装置三大部分。

一、电气化铁路人身安全概述

1. 电气化铁路开通前应做好安全宣传教育工作

(1)在接触网送电前15天铁路局应将送电日期用书面通知路内外各有关单位。各单位在接到通知后,要立即转告所属有关人员。从此开始视为接触网带电,所进行的一切作业,均按接触网带电的要求办理。

(2)电气化铁路区段的各单位,包括通过该区段的客运段、列车段、机务段,除对有关人员进行培训外,还应根据《电气化铁路有关人员电气安全规则》、《接触网安全工作规则》、《铁路技术管理规程》和《行车组织规则》、《电气化区段行车组织办法》等有关规定,结合本单位具体情况,制定保证人身安全和作业安全的细则、措施,并组织职工认真学习,然后进行安全考试。取得安全考试合格证者,方可单独上岗作业。电气化铁路开通后,每年对职工仍需进行一次安全考试。尤其是车务、机务部门对隔离开关操作的人员,必须进行操作训练,取得供电维修管理中心颁发的合格证后,方准操作隔离开关。

(3)采取多种形式对路内外职工、家属进行宣传教育。例如:印发、张贴有关安全教育的宣传材料;播放有关电气化铁路安全常识的影视片;对通过电气化区段的押运人员发给"押运人须知"等书面材料等,都是保证人身安全,防止触电事故发生的有效措施。

2. 电气化铁路开通初期要注意加强电气化安全方面的宣传教育工作

据调查,有不少电气化铁路开通初期,由于部分职工和沿线附近居民,对架空式接触网及其相连接的部件带有27.5kV高压电,严重威胁人身安全的危险性认识不足,曾多次发生人员直接或间接使用非绝缘物件触碰接触网带电部分,造成人员触电伤亡事故。因此,电气化铁路开通初期,我们必须做好电气化铁路人身安全和作业安全的宣传教育,严格遵守电气化铁路《电气化安全规则》的规定,采取各种措施,预防触电事故的发生。

3. 电气化铁路开通初期容易发生触电事故的原因

电气化铁路接触网施工时,一般都是首先埋设杆塔,然后架网,最后才是送电开通。接触网支柱埋设后,支柱上即揭示"高压危险,严禁攀登"的警告语。然而,埋设地柱、架设接触网后,长则一年,短则数月后才能送电通车。人们对支柱上揭示的"高压危险"已经习以为常。接触网送电以前,可能有人已经有意、无意中触碰过接触网及其导线,但未发生触电事故。致使一些人误认为"高压危险并不危险"。这种错觉,为接触网通电后发生触电事故留下隐患。

接触网及其相连接的部件上是否有电,人们难以直观判断。所以送电初期如不加强宣传教育、不能做到"家喻户晓,人人皆知",加上一些人的误解和无知,就可能发生触电事故,一旦发现触电伤亡事故,人们真正理解到"高压危险"是千真万确的,这种认识过程的代价不是太大了吗?

4. 通过跨越接触网的天桥、跨线桥时,应注意的事项

天桥,跨线桥等跨越接触网的地方,距离带电部分较近,容易发生触电事故。为了确保人身安全,一般都设有安全棚,以屏蔽感应电流,为此,行人通过这种天桥或跨线桥时。严禁使用竹竿,棍棒,铁线等非绝缘物件,穿捅安全棚网,因为直接或间接与接触网带电部分接触,都十分危险,特别要教育电气化铁路附近的儿童,不要在上面玩耍,也不要长时间逗留。

5. 各种车辆和行人通过电气化铁路平交道口必须遵守的规定

(1)汽车和兽力车通过铁路平交道口时,货物装载高度(从地面算起,下同)不得超过4.2m和触动道口限界门的活动横板或吊链,装载高度超过4.2m的货物可绕行立交道口或进行倒装。

(2)车辆装载高度超过2m的货物上,通过道口时严禁坐人,待车辆通过道口后,再行上车乘坐。

(3)当行人持有木棒、竹竿、彩旗和皮鞭等高长物件,通过道口走近接触网下时,不准高举挥动。须使物件保持水平状态走过道口。

供电维修管理中心应将本条规定内容制成揭示牌,固定在道口两面限界门的右侧门框上。

6. 电气化铁路发现有人扒乘货车时的处理

有关部门曾三令五申,严禁扒乘货车,主要是为了防止人员坠车,货车被盗或受损,在电气化铁路上扒乘车时,还容易发生人员触电伤亡事故。因此,当发现有人扒乘货车时要严加制止。特别是从非电气化区段开来的货物列车,在进入电气化铁路前,接发列车人员应认真检查,发现有人乘坐在敞、平车装载的货物上或棚车车顶上时,应令其下车,劝其乘坐客车或将其安排在安全处所,以防列车进入电气化区段后扒乘人员触电。

如列车已进入电气化铁路,且停于带电的接触网下面时,应好言相劝,叫他们千万不要站立起来,提醒他们上方接触网有电,要俯卧式慢慢"爬"下来,必要时,应操纵隔离开关,使接触网停电后再令其下车。在接触网带电条件下,千万不要大声斥责、吓唬,以免引起他们害怕,站起来"逃跑"时触电。

7. 电气化铁路附近发生火灾时的处理

电气化铁路附近发生火灾时,就必须立刻通知列车调度员,电力调度员或接触网工区值班员,应遵守下列规定:

(1)用水或一般灭火器浇灭离带电部分不足 4m 的燃着物时,接触网必须停电,如用沙土灭火时,距接触网 2m 以上者,可不停电。

(2)距接触网超过 4m 的燃着物体,可以不停电用水浇,但必须特别注意使水流不向接触网方向喷射,并保持水流与带电部分的距离在 2m 以上。

二、防止电气化铁路区段职工触电事故的安全措施

1. 各岗位职工通用的安全措施

(1)凡涉及电气化铁路区段(以下简称电化区段)作业的各单位,都必须认真组织职工学习本措施,并经考试合格后方准上岗作业。对新改职直接从事电气化作业的职工。要将本措施纳入三级安全教育内容,通过安全教育合格后方准上岗作业。

(2)所有接触网设备,自第一次受电开始,在未办理停电接地手续之前,均按有电对待。

(3)在电气化区段,除专业人员按规定作业外,所有职工和所携带物件(如长杆、导线等)与接触网设备带电部分,必须保持 2m 以上的安全距离。

(4)在距离接触网带电部分不足 2m 的建筑物作业时,接触网必须停电,停电后安设可靠的临时接地线,并设专人监护,施工结束后,接触网工要确认所有工作人员都已进入安全地点,方可通知正式完工,并办理消令手续。

(5)在电气化区段,职工不准登上机车车辆顶部或翻越车顶通过线路。

(6)电气化区段所有接触网支柱应悬挂或涂有"禁止攀登"、"有电危险"警告牌。施工人员禁止在支柱上搭挂衣物、攀登或在支柱旁休息。

(7)在电气化区段,通过铁路平交道口的汽车,拖拉机等运输工具装载的货物高度(从地面算起,下同)不超过 4.2m 和触动道口限界门的活动横板或吊链。严禁在装载高度超过 2m 以上的货物上坐人。

(8)禁止通过任何物体,如棒条、导线、水流等与接触网的各导线及相连部件相接触(接触网特殊带电作业除外)。

(9)严禁向接触网上搭挂绳索等物,若发现接触网上挂有线头等物,不准接触。发现接触网导线断落时,人员要远离 10m 以外,并将该处加以防护,立即通知有关部门。

(10)如果接触网绝缘不良时,在其支柱、支撑结构及其金属结构上,在回流线与钢轨的连接点上,都有可能出现高电压,因此,平常应避免与上述部件接触,当接触网绝缘破坏时,禁止与之接触。

(11)用水或一般灭火器浇灭接触网带电部分不足 4m 的燃着物体时,接触网必须停电;距离接触网超过 4m 的燃着物体,可在接触网不停电情况下进行灭火,但水流禁止向接触网方向喷射。沙土灭火时,在距离接触网 2m 以上时,可不停电。

(12)对非电气化区段的有关人员临时进入电气化区段工作时,应由分配工作单位的负责人向有关人员传达电气化区段安全注意事项。

2. 调车及接发列车作业的安全措施

(1)在带电的接触网线路上进行调车时,禁止登上棚车(在区间和中间站禁止登上敞车)使用手闸制动,编组、区段站在接触网高度为 6200mm 及以上的线路上准许使用敞车人

力制动机时,不准踏在高于人力制动机踏板机踏板台的车帮上或货物上作业。

(2)禁止调车及接发列车人员直接或间接地(通过任何物体)接触接触网各导线,部件及电力机车的电力设备,列车上水不准水管朝上。

(3)当区间或站内(包括机车整备线,装卸线)接触网停电时,不得向区间或站内接发电力机车及其牵引的车列。

(4)登乘电力机车进行调车作业时,必须停稳后上下车。

3. 装卸作业和押运人员的安全措施

(1)在带电的接触网下,不准在敞车、平车、罐车等车辆(棚车、保温车、家畜车内除外)上进行装卸作业,不准用竹竿等测量货物的装载高度等靠近接触网的作业。

(2)装卸作业时必须在指定的线路上安全区域内停电进行。作业结束,值班员确认所有人员均已离开危险区域后,方准向接触网送电。

(3)在装卸货物线的分段绝缘器内侧2m处应埋设符合规定标准的安全作业标志,在标志外或非指定带有接触网的线路上,严禁登上车顶作业。

(4)装卸货物列车,不经有关部门批准不得超限,因装载加固不良需要整理时,必须在接触网停电后方准进行。

(5)在接触网未停电时,禁止吊车的吊臂在接触网下伸臂转动。

(6)各类罐车在电气化区段发现泄漏时,严禁人员上车处理,要将其牵引到非电气化区段处理,如情况紧急必须在电气化区段处理时,要立即通知供电调度,在接触网停电后方可处理。

三、电气化铁路车站行车人员作业安全

1. 电力机车进入接触网停电线路的危害

电力机车进入接触网停电线路主要有以下几个方面的危害。

(1)电力机车受电弓将高压电"带进"已停电的接触网上,危及正在进行停电检修接触网、整装货物作业人员的安全。

(2)即使接触网检修作业人员已撤离现场,但由于接触网未恢复到正常状态,有可能剐坏接触网部件或使机车受电弓受损。

(3)机车受电弓滑过分段绝缘时,可能烧伤绝缘,甚至烧坏隔离开关。

(4)如停电区域装设了接地线,用于防护作业人员安全时,将导致变电所断路器瞬间跳闸,该供电臂接触网停电,影响供电臂内各区段、车站列车的到发与运行。

因此,车站应采取各种安全措施,防止将电力机车及牵引的车列接入接触网停电的线路,确保作业人员安全和行车安全。

2. 防止将列车接入接触网停电的线路

车站为防止将电力机车及其牵引的车列接入接触网停电的线路应采取以下措施。

(1)挂牌制:在车站行车室内应由施工部门揭挂"接触网供电分段示意图"(改建后由供电维修管理中心提供)。站内检修、施工停电前,由施工负责人用红笔勾画出停电区域,施工完毕后抹消。停电后,车站值班员应在控制台停电股道的按钮上或《站细》规定的地点揭挂"停电"表示牌,恢复供电后及时摘下。

当区间接触网停电时,车站值班员应在控制台上停电一侧的始端按钮上揭挂停电表示牌。设有接触网终点的线路,应在控制台上该股道的接触网终点按钮上揭挂"接触网终点"

表示牌。

(2)加卡制:按照操纵台手柄的转动角度以及按钮按下的活动距离做成特制的"停电卡",当股道停电后,即在该股道的手柄或按钮上安置"停电卡",达到不能随意转动手柄或按下按钮的目的。恢复供电后,立即撤除"停电卡"。

(3)戴帽制:按照电气集中操纵台或手柄的大小、形状,用铁皮或硬纸制成按钮或手柄帽,当股道停电后,即在该股道按钮或手柄上"戴帽",达到不能随意按下按钮或转动手柄的目的,防止错办接车进路。该股道恢复供电后及时撤除。

(4)加锁制:非电气集中的车站,将道岔扳至不能进入停电股道的位置并加锁。

(5)检查确认制:车站接发列车人员在检查确认接发列车进路空闲时,一并检查确认隔离开关是否合闸送电,检查确认接车线上空接触网有无供电作业人员。

(6)微机联锁车站的具体措施在《站细》内规定。

3.接发列车作业应注意的安全事项

电气化铁路车站办理接发列车作业时,除严格执行接发列车作业标准,按照五项作业程序进行外,还要注意以下安全事项。

(1)立岗接发列车前,应从控制台上再度确认进出站信号的开放状态。这是因为:第一,牵引电流有可能干扰轨道电路,使已经开放的进出站信号自行关闭;第二,处于供电臂末端车站,接触网上的电压可能低于17kV,取自牵引电流的信号电源将低于180V,将导致信号机不能开放或自行关闭。为此,车站值班员开放信号后必须检查确认其开放状态;助理值班员立岗接发列车前,必须再度检查确认,防止列车在进站信号机外停车或在出站信号未开放时,显示发车手信号,危及行车安全。

(2)列车进出站时,除按规定检查列车运行情况外,运行前方有桥隧建筑的车站,要特别注意检查敞、平车上装载的货物高度有无突出、罐车顶部空气包的盖板是否翘起,篷布是否飘动,绳索是否松动。因为隧道内接触网高度一般低于区间,旧有改造的隧道接触网高度允许为5330mm,个别隧道内甚至低于5330mm,如货物超高或罐盖板翘起,加上列车运行中的震动,容易碰触接触网。轻则造成牵引变电所断路器跳闸,整个供电臂内各区间、车站接触网停电,影响列车运行;重则罐盖板碰触接触网发生火花,使罐内溅出的汽油燃烧,引起火灾或发生爆炸事故,其后果是十分严重的,飘动的篷布、绳索容易损坏线路一侧的接触网及其支柱上的接地线,甚至拉到支柱或造成列车脱轨。

(3)发现上述情况,对停站列车应将接触网停电整理或通知有关人员甩车后,将其送至接触网停电或未挂网的线路上进行整理;对通过列车,如危及行车安全时,应令其停车处理。

(4)对停站上水的旅客列车,要提醒列车员不要用水管冲刷车厢;上水完毕拔掉水管时,水管不能朝上喷射。因为一般的水能够导电,用水管喷射带有高压电的部件,容易引起人员触电事故。

4.货物检查与整理应注意的安全事项

(1)货物检查员、运转车长等在检查接收开往电气化区段的货物列车时,应向押运人员、回送的内燃机车的随乘人员宣传安全注意事项。如发现敞、平车装载的货物上面或棚、罐、保温车顶上有押运人乘坐时,应劝其下车,将其安排在棚车内;对押运人员在罐车盖上或敞车装运的货物上插设的树枝等标志物,应设法撤除。因为进入电气化区段后,由于这些标志物超高碰触接触网导线,会引起变电所断路器跳闸停电,影响列车正常运行的严重事故。

(2)在检查货物装载状态时,除按装载加固规则有关规定进行认真检查外,还要特别注

129

意检查货物装载高度、罐盖和篷布捆绑情况。如发现异状,应通知有关人员甩车并送至无网或停电线路上进行整理。严禁在带电的接触网下攀登车顶关闭罐盖、整装货物、紧固篷布绳索等。禁止用非绝缘竿尺检测货物高度。

5.站内接触网停电,区间接触网有电时的接车方法

在站内接触网停电,区间有电时,可采用列车滑行进站(或者通过车站)的接车方法。

(1)列车滑行进站(或通过车站时),在后方站向司机递交降弓滑行进站(或通过车站)的调度命令,司机在降弓标或降弓手信号前降弓滑行进站或通过车站。

(2)停电的接车站,接到列车滑行进站或通过车站的调度命令后及时开放进站(或出站)信号。

(3)原定滑行进站的列车已从邻站发出,接车站如因线路临时发生故障或其他原因,不能列车滑行进站时,车站值班人员应及时关闭进站信号,列车应在断电标前(分相绝缘器设在进站信号机内方时为进站信号机外方)停车。

(4)站内接触网有人作业时,检修施工负责人必须通知有关人员提前撤出作业区域。

6.站内接触网停电,区间接触网有电的发车方法

站内有非电力机车时,可用非电力机车担当补机(工作机车)组织发车。利用其他机车的本务机车(非电力机车)担当补机时,须发布调度命令。一般补机推送列车出站,只能在出站方向为平道、下坡道或不超过2.5‰的上坡道条件下进行。

(1)非电力机车担当补机,补机加挂列车前部时,将列车牵引至前方站摘下补机。

(2)由非电力机车担当补机发车时,补机不准越出站界。补机机车乘务员负责与列车尾部车辆连挂、制动软管的连接及试风。本务机车司机确认列车主管风压符合规定、出站信号机开放、行车凭证无误后,用列车无线调度电话通知车站值班人员,其用语为:"××车站可以推送发车。"车站发车人员按规定向推送司机显示发车信号,推送司机即可将列车推送出站,推送速度不得超过20km/h;前方瞭望由本务机车司机负责,遇有危及行车安全时,及时采取措施。当本务机车进入区间后,本务机车司机鸣笛一长声、两短声,通知补机司机停止推进,并制动机车,列车停稳后,调车指挥人负责摘解风管,提钩,具备发车条件后,向本务机车司机显示发车信号,列车按信号显示运行。

7.利用电力机车调车的规定

(1)利用电力机车调车时,有关人员上下车,应在机车停稳后再上、下。

(2)利用电力机车调车时,调车领导人需在调车作业通知单中注明接触网终点,电力机车距接触网终点标或停电的接触网分区绝缘器必须保持不少于10m的安全距离。

(3)电力机车在无网区摘挂车辆时,要有足够的车辆做"隔离车"后再进行摘挂。

8."长竿钓鱼"调车法的使用

"长竿钓鱼"调车法是指电力机车顶着一定数量的车辆作为隔离车,使车辆进入无网区(或接触网临时停电的线路)进行摘挂车辆、配对货位或担当救援,而电力机车本身并不进入无网区,始终保持在接触网供电的条件下进行调车作业的一种调车方法。

采用长竿钓鱼调车法应注意以下事项。

(1)要有足够数量的"隔离车"以保证钓鱼竿的足够长度,当电力机车推送车辆进入无网区或无电区进行调车作业时,保证电力机车受电弓与接触网终点标或分区绝缘器之间保持1到2车的安全距离。

(2)严格掌握推送速度,调车指挥人应在适当地点,根据机车受电弓与接触网接触终点

标或分区绝缘器的距离并根据调车车列前端与停留车的距离,正确、及时地向司机显示十、五、三、车距离信号,正确掌握推送速度,及时减速、制动停车,严防电力机车进入无电区或无网区。

（3）应在附有示意图的调车作业通知单上注明接触网终点标或分区绝缘器与无电停留车之间的距离,以及他们有关调车信号或最外方道岔尖轨尖端之间的距离,用于确定"隔离车"数,并便于司机和调车指挥人员正确掌握推送距离和推送速度。在附有示意图的调车作业通知单附注栏内标明××道无网××道接触网停电,以提醒有关人员注意。

四、防止触电伤亡知识

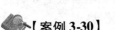

【案例 3-30】 ××供电段职工触电死亡事故

2011 年 3 月 29 日,××供电段 JZ 供电车间按照设备检修计划和停电作业工作票安排,组织××供电一工区和××供电工区作业人员对 JZ 至 TY 间贯通线路进行检修。9 时 30 分,负责变压器台检修任务的作业小组从桃园站箱式变电站开始,往 JZ 方向依次对 TY 道口双杆变电台、33 号杆单杆变台检修结束后,小组 9 人按车间技术员的指示,乘车来到汉口街百货公司货场内,在距自闭线 31 号电杆附近 50m 处停车。11 时 30 分,坐在后排的电力工马某独自一人翻越货场围墙,登上自闭线 31 号电杆,在杆上系好安全带后发生触电,送医院抢救无效死亡。构成一般 B 类铁路交通事故。

1. 常见的触电现象

电流通过人体叫触电。人体通过电流时,会产生各种不同的伤害,轻则手脚发麻、发热,皮肤被烧伤,外部组织受到局部损害;重则全身肌肉痉挛,呼吸困难,心脏停搏,直至死亡,这是最严重的触电事故。

常见的触电情况主要有以下几种:

（1）人体碰触带电的导体。
（2）人体碰触绝缘损坏的电气设备。
（3）人站在接地电流通过的地面上。
（4）人体与高压带电体之间不足规定的最小安全距离,形成带电体对人体放电。
（5）误操作时强烈电弧波及人体等。

2. 电击与电伤

电击是指电流通过人体时,人体内部组织受到破坏。当人体直接接触带电部分,通过人体的电流达到一定值(超过 10mA)时,就会使触电部分的肌肉抽筋,皮肤表面的角质层被破坏,人体电阻迅速下降;电流增加到 50mA 以上时,全身肌肉痉挛,呼吸困难,心脏停搏以至死亡。

电伤是指电流通过人体时,人体外部组织受到局部损害。有烧伤(又称灼伤)电烙印和皮肤金属化等几种。烧伤是由电流的热效应造成的。例如,带负荷拉隔离开关,强烈的电弧波及人体而产生烧伤;人体与高压带电体之间的距离小于或等于放电距离,带电体对人体产生放电电弧而烧伤,这时人体虽有较大电流短时间通过,但并不会引起电击。因为这种电流会将触电者击倒,使其远离放电体。但是,这种电伤往往严重烧伤人体,严重者也能致命。

3. 发现有人触电的应急处理方法

发现有人触电时,首先应使触电者迅速脱离电源。

(1) 如隔离开关距触电者较近,应立即拉开开关,切断电源。

(2) 如隔离开关距触电者较远,来不及切断电源时,救护人员应穿着绝缘鞋、戴上绝缘手套,使用绝缘棒将触电者脱离电源。

(3) 采用抛线短路法,即用一根金属导线,一端牢固地接在钢轨上,另一端抛挂在接触网上,迫使电源开关跳闸。抛线地点应距触电者靠牵引变电所一侧10m以外,并注意防止短路电流伤人。

没有切断电源以前,不要赤手直接或间接使用非绝缘物件接触触电者(此时已成为带电体),以防救护者本人触电。

在切断电源的同时,要做好触电者再次摔倒跌伤的防护措施。例如,触电者触电开始时由于肌肉收缩而紧握带电体;断电时,手就松开,就可能从高处跌下,加重伤势。

第六节 行车作业人身安全

【案例3-31】 "4·13"××站职工死亡事故

2011年4月13日0时10分××站北场二班六调开始进行第F002号调车作业计划共计8钩。作业人员:调车长金某、连结员贾某、制动员李某;调车机车DF5型1692号,调车司机常某。当作业至第6钩建二线+8时,按作业计划分工,调车长金某负责建二线挂8辆(距机转2号道岔57m)撤除西端防溜措施和牵引去东货线在机车上辅助瞭望;连结员贾某负责第7钩东货线+2辆停留车和线路的检查;制动员李某负责第6钩建二线+8辆尾部车辆撤除止轮和牵出后恢复机转2号道岔恢复定位。调车机第5钩电二线给32辆后,在专1号道岔折返经走行线去建二线挂8辆空车。0时55分24秒,调车机挂妥,李阳松开了最后一辆车(车号C64K 4863344)的人力制动机(后部第七、第八辆为对口闸),并向调车长报告。0时55分43秒车列牵出后,李某向调车长汇报"牵出好了"。调车长指挥机车牵出后走行371米(牵出过程中的最高速度12km/h),预计尾部已越过机转2号道岔(实际尾部越过机转2号道岔200m),但未听到尾部制动员李某呼喊"减速、停车"(恢复机转2号道岔定位)。0时58分10秒,调车长立即指挥机车停车,并用电台呼叫李某未应答,立即与连结员贾某一同顺线路寻找,在建二线距机转2号道岔70m处发现李某头朝东、脚朝西、面朝下,顺卧在南股钢轨外侧枕木头上,耳鼻出血,立即打120,并报告车站,李某被送至该市医院后抢救无效死亡。120出诊记录的伤情有口腔、鼻腔有鲜血流出,颈静脉波动消失,胸部变形塌陷,多处骨折,右胸壁有一长约2厘米的伤口。尸表检验的初步结论是胸部脏器损伤致死。根据监控数据和现场测量情况看,初步判断为制动员李某在车列牵出101m、速度为11km/h时,由尾部车辆上坠落,导致脏器损伤死亡。

对行车有关人员,应加强日常安全生产知识和劳动纪律的教育、考核,并有计划地组织好在职人员的日常政治和技术业务学习。

一、劳动安全管理

(1) 各级领导必须认真贯彻执行上级有关劳动安全的方针、政策、法令、规章制度、命令和措施,按照管生产必须管安全,谁主管谁负责的原则,督促、检查有关劳动安全管理的执行情况,做到计划、布置、检查、总结、评比生产的同时,定期分析、研究本单位、本部门的劳动安全工作。铁路局每半年、站段每月、车间(中间站)每旬不得少于一次。

(2)站段领导、车间主任、工班长要经常组织职工学习有关安全生产、劳动安全的规章制度,教育职工遵章守纪;组织职工进行班前预想、班中联防、班后总结。不得违章指挥、违章作业和违反劳动纪律。

(3)职工劳动安全教育应做到:

①对"三新"(新入厂、新换岗、使用新技术)人员,必须进行"三级"(站段、车间、班组)劳动安全教育。未经考试合格不准上岗作业;

②特种作业人员必须经过专业劳动安全培训,经理论、实作考试合格取得规定的操作证,持证上岗;

③各单位每年对干部、工人进行一次全员劳动安全的培训教育考核,不合格者不准上岗。

二、技术设备安全

(1)车站站长按规定时间及时负责组织有关部门进行行车设备的安全检查。

站内两线间的钢轨、枕木、道岔、车辆修配零件、工具等,均应摆放在指定地点,不得影响作业人员作业和安全。对于妨碍作业安全的问题,车站站长负责督促有关部门及时解决。危及行车或人身安全时,站长有权停止作业。

(2)各部门在站内施工,妨碍作业人员安全时,必须事先采取安全措施并取得站长同意,否则不得施工。施工完了时,施工单位必须将施工产生的障碍物及时清除,清理好站场。

(3)专用线的照明、有关设备和货物堆放距离,必须符合铁路规定和要求。危及行车和人身安全时,要及时通知企业进行整修。如短期不能进行整修时,车站应待其整修后再取送车辆。

(4)调车线的两条线路间及中间站调车组上下车地点,必须保持平坦并须设有充足的照明。

(5)距离线路中心不足3m的行车房舍,对向线路一侧门前,应安设防护栏杆。

(6)编组站、区段站和较大中间站的调车场应有饮水、热饭设备、急救药箱。在集中作业的场所附近还应设有厕所,夏季在待作业休息地点应搭设凉棚。

三、运输部门职工人身安全

本标准规定了铁路车站行车作业人身安全标准,适用于铁路总公司所属各铁路局的车站和工程局临管铁路局的车站。

【案例3-32】 "2·21"××站人身伤亡事故通报

2009年2月21日7时23分,N120次旅客列车司机肖某(××机务段SS9型0205号)向××站报告:"在上行进站道岔处将3名扫雪的撞上了"。经现场确认,3名被撞人员分别是××车务段××站党支部书记梁某(男、52岁)、值班站长王某(男、38岁),××电务段信号工长李某(男、42岁),梁某、王某当场死亡,李某受重伤。

2月19日××省大部分地区普降暴雪,为确保雪后畅通,20日夜××站安排党支部书记梁某、值班站长王某值班,负责道岔除雪工作。21日7时10分,梁某、王某与电务配合人员信号工长李某携带除雪工具去2/4号道岔除雪,并用除雪电台通知车站值班员刘某。7时

23分,N120次旅客列车运行至沈大线K389+140(4号道岔心轨)处将3人撞上,造成2死1伤。

1. 行车作业人身安全通用标准

(1)班前禁止饮酒,班中按规定着装,佩带防护用品。

(2)顺线路行走时,应走两线路中间,并注意邻线的机车、车辆和货物装载状态。严禁在道心、枕木头上行走,不准脚踏钢轨面、道岔连接杆、尖轨等。

(3)横越线路时,应一站、二看、三通过,注意左右机车、车辆的动态及脚下有无障碍物。

(4)横越停有机车、车辆的线路时,先确认机车、车辆暂不移动,然后在该机车、车辆较远处通过。严禁在运行中的机车、车辆前面抢越。

(5)必须横越列车、车列时,应先确认列车、车列暂不移动,然后由通过台或两车钩上越过,勿碰开钩销,要注意邻线有无机车、车辆运行,严禁钻车。

(6)不准在钢轨上、车底下、枕木头、道心里坐卧或站立。

(7)严禁扒乘机车、车辆,以车代步。

2. 接发列车作业人身安全标准

(1)应熟知站内一切行走设备,并随时注意使用情况,如遇设备发生异状或变化时,应及时通知有关人员并采取安全措施。

(2)接发列车时,必须站在《站细》规定地点,随时注意邻线机车、车辆动态。

(3)向机车交递凭证时,须面向来车方向,交后迅速回到安全位置。

(4)折叠式授受机树起后,必须插好插销,用完后及时恢复定位,接车时应站在授受机来车方向的前方。

3. 调车作业人身安全标准

(1)必须熟知调车作业区的技术设备和作业方法,以及接近线路的一切建筑物的形态和距离。

(2)上下车时必须遵守以下规定:

①上车时,车速不得超过15km/h。下车时,车速不得超过20km/h。

②在站台上,上下车时,车速不得超过10km/h。

③在路肩窄、路基高的线路上和高度超过1.1m的站台上作业时,必须停车上下。

④蹬乘内燃、电力机车作业时,必须在机车停稳时再上下车(设有便于上下车脚蹬的调车机除外)。

⑤上车前应注意脚蹬、车梯、扶手、平车、砂石车的侧板和机车脚踏板的牢固状态。

⑥不准迎面上车。

⑦不准反面下车(牵出时最后一辆除外)。

⑧上下车时,要选好地点,注意地面障碍物。

(3)在车列、车辆走行中,禁止下列行为:

①在车钩上,在平车、砂石车的边端或端板支架上坐立。

②在棚车顶或装载超出车帮的货物上站立或行走。

③手抓篷布或捆绑货物的绳索,脚踏轴箱或平车鱼腹形侧梁。

④在车梯上探身过远,或经站台时站在低于站台的车梯上。

⑤在装载易于串动货物的车辆间和货物空隙间站立或坐卧。

⑥骑坐车帮。

⑦跨越车辆(使用对口闸除外)。
⑧两人及以上站在同一闸台、车梯及机车一侧踏板上。
⑨进入线路提钩,摘管或调整钩位。

(4)手推调车时,必须在车辆两侧进行,并注意脚下有无障碍物。

(5)在电化区段,接触网未停电、未接地的情况下禁止到车顶上调车作业。在带电的接触网线路上调车时,禁止登上棚车(在区间和中间站禁止登上敞车)使用手制动机。编组、区段站在接触网高度为6.2m及以上的线路上准许使用敞车手制动机时,不能站在高于闸台的车梯或货物上。

(6)去专用线或货物线调车作业,须事先指派专人检查线路有无障碍物,大门开启状态及线路两侧货物堆放情况;事先派人检查有困难时,应在《站细》中规定检查确认办法。

(7)带风作业时,必须执行一关(关折角塞门),二摘(摘接风管),三提钩的作业程序。

(8)摘接风管、调整钩位、处理钩销时,必须等列车、车列停妥,并得到调车长的回示。昼间由调车长防护,夜间必须向调车长显示停车信号。

(9)调整钩位、处理钩销时,不要探身到两车钩之间。对平车、砂石车、罐车、客车及特种车辆,应特别注意端板支架、缓冲器、风挡及货物装载状态。

(10)溜放调车作业应站在车梯上,一手抓牢车梯,一手提钩,不准用脚提钩或跟车边跑边提钩(驼峰调车作业除外)。严禁在车列走行中抢越线路去反面提钩。

(11)车辆运行中,使用手制动机时,必须使用安全带。要做到"上车先挂钩"、"下车先提钩"。不能使用安全带的车辆,如:平车、砂石车、罐车、守车等,作业时必须选好站立地点。

(12)严禁使用折角塞门放风制动。

(13)使用铁鞋制动时,应背向来车方向,严禁徒手使用铁鞋,并注意车辆、货物状况和邻线机车、车辆的动态。严禁带铁鞋叉上车。

(14)单机或牵引运行时,严禁在机车前后端坐卧。

(15)使用折叠式手闸,须在停车时竖起闸杆,确认方套落下,月牙板关好,插销插上后方可使用。

(16)作业中严禁吸烟。

四、行车有关人员任职前培训及考核

【案例 3-33】 一般责任 B 类(死亡)事故

1. 事故概况

2012年2月28日11时45分,××机务段整备车间日勤保洁班组祝某(男,21岁)等7名整备工,按照车间副主任陈某指派,到达老架修库北门外14道,准备对DF4D型0030号机车进行保洁作业,15时01分,祝某登上机车后,从机械室天窗登上机车顶部,准备擦拭喇叭时,发生触电,当场死亡,构成一般责任B类(死亡)事故。

2. 事故原因及教训

(1)新职人员管理失控。××机务段没有将新员工作为重大的安全风险进行管理,没有按规定为新职人员选配师傅,签订师徒合同,劳动安全培训时间不足,考试严重走过场,造成新职工安全知识掌握不牢。参加保洁作业的7名职工均为上岗不足3个月的复员军人,车

间不仅没有指派有经验的人员带班,更没有指派干部监控。

(2)班组管理混乱。××整备车间有保洁人员75人,分为5个保洁班,但是车间没有配备工长,车间调度直接领导作业组,但是不履行工长职责,只是负责点名,对作业组实行放羊式管理,让不懂管理的新职人员管理作业组,让不熟悉现场情况的新职人员带班作业,车间干部在点名会也没有针对性地提示人身安全注意事项。

(3)干部违章指挥生产。××整备车间副主任陈某指派7名职工在带点的接触网下对机车进行保洁作业,没有明确指出不进行车顶保洁作业,不进行具体分工,不指派作业负责人,也不进行安全提示。

(4)职工违章作业。作业人员严重违反局《职工劳动安全作业防护标准》"电气化区段作业人员严禁登上机车车辆顶部"的规定,在接触网有电的情况下,盲目打开天窗,不确认车辆是否有接触网,就登上机车顶部进行保洁作业。

(5)劳动安全管理缺失。沈阳整备车间没有将防触电作为劳动安全危险源进行管理,没有制定针对性的控制措施。

(6)事故教训不吸取。2010年11月15日××机务段发生了职工登顶触电事故,但是沈阳机务段没有认真吸取事故教训,也没有采取针对性措施,更没有加大对车间检查指导力度,造成同类事故重复发生。

铁路行车有关人员,在任职、提职、改职前,必须经过拟任职业的任职资格培训,并经职业技能鉴定、岗位任职资格考试合格,取得相应等级的职业资格证书和相关岗位任职资格后方可任职。

在任职期间,应按规定周期参加任职岗位适应性培训和业务考试,考试不合格的,不得上岗作业。

(1)新提职的车站值班员、机车乘务员、车辆乘务员,必须具备相应专业中专以上学历,并参加任职前的岗位培训,经铁路局考试合格后,方可任职,其中新提职的机车司机必须经铁道部指定的培训基地进行理论培训合格,由铁路局组织实作考试合格后,方可提职。

(2)对行车主要岗位人员任职资格再确认的持证上岗考试,每年进行一次,不合格不准上岗。

(3)工班长在取得岗位技能培训合格证的同时,每两年要参加一次班组管理知识培训,经考试合格持"双证"上岗。

(4)行车岗位人员必须参加各类季节性和新技术的适应性培训,其中机车乘务员、车站值班员、车辆乘务人员由铁路局组织。

五、铁路职工劳动纪律、作业纪律

铁路职工必须做到以下事项。
(1)服从领导、听从指挥、遵守规章、执行命令,严禁各行其是。
(2)坚守岗位、遵守工时。严禁擅自离岗、换岗、串班、迟到、早退、旷工。
(3)忠于职守、工作一丝不苟。严禁当班闲谈打闹或做与行车无关的事。
(4)班前充分休息,有条件的站段应设置保休室,建立保休制度。
(5)严禁班中饮酒、打盹、睡觉、翻阅行车规章以外的书报。
(6)遵纪守法。严禁赌博、盗窃、寻衅滋事。
(7)维护生产秩序。行车重地严禁无关人员进入和寄存、堆放杂物。

(8)顾全大局,树立全局思想。严禁推诿扯皮、打乱运行秩序。

(9)执行职务时要按规定着装,做到整洁、利落,佩戴臂胸章,服务热情周到。严禁败坏职业道德、损坏路风路誉。

(10)行车指挥人员要以身作则,正确指挥,善于管理,对职工违章违纪行为要敢于批评,坚决制止。

思考题

1. 接发列车工作中,办理闭塞时应注意哪些关键环节?
2. 什么是线路空闲?如何检查线路空闲?
3. 影响列车进路的调车作业包括哪些?
4. 哪些情况需要引导接车?
5. 引导接车的办法是什么?
6. 什么是无联锁线路?
7. 造成双线区间列车反方向运行或双线改按单线行车主要原因有哪些?
8. 调车作业中,冲突事故的主要原因是什么?
9. 调车作业中,脱轨事故的主要原因是什么?
10. 防止调车作业事故主要应采取哪些措施?
11. 冬季调车作业有哪些特点?
12. 机车车辆停留需采取哪些主要措施?
13. 对列车调度员下达调度命令如何监控?
14. 对列车调度员行车指挥主要监控哪些内容?
15. 调度指挥工作安全分析包括哪些内容?
16. 电气化铁路开通前应做好哪些安全教育工作?
17. 发现电气化铁路有人扒乘机车车辆时应如何处理?
18. 电气化铁路附近发生火灾时应如何处理?
19. 电气化铁路调车及接发列车作业有哪些安全措施?
20. 利用电力机车调车是如何规定的?
21. 什么是"长竿钓鱼"调车法?
22. 触电情况主要有哪几种?
23. 职工劳动安全教育应做到哪些?
24. 行车作业人身安全有哪些通用措施?
25. 调车作业人身安全标准有哪些?

第四章 铁路货运安全管理

★ **教学目标**

本章主要讲述了铁路货物运输安全管理特点及意义;铁路货运安全保障体系;货运安全管理的方针及主要措施;货运事故处理等内容。通过本章内容的学习使学生了解铁路货物运输安全管理的特点及意义,了解货运安全保障系统的概念、基本思路和主要内容。掌握货运安全管理的方针、主要措施,掌握货运事故的定义、种类及等级。了解货运事故处理的作业程序及货运事故速报的拍发,了解货运事故的调查过程。掌握货运事故责任的划分,包括发生火灾、被盗丢失事故、损坏事故、污染事故、变质事及其他事故责任的划分。掌握货运事故赔偿责任的划分、赔偿要求的受理及赔偿权限的相关规定。通过案例分析,使学生吸取教训,总结货运事故原因,为将来铁路货运安全工作打下基础。

★ **建议学时**

8学时。

【案例4-1】

2008年3月某站使用罐车装运硫酸,装车前专用线货运员、企业运输员未按规定检查、确认车辆是否完好,罐车体存在不良情况未发现,按状态良好车辆装运货物。装车作业完毕后,站车交接、检查、验收时罐车体异常情况未发现,交接后挂运出站,在运输途中货检作业时发现货物泄漏,甩车处理。

【案例4-2】

某站2009年2月19日利用卸后棚车装运玉米,该车车门附近底板有长800mm、宽350mm漏洞,用竹垫铺盖。装车前货运员未对车底板整修情况检查确认是否符合安全要求,安放铺垫物后装运货物。在装车过程中装车人员踩踏竹垫导致铺盖窜动,货物在车底板处外露,在运输途中货检作业时发现货物泄漏,甩车处理。

【案例4-3】

某站2008年2月21日利用卸后车辆装运卷钢,车号C64K型4407064号到站牡丹江。装车前货运员、企业运输员未认真检查待装车辆,该车车底板凹凸不平问题未发现。装车时使用凹型草支垫装运卷钢,由于车底板凹凸不平,草支垫不能均衡分布在车底板上,货物不能稳固装载,以致在运输途中发生货物位移甩车处理。

货车选用不符合规定要求问题分析:

(1)装车前货运员(企业运输员)未按《铁路货物运输管理规则》(简称《管规》)规定检查车辆状态是否良好、是否符合运输要求。

(2)车体不良,整修使用的材料、整修方法未达到保证安全运输要求。

(3)车体状态不良车辆,整修后货运员(企业运输员)未对货车整修情况进行全面检查和确认。

(4)货运、装卸作业人员对状态不良车辆安全防范意识不强,不能主观做好安全防范工作。

(5)车站日常安全管理制度落实不够,日常管理不到位,对重点环节掌握不细,监督管理不够。

第一节 铁路货物运输安全管理特点及意义

【案例4-4】 ××装石围塘钢锭装载超高

1. 事故概况

1995年4月15日3时12分,1105次行至京广线下行武胜关至孝子店间K1029+336处,机后28~32位车辆颠覆,33、34位车辆脱轨,中断行车10h33min,构成货运责任行车重大事故。

2. 事故原因

主要原因是××站装石围塘钢锭(26~28位)装载6层,超过《铁路货物装载加固规则》(简称《加规》)"小钢锭可装3~5层"的规定。

一、铁路货物运输安全管理的特点

铁路货物运输主要是通过货物的位移来完成生产任务的,而货物的位移又是通过列车在高速的运动中实现的,它是一种长距离空间移动式的动态加工,需要管理高度集中,统一指挥多部门、多工种共同配合。铁路货物运输由运输、机务、车辆、工务、电务、车站等业务部门共同完成,要求在运输指挥方面实行统筹安排、统一领导、协调一致。所以,铁路货物运输安全的管理,一方面同其他运输业一样,客观存在着各种不安全因素;另一方面,由于铁路本身的特点,决定了铁路货物运输生产在安全上有其自身的特点。所以,要做好铁路货物运输安全工作,首先必须了解铁路安全生产的特点,然后,采取相应措施,确保运输质量,防止货物运输事故的发生。

(一)安全问题的普遍性

作为伴随生产而存在的安全问题,对于所有的生产部门、技术系统都具有普遍的意义,铁路货物运输系统也不例外。安全问题的普遍性主要表现在以下几个方面:

1. 安全的系统性

安全问题的普遍性涉及生产的各个环节、技术系统的各个方面,包括人、机、环境、管理等因素。特别是铁路货物运输这样的开放系统,安全既受系统内部因素的制约,也受系统外部环境的影响。因此,研究和解决安全问题应从系统观点出发,运用系统工程的方法,进行综合治理,才能收到更好的效果。

2. 安全的相对性

人类从事的各项生产活动,都有安全问题,都有发生事故的可能,所不同的只是发生事故的可能性有大有小,危害程度有轻有重而已。因此,安全是相对的,不是绝对的。但是,事故是可以预防的,安全管理在于消除各种隐患,采取对策,从而防患于未然。

3. 安全的依附性

安全依附于生产而存在,不可能脱离具体的生产活动而独立存在。也就是说,只要有生产活动,就会出现安全问题,就有可能发生事故,造成人员伤亡、财产损失。

4. 安全的间接效益性

安全生产的经济效益、社会效益是间接的、无形的,看不见、摸不着,难以定量计算。只有发生事故、产生了损失之后,才会感到它的存在,意识到它的重要。所以较难量化和评价,也容易在主观思想上产生松懈和麻痹。

5. 安全的长期性

伴随着生产的各种事故和不安全状况,往往会重复发生,安全工作不能一劳永逸。随着科学技术的进步和社会的发展,生产设备不断更新,旧的安全问题解决了,新的安全问题又会产生。所以,安全工作是一个长期的过程,必须坚持不懈,始终如一的努力才能取得成效,确保安全生产。

6. 安全的艰巨性

高新技术总是伴随着高风险。随着现代科学技术和自动监控设备在铁路运输中的应用,各种技术系统的复杂性增加,事故后果也越来越严重,因而安全工作越来越艰巨。

(二)铁路货物运输安全工作的特殊性

由于铁路本身的特点,铁路货物运输安全除了具有上述安全问题的普遍性之外,还有其特殊性,主要表现在以下几个方面:

1. 铁路是一架联动机,安全工作影响面广

铁路货物运输是由机务、车务、工务、电务、车辆、水电等多部门组成的一架巨大的联动机,昼夜不间断地运转,每个工作环节必须紧密联系、协同动作,才能确保安全运输。任何一个部门、一个环节出了问题都会影响货物运输的安全。特别是行车安全方面更为突出,一旦某个地方发生行车重大、大事故,就会影响一线、一片,甚至波及整个运输生产过程。

2. 铁路运输生产过程复杂,安全工作贯彻始终

铁路运送货物,要经过若干工序、若干人员的共同劳动才能实现货物的位移,各个工作环节都必须严格遵章守纪,才能确保货物的运输安全。因此,安全生产贯穿运输生产的始终,牵扯着生产环节中的每一道工序、每一个人。在生产过程中,只要某一个工种、某一个职工违章作业,就将造成行车事故、货运事故或人身伤亡事故。

3. 铁路运输不间断进行,安全生产受外界影响大

铁路货物运输生产一年四季昼夜不停地进行,这样,安全生产必然受到外界自然环境变化的影响,如天阴、下雨、刮风、下雪、下雾等,会影响机车乘务人员瞭望信号和观察线路情况,稍不注意就可能发生事故。到防洪季节,可能发生塌方落石,或线路、桥梁被毁坏,影响行车安全。寒冷季节,可能造成运输设备冻坏,影响安全生产。强烈雷电,可能毁坏或干扰通信、信号设备正常运转,容易发生重大的行车安全事故。

4. 铁路点多、线长,安全工作受社会环境影响大

铁路运输货物是通过漫长的铁路线及遍布在全国各地的车站完成的。因此,各地社会治安秩序的好坏,沿线人民群众对铁路安全知识的了解程度,爱路护路情况,都将影响铁路的安全生产。

5. 铁路是现代化交通工具,技术性强,安全风险大

铁路是现代化的主要交通工具,设备先进,结构复杂,因而技术性很强。各种机车、车辆、车站电气集中设备,调车设备,现代化的通信、信号设备,养路机械,修车设备,各类装卸、起重机械等,都要求操作人员掌握相应的安全技术措施和有关技术知识。因此,各类操作人

员都必须经过培训和严格考试,合格后才能任职,而且业务学习和考试必须成为一线作业技术人员和职工继续教育的重要内容。

6. 铁路运输生产是动态加工,时间因素对安全影响大

铁路运输货物是通过长大的高速列车发生位移而实现的。由于列车的速度高,线路开行密度高,因此,在作业时要求有关人员特别注意时间因素,要做到分秒不差,准确无误,才能确保运输安全,否则,一分一秒之差,可能导致重大、大事故。

二、铁路货物运输安全管理的意义

铁路货物运输安全是运输生产系统运行秩序正常,人员、货物和运输设备安全无损的综合表现。货运的安全对于社会的稳定、国民经济的发展、广大人民群众的生命财产、社会的民生工程、抢险救灾物资运输、国防建设以及国际贸易乃至国家形象都有着十分重要的意义。

1. 铁路货运在构建和谐铁路中肩负着重大责任

铁路是我国国民经济的大动脉和大众化的交通工具。铁路的性质、地位和作用,决定了铁路在国民经济建设中肩负着重大责任。建设和谐铁路,最基本的要求是确保运输安全。之所以是最基本的要求,就在于铁路作为大众化的交通工具、公共安全的重要领域,确保人民群众生命财产安全是铁路系统第一位的责任,是铁路运输服务质量最集中的体现,也是和谐铁路建设最重要的目标。

然而运输安全又是一项难度最大、不可控因素最多的工作,始终面临着严峻的挑战和考验,不仅取决于设备质量,而且取决于职工素质和管理基础;不仅取决于治安状况,而且取决于自然环境;不仅取决于系统内部,而且取决于外部条件。铁路运输安全不同于一般行业、企业的安全生产,其公共安全的属性更加突出,如果发生严重的安全问题,造成的损失更大,社会影响更恶劣,也必将使铁路改革发展的全局陷入被动。

现阶段我国正处在企业体制转换,生产方式转变,新旧设备交替,能源成分变化,市场结构调整,人员素质差距较大,国际贸易开放,市场竞争越来越激烈的背景下,给铁路运输的安全管理工作带来许多新的课题,如果不能妥善处理,不仅容易导致事故的发生,还会激化矛盾,影响社会安定。所以一定要加强对铁路货物运输安全生产的领导和管理,坚持"安全第一、预防为主、综合治理"的方针,扎扎实实地做好铁路货物运输安全管理工作。

2. 安全是铁路货运生产的生命线

安全与生产是密切相关的,是生产能顺利进行、完成和超额完成的重要保证。有生产就有不安全的因素,不抓安全就会影响生产。只有对生产中的不安全因素采取及时的、必要的组织措施和技术措施,加以防止或消除,才有可能保证生产的顺利进行,否则,就会发生各种事故,不仅使人民群众的生命财产遭受损失,铁路职工和运输设备受到危害,而且铁路本身的运输生产也要遭到损失。

我国进入市场经济以来,铁路、公路、水运、航空等运输方式之间的竞争十分激烈。这种竞争是社会主义市场经济发展的客观现象,它有助于各种运输业之间发挥各自的优势,不断提高服务质量,安全、迅速、准确地完成运输任务。

3. 安全是衡量铁路货物运输工作质量的重要指标

铁路货物运输的生产方式是通过长大列车在高速度的运动中实现的。它的产品是"位移",其计量单位是 $t \cdot km$、人 $\cdot km$ 或换算 $t \cdot km$。产品质量特性包括安全、准确、迅速、经济、便利和文明服务,其中安全最为重要。任何企业的产品只有从产地安全运送到消费地

后,才能实现其使用价值,产品的整个生产过程才算最后完结,运输产品"位移"的质量和社会价值也同时得到体现。因此,在运输产品质量特性中,安全是最重要的质量标志。

保证将货物完整无损地运送到目的地,正确地交付给正当收货人,是铁路货运部门的基本职责。铁路货运人员应该严格遵守规章制度,采取各种先进手段和防护措施,消灭事故,确保货物运输安全。一旦事故发生后,则必须按《铁路货运事故处理规则》的规定,认真、严肃地分析处理,划清事故责任,从中找出事故原因,吸取教训,采取有效措施,杜绝类似事故的再次发生。

4. 货运安全生产具有重要的经济意义

实现安全生产是搞好增收节支、提高经济效益的有效措施。铁路货物运输安全质量的好坏,直接影响社会的经济收益。如果铁路在运输过程中发生货运事故,可能造成被运物资的破损、丢失、变质、被盗等,致使货物丧失实用价值或降低原有使用价值,也会影响铁路自身的经济效益。另外,货运事故多,赔款率高,经济效益就会下降。货运事故浪费运输能力,增加铁路本身的消耗,也将最终在运输市场中失去中心地位。因此,事故是最大的浪费,安全是最大的节约,只有尽量减少或消灭事故,铁路的经济效益才能不断提高。

当前影响铁路货运安全的因素主要有以下几个方面:

(1)国民经济始终保持快速增长,对铁路运输的需求持续大幅度增加,铁路运输始终处于"瓶颈"状态,不断加大的运输负荷和运输强度,大大增加了保安全的难度。

(2)我国正处在工业化快速发展时期,危险品的生产量和运输量急剧增长。铁路一直是危险品的运输"大户",这给铁路运输安全带来的压力是巨大的。

(3)我国城乡居民生活水平不断提高,人员往来和物资交流快速增长,机动车数量大幅度增加,靠近铁路行驶和穿越铁路道口的机动车数量急剧增长,对行车安全构成极大威胁。

(4)我国是一个自然灾害频发的国家,这也加大了安全生产的难度。

在市场经济不断深入发展的今天,铁路要发展,必须要走向市场,这就更需要提高产品质量,确保运输安全,树立良好的铁路运输企业形象。当前,面对日趋灵活多变的市场需求,铁路通过运输管理体制、经营方式的改革,实行重载、提速、调图以及多元化经营,采用新设备、新技术,给运输生产提供了活力,同时也对安全运输提出了更高的要求。

5. 货运安全关系到国家的抢险救灾和民生工程

中央对铁路部门总体上提出了"保交通、保供电、保民生"的要求,确保每次抢险救灾等重点物资及时、快速地运输到灾区。在具体运输过程中,坚持实行"五优先"政策,即优先安排计划、优先配空、优先装车、优先挂运、优先放行,必要时可先装车后补计划。

铁路货物运输还关系到国家的民生工程。每年进入酷暑严冬季节,全国发电量屡创新高,耗煤量居高不下。铁路部门密切关注各大电厂电煤存耗情况,加大电煤装车组织力度和重点电煤合同补欠力度,确保不因铁路运输原因造成电厂缺煤停机。

6. 安全生产关系到国际贸易和国防军事建设

安全生产不仅是国内也是国际社会的永恒主题。因此,必须高度重视,采取相应防范措施。加强安全生产和安全管理,高度重视事故的预防工作,逐步实现与国际接轨。

军事交通运输是现代战争的重要组成部分,是后勤保障的中心环节。从一定意义上讲,现代战争就是打后勤,打交通运输,而铁路运输是军事交通体系中的重要组成部分。新的历史时期,由于战争进一步现代化,军事战略方针要求快速反应和综合保障,铁路运输作用也进行了调整,是部队远距离机动的首选和主要方式,是中、远距离物资运输的首选和主要方式。

第二节　铁路货运安全保障体系

【案例 4-5】　××装叶榭卷板防滑稻草垫烤焦

1998年8月29日16时03分,1614次列车行至WH至DXZ间K349+703处,机后26~37位脱轨(颠覆9辆、脱轨3辆),中断下行4h18min,中断上行15h58min,构成货运责任行车重大事故。

事故原因:××站装叶榭卷板过热将防滑稻草垫烤焦,失去防滑作用。

一、货运安全保障系统的概念

铁路货运安全保障系统是指配置在货运系统上,起保障货运安全作用的所有方法和手段的综合。一方面要保证货运系统内人员和设备的安全性,另一方面还要保证货运系统不会受到外部环境的威胁。

人、机、环境、管理等均会对货运安全造成影响,因而他们是构成货运安全保障系统的主要要素。货运安全保障系统是一个以管理为施控主体,以货运安全的直接因素(人、机、环境)为受控客体的控制系统,目的是实现某一时期的系统安全目标。从本质上讲,安全保障系统是一个以管理为中枢,以"人"为核心,以"机"为基础,以"环境"为条件组成的总体性的以保障系统安全为目的的人—机—环境系统。"管理"要素渗透到每一环节,促使各个要素结合成为一个整体。"人"既是"管理"的主体,又是"管理"的对象,"人"在系统中的主导地位不会变,可变的只是管理层次越高,其主导性越强。"机"是安全生产必不可少的物质基础,它只有在"管理"要素的作用下,与"人"和"环境"有机结合后,才能成为"现实的"生产力要素。"环境"是对安全有重大影响的要素群,环境影响安全是无孔不入,但其影响既可能产生正效应,也可能产生负效应。对安全而言,系统可以发挥"管理"要素的中介转换功能,即通过改善可控的内部小环境来适应不可控的外部大环境,以强化正效应或削弱其负效应,并创造保障铁路货运安全的良好条件。

二、货运安全保障系统的基本思路

建设和完善货运安全保障体系是涉及货运安全发展的重大任务,是适应提速新形势、规范货运安全管理、解决货运安全突出问题的重要举措,也是确保提速货运安全持续稳定的治本之策。

当前加快建设和完善货运安全保障体系的基本思路是:以确保提速持续安全为目标,坚持管理创新、流程优化、信息共享、系统集成、动态监控、全程考核的原则,以优化组织机构、健全完善规章制度、精细装载质量控制、强化危险货物运输管理、建设安全监控网络、提高职工队伍素质、严格安全考核机制为重点,全面强化货运安全管理,加快形成质量可靠、监控有力、管理有序的货运安全保障体系,实现货运安全全程有序可控,为推进和谐铁路建设提供更加可靠的货运安全保障。

三、货运安全保障体系的主要内容

(一)优化货运安全管理机构

高效、有力的货运安全管理机构是构建货运安全保障体系的组织保证。目前,国家铁路经营管理体制推行"一级法人,两级中心;责任分明,各司其职;系统管理,双向调节"的管理模式。其特点是:在地位上,明确铁路局作为唯一的法人实体和市场主体,是全局经营管理决策、生产指挥和经济效益的中心,站段则是成本管理的中心;在职能上,明确了铁路局对站段负有直接领导和管理责任,站段必须按照铁路局统一指挥完成各项任务;在管理上,明确了建立综合管理和系统管理相结合,以系统管理为主,纵横向协调的管理机制。

(二)健全完善规章制度

完善的规章制度和作业标准是构建货运安全保障体系的重要前提。在规章制度建设方面,结合铁路货运规章的宣传、贯彻和执行,深入推进各项基本规章的完善修订工作,突出围绕提速安全对货物装载加固、货检作业等提出的新要求,加强重点货物办理资质管理,完善装载加固材料以及装置的技术标准和技术作业,全面规范货检、装载加固、危险货物运输等货运安全作业标准。在规章制度管理方面,以货运规章文电管理、装载加固方案管理等系统为基础,实现铁路总公司、铁路局、站段三级规章文电、标准、资质、办理限制、限界管理、装载加固方案等相关信息的共享、网上查询、执行反馈等功能,建立规章文电动态修订制度。

(三)精细装载质量控制

全程控制货物装载加固质量是构建货运安全保障体系的核心内容,主要内容如下。

1. 严格车辆选配

装车站要严格遵守货车使用限制的规定,选用技术状态良好的货车,装、卸车单位不得随意维修车体及车门、窗等配件破损的货车。建立爱车工作长效机制,制定严格的考核制度,规范装、卸车作业管理,杜绝野蛮装卸损坏车辆的行为。

2. 严格装载质量控制

严格阔大货物等重点货物的办理站资质管理,不具备资质的严禁办理。装车站要严格按照确定的装载加固方案组织装车。杜绝滥加绳索、使用不可开启绳卡和到站割砍篷布绳问题,推广弹力篷布绳,严把篷布苫盖、绳索捆绑等源头质量。

3. 严格检查签认制度

严格执行交接检查签认制度,进一步明确散堆装、易窜滚、易脱落、可旋转以及阔大货物、集装箱的装载加固检查签认重点内容。严格交接检查,提高专用线(专用铁路)装卸车作业质量,杜绝装载加固不良的重车和未清扫干净的空车出专用线(专用铁路)。

4. 执行押运人管理制度

严格按照押运人管理办法组织押运。同时,建立押运人管理信息系统,实现对押运人的全过程管理,凡发生责任问题的取消押运资格,造成责任事故的要追究主管单位的责任。

(四)强化危险货物运输管理

建立完备的危险货物运输管理制度,实现危险货物运输有序可控。

(1)建立危险货物运输源头卡控制度,对未取得危险货物运输承、托运人资质的,未在铁路危险货物办理规定中公布品名的,新购危险货物车辆、开办危险货物办理站(专用线)未经过安全评价和运输综合评估的,一律不办理运输。

(2)设立装车作业监督制度,设立危险货物装车监督岗位,对危险货物的装卸工作进行实时监控,避免危及货物安全的状况发生。

(3)完善危险货物运输应急救援制度。完善危险货物运输应急预案,重点装卸车站、编组站应配齐基本应急救援器材,在办理危险货物的铁路车站、专用线(专用铁路)要配置危险货物检测和防爆装置,建立定期应急救援演练制度,提高实战能力。

(4)建立危险货物运输信息管理系统。通过与货运营销及生产管理系统(FMOS)、货票等系统的信息共享,实现危险货物运输计划审批、车站承运、在途追踪和卸车交付的全程管理。加快危险货物运输事故应急救援管理的信息化进程,实现事故救援预案、救援能力管理、救援方案生成、事故信息传输等信息化集成管理,从而掌握应急救援资源,及时高效施救。

(五)建设安全监控网络

人机联控的货运安全监控网络是构建货运安全保障体系的重要组成部分,主要内容如下。

1. 强化货检工作

以推进标准化货检站建设为载体,强化对火车门窗盖阀关闭、货物装载加固状态以及篷布、篷布绳网的苫盖、捆绑状态等情况的安全检查,落实货检区段负责制。强化路网型货检站货检车间管理,充实货检力量,动车组开行区段的货检站要严格按照双人双面的要求尽快配齐货检人员。严格作业流程,实现货检作业的精细化管理和集中监控,加强与调度的联系,提高作业的计划性,明确作业重点,提高货检作业质量和效率。

2. 完善货运安全监控网络

加强货运安全视频监视系统的建设和运用管理,拓展、完善系统功能,制定相关技术条件和运用管理办法,实现铁路总公司、铁路局、站段三级货监调度台专人24h实时监控处置。加强货运计量安全检测监控系统建设,如在路网型货检站配齐超偏载检测装置、轨道衡、危险货物检测仪等货运计量安全检测设备,完善补强既有超偏载检测监控系统;进一步加强既有动态轨道衡的联网监控,加强超偏载检测监控系统和铁路货车运行状态地面安全监测系统(TPDS)的互联互通,实现信息共享;加强装载站(专用线、专用铁路)安全监控系统建设,在全路大型货运站逐步推广货运安全集中监控模式,实现从站场作业到交接车全过程可视化实时监控、集中管理;加强货检安全集中监控系统建设,将货检站既有货运安全计量检测设备和安全管理信息系统整合、集成到一个管理系统,完善集中监控、实时监测报警、到达列车语音自动提示、数据综合处理等功能,实现从列车进站预检到列车出发的全程视频监控管理。

(六)提高职工队伍素质

加强职工培训管理,提高职工的安全意识,增强职工的责任心,建设高素质的职工队伍是构建货运安全保障体系的重要基础。

1. 增强安全意识

牢固的安全意识是货运安全的重要前提和保证,它是广大干部和职工对货运安全的认识、情感和态度发展到严于律己时的思维定式,是形成安全动机和行为的先决条件。增强个人安全意识可确保安全自控,增强群体安全意识可实现安全互控和联控。要充分发挥各级机构党团组织的先锋带头作用,调动各种宣传教育手段,主要有以下途径。

(1)坚持正面教育

不断进行安全教育和定期培训,使广大职工正确认识并处理好安全与效益的关系,安全与国家、集体、个人之间的关系,安全与自控、互控、联控之间的关系,使安全意识的能动性得到充分发挥。

(2) 强化三种安全管理意识

一是人本意识,人是安全生产中最富有主观能动性、创造性和积极性的要素。二是长远意识,应警钟长鸣。长治久安是安全运输的根本所在,来不得半点松懈和麻痹。三是辩证意识,硬性制度、严格检查和加大奖惩力度是必要的,但更需要在提高职工队伍综合素质及促进安全习惯行为的养成上下功夫。

(3) 通过典型示范

使班组成员学、比有榜样,赶、超有对象,牢固树立"安全生产光荣,违章违纪可耻"的观念,自觉为安全生产多做贡献。充分发挥班组优良作风和集体荣誉的作用,加大制度和纪律的约束力,增强群体一致向上的凝聚力,形成"要我安全变成我要安全"的氛围。

(4) 完善激励安全动机

鼓励职工忠于职守,努力工作,在安全生产上取得成绩,并获得应有的奖励,从而使他们在精神和物质上得到满足。如果因违章违纪造成事故损失,就应在受到惩罚后,通过认真总结经验教训,避免事故再次发生。

2. 加强业务培训

建设功能完善的职工培训基地。依托装载加固、危险货物运输技术咨询机构,发挥职业学校的培训功能,对货运从业人员实行普及和强化培训,每年对从事装载加固、危险货物运输、货检等重点岗位工作的货运职工培训,进一步加强新设备、新技术应用的短期强化培训。大力推行培训考核结果与任职资格联挂制度,严格持证上岗制度。

3. 完善安全考核和监察机制

加快建立安全分析预警机制,以考核促防范,从源头上杜绝货运安全隐患。细化考核标准,量化考核项目指标,明确一票否决内容,实现对货运安全的客观公正评价,采用评比、表彰、通报等多种形式,以创建标准化货检站、加强超偏载等系统运用管理和检测情况考核等为重点,将危及货运安全的问题一律纳入考核。同时,进一步加强领导负责制、逐级负责制、专业负责制、岗位负责制的落实,严格责任追究制度,运用经济、行政、法律等手段加大对安全问题的考核处理力度,确保问题责任落实到人。

完善货运安全监察制度是构建货运安全保障体系的外在保障。它是由专业的、规范的安全监察机构对职责范围内的货运安全工作进行监督和检查。各级铁路安全监察部门,负责对各级货运安全工作实行严格的监察,维护货运安全法规,促进路风建设,保证安全正点、优质高效地完成货物运输任务。

第三节 货运安全管理的方针及主要措施

【案例 4-6】 ××站违反方案单排顺装辽源钢板

1. 事故概况

2002 年 7 月 16 日 3 时 31 分,33035 次列车行至 SM 线 HF 至 DS 间 K22+130 处,机后 13 位全轮脱轨,构成货运责任行车险性事故。

2. 事故原因

××站发辽源捆钢板 C64 4812881 板宽 1250mm 单排顺装,违反部 070210 号定型方案(双排顺装)之规定。

一、货运安全管理的方针

铁路是国民经济的大动脉,它通过完成社会产品流转的运输任务,在整个国民经济中起着桥梁和纽带的作用。为此,要求铁路运输必须保持安全畅通、迅速及时、经济便利,确保整个社会的生产、流通、消费等环节紧密相连,保持稳定。由此可见,搞好货物运输安全,对国民经济的发展和人民生活改善,对社会主义建设和国际的经济交往,对国防现代化建设,对铁路自身的经营效益,对国家、社会财产安全和广大铁路职工的生命安全,都有着十分重要的意义。

安全生产是铁路运输工作的永恒主题。铁路货运安全应本着"安全第一,预防为主,综合治理"的方针进行管理。

货运安全管理工作应遵循预防为主、处理为辅;以事实为依据、以规章为准绳;秉公而断、依法办事;奖惩分明的原则。

二、货运安全管理的主要措施

(1)加强货运设备的管理和养护维修工作,消除设备隐患,使设备经常保持完好。

(2)重视对职工的教育,有计划地开展岗位技能培训,组织学标、对标、达标和岗位练兵、安全生产竞赛等活动。进一步提高货装人员的业务素质,增强实际操作能力。

(3)严格货装各项规章制度的管理,建立废、修、补、建的正常制度。认真落实各项工作制度和作业标准,实行定量与定性相结合的安全工作考核办法,促使全体货装职工按岗位作业标准进行作业。

(4)加强专用线管理,落实专用线装卸车质量监控措施,严格执行路企检查交接制度,杜绝事故隐患。

(5)加强货场和站场治安、消防管理及货物运输途中的防范工作,严防犯罪分子盗窃、哄抢运输物资和破坏运输设备。公安和运输部门要加大对货盗的打击力度,对货盗严重地区,实行集中整治,对内外勾结、监守自盗的要从严惩处。

(6)努力减少货损。认真落实装卸作业标准和货物堆码标准,机械作业要运行平稳,不刮不碰。装卸作业要轻拿轻放,保证货物完好无损。各检修单位必须认真负起责任,对配件残缺的车辆和破损篷布及时进行整修,减少因车辆和篷布状态不良引发的货损事故。

(7)强化货运安全。装车站应严格按方案装车,严防超重、偏重、集重、超限和坠落。严格执行装车质量签认交接制度,确保装一辆重车保一路平安。技术作业站要加强货检工作,杜绝装载不良引发事故。

(8)认真分析货运事故,及时总结经验教训,掌握事故发生规律,针对性地制定和落实防范措施。

三、货运事故的定义及种类

货物在铁路运输过程中(含交付完毕后点回保管),发生灭失、短少、变质、污染、损坏以及严重的办理差错,在铁路内部均属于货运事故。

货运事故分为以下七类:

(1)火灾;

(2)被盗(有被盗痕迹);

(3)丢失(全批未到或部分短少,没有被盗痕迹的);
(4)损坏(破裂、变形、磨伤、摔损、部件破损、湿损、漏失);
(5)变质(腐烂、植物枯死、活动物非中毒死亡);
(6)污染(污损、染毒、活动物中毒死亡);
(7)其他(整车、整零车、集装箱车的票货分离和误运送、误交付、误编、伪编记录以及其他造成影响而不属于以上各类的事故)。

四、货运事故等级

货运事故按其性质和损失程度分为以下三个等级:

1. 重大事故(构成下列情况之一,以下同)

(1)由于货物染毒或危险货物发生事故,造成人员死亡3人或死亡重伤合计5人以上的;

(2)货物损失及其他直接损失(以下同)款额在30万元以上的。

2. 大事故

(1)由于货物染毒或危险货物发生事故,造成人员死亡不足3人或重伤2人以上的;

(2)损失款额在10万元以上未满30万元的。

3. 一般事故

(1)未构成重大、大事故的人员重伤事故;

(2)损失款额在2000元以上未满10万元的。

上述的人员死亡或重伤是指货物染毒或危险货物发生事故造成的后果,因其他原因所造成的人员死亡或重伤,则不列为货运重大、大事故。

第四节 货运事故处理

【案例4-7】 ××站装革镇堡钢锭倒塌

1. 事故概况

1989年11月12日3时20分2016次列车行至熊岳城站上行14号道岔处,机后30位C 1723008钢锭窜出,将14号道岔打坏,造成行车一般事故。

2. 事故原因

××站装革镇堡钢锭7垛,其中一垛倒塌,钢锭撞开车门,将道岔打坏。

一、货运事故处理作业程序

货运事故处理作业包括事故发现和现场处理、事故调查与定责、事故赔偿与诉讼、事故分析与统计及无法交付货物和无标记事故货物(简称两无货物)处理。

货运事故处理作业程序如下:

(1)事故发现和现场处理程序包括:抢救处理→事故报告→事故勘察→货物清理→收集资料→编制不带号码货运记录。

(2)事故调查与定责程序包括:现场核实→编制货运记录→确定事故等级→拍发事故速报→查询→答复→原因和损失鉴定→事故分析→划分责任承运人与托运人和收货人间责任

→划分承运人内部责任。

(3) 事故赔偿与诉讼程序包括:审核资格→审核资料→赔偿与清算→诉讼。

(4) 事故分析与统计程序包括:分析→统计。

(5) 两无货物处理程序包括:编制记录→收集保管→查询及处理→报批变卖。

事故处理作业的详细作业内容和要求可参见《铁路货运事故处理作业》(TB/T 3114—2005)。

二、货运事故速报

1. 除铁路危险化学品运输外的货物

发现重大事故、大事故、火灾事故,应在24h内向有关站、铁路局拍发"货运事故速报",并抄报铁路总公司、主管铁路局。

收报单位:有关站、车务段、铁路局。并抄报铁路总公司、主管铁路局、车务段。

内容:

(1) 事故等级、种类;

(2) 发现事故的时间、地点;

(3) 货物发站、到站、品名、承运日期;

(4) 车种、车型、车号、货票号码、办理种别、保价或保险金额(金额前注明"保价"或"保险"字样);

(5) 事故概要;

(6) 对有关单位的要求。

拍发事故速报时,在电文首部冠以"货运事故速报"字样,(1)至(6)项加括号作为各项代号。

发现以上事故后,在拍发货运事故速报前应立即用电话逐级报告,情节和后果严重的,铁路局应及时向铁路总公司报告。

【例题】拍发货运事故速报。

铁 路 传 真 电 报

签发:　　　　核稿:　　　　拟稿人:　　　　电话:

发报所名	电报号码	等级	受理日	时分	收到日	时分	执机员

主送:A站、××车务段、××铁路局
抄送:铁路总公司运输局、××铁路局
货运事故速报
(1) 大事故、丢失;
(2) ××年3月18日,D站;
(3) A站,F站,发电机组,××年3月14日;
(4) P_{60} 3100124,78335,零担,保价25万元;
(5) 卸车发现上记有票无货,清单有记载,详见D站000088号货运记录;
(6) 望A站提出处理意见。

D站第0022号电
××年××月××日

2. 铁路危险化学品运输

车站应在发生危险化学品运输事故以及液化气体泄漏、剧毒品、爆炸品、放射性物品被盗丢失时，及时逐级向运输调度和货运、公安管理部门报告，并在1h内向有关站、铁路局拍发"货运事故速报"电报，同时抄报铁路总公司、主管铁路局。依法应当报告有关部门的，同时报告有关部门。

报告内容如下：

(1) 事故类型：火灾、爆炸、中毒、腐蚀、辐射、爆炸品、剧毒品丢失，液化气体泄漏等。

(2) 事故发生时间。

(3) 事故发生地点：线别、站名（货场、专用线、专用铁路）、区间（桥梁、隧道）。

(4) 发生事故货物品名、编号、车种、车号、列车车次、机后位置、有无押运人、运输方式（整车、零担、集装箱）。

(5) 事故概况及初步分析：人员伤亡、货物毁损程度、爆炸品或剧毒品丢失数量、液化气体泄漏部位、环境污染情况及对周边环境的威胁。

(6) 事故地点的周边环境：桥隧、水源、地形、道路、厂矿、居民、天气、风向等。

三、货运事故的调查

1. 车站接到调查记录的处理

一般事故由到站负责处理。

车站接到调查记录（包括自站编制的记录）、货运事故速报和查询文电后，核对送查记录及附件是否正确、齐全，加盖收文戳记，编号登记于"货运事故（记录、调查、赔偿）登记簿"内，并按以下规定办理：

(1) 初次接到调查记录，如果核对所附材料不符合要求而影响事故调查时，应一次提出，自接到记录之日起3日内将原卷寄回送查站处理。

(2) 调查记录如果有误到情况，自接到之日起3日内将原卷转寄应寄送的车站，并抄知误寄站。

(3) 属于自站责任的，一般事故自接到记录之日起（自站发生的自发生之日起，以下同）由车站在10日内以"货运事故报告表"报主管铁路局；重大、大事故自接到记录之日起由车站在15日内以正式文件连同全部调查材料报主管铁路局。以上事故同时以"货运事故查复书"答复送查站，通知到站和到达铁路局。

(4) 对已明确为自站责任，但还需要向有关单位索取补充材料，了解货物损失、下落或到达交付情况时，以"货运事故查复书"或拍发电报查询，不得将记录寄出。

(5) 属于他站责任的，以"货运事故查复书"说明理由和根据，自收到货运记录之日起7日内将全部调查材料送责任站，并抄知到站和有关单位。重大、大事故要抄报主管铁路局。

(6) 对逾期未到货物的查询，应自接到查询的次日起2日内将查询结果电告到站，并向下一作业站（编组、区段或保留站）继续查询。

(7) 因情况复杂，责任站不能在规定期限内调查答复（包括要求暂缓赔偿的），需要延期时，应提前提出理由，通知到站（铁路局）。但此项延期自收到记录之日起，最多不得超过30日。

2. 铁路局接到事故调查报告的处理

重大事故、大事故由铁路局负责处理。

事故发生铁路局对货运重大、大事故应立即深入现场组织处理。当事故涉及他铁路局责任时，应在拍发事故速报之日起，15日内邀请有关局参加处理，召开分析会，做出会议纪要。

有关铁路局接到重大、大事故速报后，应组织调查，并按发现铁路局通知的开会日期参加事故分析会，并签署会议纪要。

铁路局间对事故责任划分意见一致时，由发现铁路局将会议纪要连同有关材料送到他局。铁路局间对事故责任划分意见分歧时，应在会议纪要内阐明各自意见，由发现铁路局将会议纪要连同现场调查材料等以局文上报铁路总公司裁定，并抄送有关铁路局。

货运事故处理工作应自事故发现之日起60日内处理完毕。

四、货运事故责任划分

划分事故责任应以事实为根据，规章为准绳。事故原因清楚，判定责任应以事实为主。

在查明事故情况和原因的基础上，依据《合同法》《铁路法》和《货规》及其引申规则、办法的有关规定，划分承运人与托运人、收货人之间的责任。

属于铁路内部各单位间需要划分责任时，根据不同情况，参照有关规章妥善处理，并按照下列各项规定划分铁路内部责任。

（一）火灾

（1）因未按规定安装防火板或安装不符合规定，闸瓦火花烧坏车底板而造成的，由最近定检施修该车的车辆段（厂）负责。

列车未按规定隔离造成的，由列车编组站负责；但途中摘挂后隔离不符造成的，由途中摘挂站或值乘车长所属段负责。

（2）必须使用棚车而以敞车装运，由发站负责（防火板原因造成火灾的除外）；应使用棚车而以敞车装运，查不清起火原因时，由发站和发生站共同负责，事故列发生站（区间发生的列发生局）。

非易燃货物以易燃材料包装、衬垫，敞车装运未苫盖篷布，或以其他物品苫盖造成的，除另有规定外，由装车站负责。

（3）棚车车体完整、门窗关闭、施封良好，查不清原因时，由前一装卸站负责；货车发生补封查不清原因时，由补封单位负责，如属委托补封的或上一检查站责任补封的，由委托单位或上一检查站负责；装车站未施封，查不清原因时，由装车站和发生站（区间发生的为发生局）共同负责，事故列发生站（局）。

（4）有公安机关证明系扒车人员引起的火灾，由该扒乘人员最初扒乘该次列车的扒乘站（局）负责。既有扒乘原因又有使用车辆不当情况时，扒乘站负主要责任，使用车辆不当负次要责任。

（5）遇局间分界站接入列车时发现火灾，在进站30min之内用调度电话通知交出局调度所，并取得到达车长或该列车乘务组证明，由接入局负责调查处理，但查不清原因的，由交出局负责。

（6）铁路局间公安部门对起火原因意见不一致时，货物损失未满10万元事故，由处理局定责；货物损失在10万元以上的事故，由发生局报部裁定。

（7）除上述各款外，如属铁路责任，但又查不明铁路内各部门间原因时，由发生局负责。

(二)被盗丢失事故

1. 棚车、冷藏车装运的货物

(1)门窗关闭施封良好,原装货物由原装车站负责。

(2)封印失效、丢失、断开,不破坏封印即能开启车门,下部门扣完整未按规定在车门下部门扣处施封,使用两个以上施封锁串联施封以及车窗开启或车体损坏,均按站车交接规定划责。

(3)货车发生补封,由补封单位负责;连续补封,共同负责;如属委托补封的或以上一检查站责任补封的由委托单位或上一检查站负责。

(4)货车下部施封,封印的站名或号码与运输票据或封套记载不一致时:

①封印的站名与运输票据或封套记载不一致时:有改编作业的,按站车交接规定划责;无改编作业的,到站按规定拍发电报的由上一检查站负责,未拍发电报的由到站负责;

②封印的站名与运输票据或封套记载相符,而号码不一致时,不论列车有无改编作业,到站按规定拍发电报的,由装车站负责;未拍发电报的由到站负责。

(5)由于使用不完整的车辆(包括有公安机关证明因车窗、烟囱口不完整造成的)以及不施封,如属铁路责任,由装车站负责。

(6)普通记录填写内容不具体,与现车实际情况不符,接收后由接方负责。

(7)因门扣损坏,货车一侧上部施封,另一侧下部施封时:

①下部封印无异状,按上部施封的规定划责;

②下部封印有异状,由责任单位与上部施封的责任单位各承担50%。

(8)因下部门扣损坏无法按规定施封而在车门上部门扣处施封:

①封印丢失、断开,不破坏封印即能开启车门,在同一车门上使用两个以上施封锁串联施封,或车体损坏,以及车窗开启时,均按站车交接规定划责。

②整车、一站整零车:

a.有装车站记录证明(上部施封,下同)的,由装车站负责。

b.没有装车站记录证明但有中途交接记录证明的,按站车交接规定划责,但卸车站检查上部封印为装车站的,由装车站负责。

c.没有记录证明的,由卸车站负责。

(9)未使用方型直杆锁施封:

①整车、一站整零车:有记录证明的,由装车站负责;没有记录证明的,由卸车站负责。

②未使用方型直杆锁施封或施封在货车上部时,按上述之(8)项的规定划责。

在运输途中发现无封或施封无效又无法使用直杆型施封锁补封的货车,而使用环型施封锁补封时,按站车交接规定划责。

(10)使用不破坏封印即能取下(亦即能开启车门)的方形直杆锁施封,按站车交接规定划责。但是,发现方对该直杆施封锁自发现之日起应保留180日。

(11)出口朝鲜运输的货物发生事故,比照使用直杆锁施封货车的有关规定划责。

以上(1)~(4)项及(7)~(10)项记录编制站拆下的封印,在规定保管期限内,责任站调查发现该封印丢失或与记录不符,事故改由记录编制站负责。

未编制记录的施封锁,在规定保管的期限内,因施封锁被再次利用而造成事故,由该卸车站负责,超过保管期限的,施封锁被再次利用而造成事故,由保管站负责。但是,卸车站有站车交接证明的除外。

2. 敞车装运的货物

(1)车体完整、装载状态或篷布苫盖良好,如属铁路责任,由装车站负责。

对按捆承运的钢材、有色金属,卸车时发现捆绑松散,而未对事故货件清点(或未检斤)编记录注明的,由卸车站负责。

装在大包装箱内的工具箱、附件或备件箱被盗、丢失,除原包装进口货物外,如属铁路责任,由发站负责。

(2)质量、体积、长度分别不足 1t、$2m^3$、5m 的零担货物,发站使用敞车装运,均由发站负责。

(3)篷布顶部被割或破口发生被盗、丢失,破案前由发、到站共同负责,但因铁路货车篷布丢失造成货物损失,按站车交接规定划责。

使用篷布以外的苫盖物苫盖货车,由发站负责。

(4)托运人自备篷布途中丢失,由发站、到站共同负责,货物损失由发站负责。

(5)中途站换装时发现篷布顶部被割或破口,货物发生被盗、丢失,由发站负责;换装后篷布顶部被割或破口,货物发生被盗、丢失,由换装站与到站共同负责(货物发生被盗、丢失,如果公安机关破案,则按破案结论定责)。

3. 集装箱装运的货物和集装货件

(1)卸车发现集装箱封印失效、丢失,站名无法辨认以及封印站名、号码不符或箱体破损,由装车站负责。施封有效、站名相符、号码不符,无论中转站是否编有记录,均由发站负责。

(2)使用平车和集装箱专用平车装运的集装箱发现箱体损坏,编制普通记录证明现状继运。货物发生被盗丢失,有交方普通记录证明的,由交方负责;没有交方普通记录证明的,由接方负责;连续证明的,共同负责。

(3)集装箱顶部被破坏,货物发生被盗、丢失事故(棚车装运的 1t 箱除外),由发送、到达和沿途各局均摊赔款,事故列发站。

(4)集装货件卸车发现整体灭失以及散落其中小件丢失,由装车站负责;但因包装和捆绑不良造成的,由发站和装车站共同负责,事故列装车站;违反集装化办理条件和限制的,由发站负责。

4. 罐车破封

到站发现罐车破封,货物发生被盗、丢失事故,查不明原因的,由发送、到达和沿途各局均摊赔款,事故列发站。

5. 包装破散

包装破散发生内品丢失,由装车站负责;包装不良时,由发站和装车站共同负责,事故列装车站。

6. 扒乘人员造成货物被盗

有公安机关证明,系扒乘人员造成货物被盗丢失,由该扒乘人员最初扒乘该次列车的扒乘站(局)负责。

(三)损坏事故

(1)因货物无包装或包装有缺陷发生损坏,如属铁路责任的,由发站负责。

货物发生损坏,经到站鉴定不属于包装质量和货物性质原因时,由装车站负责。

(2)整车易碎货物(包装以缸、坛、陶瓷、玻璃为容器的货物)发生损坏,除能查明责任者外,由发站负责;有明显冲撞痕迹,查不清责任者时,货物损失由沿途各局共同负责,事故列到达局。

集装箱装运的易碎货物,如属铁路责任发生损坏,但是,又查不明铁路内各单位间原因时,由发站、中转站、到站共同负责,事故列到站。

(3)因棚车漏雨造成货物湿损,如属铁路责任,货运检查能够发现的,由装车站负责;不能发现的由该车最近定检施修厂、段负责;厂、段修过期的,由装车站负责。

敞车货物湿损由装车站负责。但因铁路货车篷布丢失造成货物湿损,按站车交接划责。

篷布顶部被割破口货物发生湿损,由发、到站共同负责。

(4)集装箱技术状态不良,外观检查不易发现(不包括透光检查)货物发生湿损,如属于铁路责任时,在定检保修期内由定检施修单位负责;超过保修期的由发站负责。因集装箱破损造成货物损坏的,由装车站负责。但是,因集装箱顶部被破坏造成的(棚车装运的1吨箱除外),由发送、到达和沿途各局均摊赔款,事故列发站。

(5)货物装载加固违反规定,或使用不符合要求的捆绑加固材料和装置,造成货物损坏,如属于铁路责任的,由装车站负责。

分卸的整车货物倒塌造成货物损坏,由装车站和前一卸车站共同负责,事故列前一卸车站。

(6)罐车货物漏失,确因定检质量不良阀类漏泄时,由定检施修段(厂)负责;因罐体焊缝不良(含加温套)漏失时,由施修工厂负责。

因调车冲撞造成罐车货物漏失时,由调车作业站负责;查不清调车冲撞站的,由事故发生站(局)负责。

(四)污染事故

(1)使用清扫不干净的货车造成货物污染时,如属铁路责任的,由装车站负责。

(2)应洗刷除污的车辆卸后未回送刷除污时,由卸车站负责;回送洗刷除污的车辆被排走而漏洗刷除污时,由误排站负责;洗刷除污不彻底,由洗刷除污站负责。

(3)装过危险货物的沿零车、整零车和分卸整车,前方站卸后需要该车终到站回送洗刷除污,而前方卸车站或列车货运员未在货车装载清单上记明原装危险货物名称,造成漏洗刷除污时,由前方卸车站或列车货运员所属段负责。

(4)未倒净的空容器内品洒漏,造成他批货物污染或其他事故,如属铁路责任的,由发站负责。

(5)普零货物被同车他批货物污染,如属铁路责任的,由装车站负责。

(6)对污染源和被污染货件处理不当,造成扩大损失时,由处理站负扩大损失责任。

(7)货物染毒涉及车辆原装货物时,而未保留原车和货物,经鉴定能查明原因的,由责任站负责;查不清原因的,由未保留站负责。

(8)违反配装限制,违反列车编组隔离限制以及违反使用车规定造成的,均由违反站负责。

(五)变质事故

(1)货物质量、包装、装载方法不符合要求时,如属铁路责任由发站负责。

(2)发站违反车辆使用限制,未按规定加冰盐或未在运单上注明加冰要求,未通知加冰站以及货物装载不当,如属铁路责任时,由发站负责。

中途加冰站未按规定加冰盐或漏加以及未通知下一加冰站,分别由各违反站负责。

因误编挂车辆造成未办理加冰,由该编挂站负责。

货物运到逾期,由积压站(局)负责;连续积压,共同负责,按积压天数比例分摊损失。

同时存在上述多种原因,除分别承担经济损失外,事故列主要责任站。

(3)机械冷藏车违反易腐货物控温规定,造成货物变质,由该机械冷藏车所属段负责。

(六)其他

(1)伪编、误编、迟编、漏编以及迟送查货运记录,由编制站负责。卸车站卸同一整零车,编制两份以上货差记录,经查明其中一批属于误编或伪编,则其余各批货差记录均由编制站负责。

收到调查记录(包括查询文电)超过规定答复期限30d未答复的,由迟延答复站负责。

送查的被盗事故货运记录内漏填公安人员姓名,以后又纠正的,由漏填站与责任站共同负责,事故列责任站。

(2)有下列情形之一的普通记录为伪编:

①第二页与第一页的内容不符;

②加盖的单位公章是假的或已作废的。

伪编的普通记录为无效记录。发现单位可拒绝接收并将其退回。该普通记录证明的货物(车)发生事故时,无论什么原因所造成,均由记录所属单位负责。

普通记录涂改,涂改处加盖的人名章无法辨认,应在站车交接当时提出,由交方编制普通记录后接收,否则,由接收方负责。

(3)因涂改运输票据造成的事故,由涂改站负责;无法辨认涂改站时,由接方负责。因票据封套上封印号码填记简化,影响事故分析时,由简化填记的车站与责任站共同负责,事故列责任站。

途中票据丢失后发生的事故,除查明原因外,事故列丢票站(段)。

卸车发现运单、货票上记载的件数、质量、货物价格发生涂改,未按规定加盖戳记,实卸货物与涂改后的记载相符,而与领货凭证不符时,除查明原因外,如属铁路责任由发站负责,但到站卸车未按章编制记录时,由到站负责。

(4)发站对普通零担货物或个人搬家货物、行李,由于发站未检斤或检斤不准确(按规定可由托运人确定质量的除外),发生被盗丢失后质量相符或反而多出时,由发站和责任单位共同负责,事故列责任单位。

个人搬家货物和行李发生被盗丢失后,由于没有物品清单或物品清单填写简单笼统,造成到站难以确定损失时,发站和责任单位共同负责,事故列责任单位。

(5)对误到的货物未按规定编制记录和处理,发生损失由卸车站负责。

(6)铁路内部交接不认真,接收后发现的事故,除能查明责任者外,由接方负责。

(7)因事故处理不认真,未采取积极措施,换装、整理不当,以致货物扩大损失时,扩大损失部分由处理不当或换装、整理不当的车站负责。

(8)到站对运到逾期货物不按章编制记录(或拍发电报)查询,货物发生损失,到站与责任站(或货物积压站)共同负责,事故列责任站。

发站或中途站对运到逾期货物接到查询记录、电报,未在规定期限内(自收到记录、电报之日起7日内,下同)答复,货物发生损失,由延迟答复站与责任单位(或货物积压站)共同负责,事故列责任单位(或货物积压站)。如发站和中途站均未在规定期限内答复,货物发生损失,由发站、中途站和责任单位(或货物积压站)共同负责,事故列责任单位(或货物积压站)。

(9)发现重大、大事故后,处理局未能在规定期限内处理完毕,或未按本规则规定向铁路总公司提出仲裁报告,处理局应承担相应的事故责任。发生一般事故后,到站(局)未在规定期限内办赔,事故由到站(局)负责,但中途站负责处理和赔偿的除外。

(10)因行车事故造成的货运事故,由行车安全监察部门确定的责任单位负责。

(11)投保运输险的货物发生事故,因代办保险的车站未在运单、货单记事栏内加盖"已投保运输险"戳记,而超过保险索赔期限的,由责任单位和代办保险的车站共同负责,事故列责任单位。

(12)不足额保价的货物发生损失时,依照规定赔偿。如法院判决按照实际损失赔偿时,其差额部分由发站和责任单位共同负责,事故列责任单位。

(13)违反规定将施封锁附随货运记录送查,而发生封印丢失、失效争议的被盗丢失事故,由记录编制站负责。

(14)铁路局调查卸车站后,卸车发现的事故,如属铁路责任,由调整的铁路局负责。违反规定办理货物(车)变更,货物发生事故,由变更受理站负责。

(15)误运到站,回送过程中发生货损货差,属于回送站责任时,由误运站和回送站共同负责,事故列回送站。

(16)领货凭证上未记明本批货物的货票号码,或未在货物运单和领货凭证连接处加盖骑缝戳记,货物发生冒领或误交时,由发站和到站共同负责,事故列到站。

(17)无运转车长值乘的列车,列车编组顺序表上对施封的货车未记明"F"字样,货车一侧无封,发生被盗丢失事故后,由责任单位与该列车的编组站共同负责,事故列责任单位;货车两侧无封,由该列车的编组站承担全部责任。

(18)托运人按一批托运的货物品名过多,或同一包装内有两种以上的货物,发生被盗丢失后,如果因为没有物品清单而难以确定货物损失时,由发站(无论发站是否为责任单位)和责任单位共同负责,事故列责任单位。

(19)货车已施封,但未在运输票据或封套上注明"施封"字样及施封号码,货物发生被盗、丢失时,查明原因的,由装车站和责任单位共同负责;查不明原因的,由装车站负责。

(20)货车滞留,滞留站未按规定拍发电报,货物发生变质或损失,由滞留站和责任单位共同负责,事故列责任单位。

(21)棚车顶部被破坏,货物发生被盗、丢失、湿损事故,破案前由发送、到达和沿途各局均摊赔款。

五、货运事故的赔偿

1. 赔偿责任的划分

依据《铁路法》、《货规》和《铁路货物运输合同实施细则》的规定,承运人从承运货物时起至货物交付收货人或依照有关规定处理完毕时止,对货物发生灭失、损坏负赔偿责任。但由于下列原因之一所造成的货物灭失、损坏,承运人不承担赔偿责任:

(1)不可抗力;

(2)货物本身性质引起的碎裂、生锈、减量、变质或自燃等;

(3)货物的合理损耗;

(4)货物包装的缺陷,承运时无法从外部发现或未按国家规定在货物上标明包装储运图示标志;

(5)托运人自装的货物,加固材料不符合承运人规定条件或违反装载规定,交接时无法发现的;

(6)押运人未采取保证货物安全的措施;

(7)托运人或收货人的其他责任。

由于托运人、收货人的责任或押运人的过错使铁路运输工具、设备或第三者的货物造成损失时,托运人或收货人应负赔偿责任。

2.赔偿要求的受理

(1)托运人或收货人向承运人要求赔偿货物损失时,应按批向到站(货物发送前发生的事故向发站)提出"赔偿要求书"并附下列证明文件:

①货物运单(货物全部灭失时,为领货凭证);

②货运记录的货主页或经赔偿受理站确认的抄件;

③按保价运输的个人物品,应同时提出盖有发站日期戳的物品清单;

④有关证明文件。

(2)承运人向托运人或收货人提出赔偿要求时,应提出货运记录、损失清单和必要的证明文件。

(3)对承运人责任明确的保价运输货物发生事故,发站可以受理办赔。

(4)受理赔偿时,车站须审核赔偿要求人的权利、有效期限、"赔偿要求书"的内容,以及规定的证明文件是否正确、有效和完整。

(5)审核无误后,在"赔偿要求书"收据上加盖车站公章或货运事故处理专用章,交给赔偿要求人。

(6)车站受理的以及铁路局接到的赔偿案件,应按顺序登入"货运事故(记录、调查、赔偿)登记簿"内。

(7)车站上报铁路局的赔偿案件,经审核确定不属于铁路责任时,铁路局应说明理由与根据,将调查页及赔偿材料退给处理站,一律由处理站以正式文件答复赔偿要求人,同时将全部赔偿材料(赔偿要求书除外)退给该要求人,并抄知有关单位。

3.赔偿的权限

(1)赔款额5000元以下的,由车站(非决算单位的车站由车务段)审核赔偿。

(2)赔款额超过5000元的,由铁路局审核赔偿。

思考题

1.铁路货运安全有哪些特殊性?

2.铁路货物运输安全管理的意义是什么?

3.影响铁路货运安全的因素主要有哪几个方面?

4.货运安全保障体系的主要内容包括哪些?

5.精细装载质量控制包括哪些主要内容?

6.货运安全管理的主要措施有哪些?

7.货运事故有哪些分类?

第五章 铁路客运安全管理

★ **教学目标**

本章主要讲述了安全检查管理;旅客乘降安全管理;列车秩序安全管理;安全设备管理;班组安全管理;突发事件应急处置管理等内容。通过本章内容的学习使学生掌握旅客携带品的相关规定、安全检查的内容及发现危险品时的处理方法。明确站内平过道管理制度、车门乘降安全管理制度及旅客高站台乘降安全注意事项。了解列车秩序管理的内容,掌握在乘车途中保证旅客人身安全的做法,尤其是重点、癔症、六种人、途中提前下车及大站停车下车吸烟、购物等非正常情况下旅客人身安全的保障措施。掌握防止旅客意外伤害的措施,包括防止旅客坠车、跳车、"撞、摔、挤、砸、烫"伤及其他意外伤害的措施。明确旅客及客运乘务员禁烟管理规定。了解消防安全、食品安全管理规定。了解旅客列车安全设施概况,掌握旅客列车安全设备使用规定,包括紧急制动阀、列车手制动机、灭火器、消防锤、轴温报警器、安全渡板的使用规定及动车组列车安全设备的使用规定。了解旅客列车防火安全设备及两炉一灶管理。了解乘务员出、退乘安全管理规定、折返站安全管理规定、乘务安全管理规定及库内安全管理规定。掌握站内发生火灾、爆炸事故时的应急处理程序,动车组列车晚点的应急处理程序,站内发生重大疫情时的应急处理程序,旅客病情发作时的应急处理程序,站内发生旅客食物中毒事件时的应急处理程序,车站突发大客流时的应急处理程序,恶劣天气下客运组织应急处理程序,动车组空调失效时的应急处理程序。

★ **建议学时**

12学时。

铁路旅客运输的任务就是最大限度地满足广大旅客在旅行上的需求,安全、迅速、准确、便利地运送旅客、行李、包裹和邮件到目的地,保证旅客在旅行中的舒适、愉快,为不同层次的旅客提供良好的物质和文化生活服务。旅客运输的安全性,是衡量铁路旅客运输质量的重要标志之一,必须保证旅客在旅行中的生命和财产安全。铁路客运企业在进行客运生产活动时,要时刻把安全摆在第一位。

在旅客运输过程中,我们的站车客运人员要时刻牢记旅客人身安全工作的重要意义,为营造和谐铁路努力做好各项安全工作,要严格认真落实各项安全作业标准,尤其在预防措施上下功夫,积极探索有效地防止旅客人身伤害的办法,把旅客安全重点转移到防止事故发生上来。同时也要加强事故发生后的应急处理管理,将对旅客的伤害和对铁路企业的影响降到最低。

本章内容主要包括安全检查管理、旅客乘降安全管理、列车秩序安全管理、安全设备管理、班组安全管理及突发事件应急处置管理等方面的内容。

第一节 安全检查管理

一、旅客携带品

1. 旅客携带品由旅客本人负责看管

每人免费携带品的质量和体积是:成人20kg、儿童(含免费儿童)10kg,外交人员35kg。

每件物品外部尺寸长、宽、高之和不超过160cm(动车组列车130cm)。杆状物品不超过200cm；质量不超过20kg。

2. 下列物品不得带入车内

(1)国家禁止或限制运输的物品；

(2)法律、法规、规章中规定的危险品、弹药和承运人不能判明性质的化工产品；

(3)动物及妨碍公共卫生(包括有恶臭等异味)的物品；

(4)能够损坏或污染车辆的物品。

3. 下列物品限量携带(见图5-1)

(1)气体打火机5个,安全火柴20小盒；

(2)不超过20mL的指甲油、去光剂、染发剂,不超过100mL的酒精、冷烫精,不超过600mL的摩丝、发胶、卫生杀虫剂、空气清新剂；

(3)军人、武警、公共安全专家人员、民兵、猎人凭法规规定的持枪证明佩带的子弹。

二、安全检查

旅客进入下列场所时,即有义务接受运输安全检查(见图5-2)：

(1)铁路车站站房；

(2)作为车站组成部分的售票、行包托运、寄存场所；

(3)车站在站房外划定的候车区；

(4)加入检票进站的行列；

(5)检票口内的通道、站台；

(6)旅客列车。

图5-1 禁止携带物品示意图

图5-2 旅客安检

旅客应当接受并配合铁路运输企业在车站、列车实施的安全检查,不得违法携带或夹带匕首、弹簧刀及其他管制刀具,或者违法携带、随身托运烟花爆竹、弹药等危险品、违禁物品。铁路运输托运人托运行李、包裹时不得匿报、谎报货物品名、性质。

车站和列车应当以广播、标语、宣传牌等各种方式,向旅客宣传法律、规章中有关危险品管理及处罚规定,并将品名和限制携带的数量向旅客公告。

旅客或托运人无正当理由拒绝检查时,在车站安检人员可以拒绝其进站或托运,在列车上由列车工作人员通知乘警依法进行检查。因拒绝检查而影响运输的,由旅客或托运人负责。对怀疑为危险物品,但受客观条件限制又无法认定其性质的,旅客或托运人又不能提供该物品性质和可以经旅客列车运输的检测证明时,铁路可以不予运输。

铁路安检人员要了解"三品"的品名、性能、特征及危害性,知道发现"三品"的处理处置方法。重点区段、乘降所、春运期间和有特殊任务时,乘警和列车有组织地开展危险品检查,检查人员应佩戴安全检查标志。开箱(包)检查时,乘警负责实施,旅客应当在场,旅客申明所携带物品不宜接受公开检查时,检查人员应根据实际情况,在适当场合检查。列车上查出的危险品,由乘警妥善处置。

三、危险品处理

(1)在车站发现超过旅客限量携带规定的少量有危险性质的生活用品,可以由旅客选择交由送站亲友带回或放弃该物品。

(2)站车发现属于严禁携带和托运的危险品、违禁物品时,应将物品及旅客或托运人交公共安全专家部门处理。

(3)列车检查发现的鞭炮、拉炮、摔炮、发令纸类的危险品应立即水浸销毁。

(4)发现危险品或国家禁止、限制运输的物品,妨碍公共卫生的物品,损坏或污染车辆的物品,按该件全部质量加倍补收乘车站至下车站四类包裹运费。危险物品交前方停车站处理,必要时移交公共安全部门处理。对有必要就地销毁的危险品应就地销毁,使其丧失危害力并且不承担任何赔偿责任。没收危险品时,应向被没收人出具书面证明"没收危险品决定书(兼收据)"。

(5)对携带、托运危险品情节严重,构成犯罪的,应依照《铁路法》和《刑法》的有关规定追究刑事责任。

(6)旅客进站上车后主动全部交出其携带的危险品的,对携带人可以从轻或免除处罚。

(7)对没收危险品或执行治安处罚的,查危险人员均应向当事人告之诉权。当事人表示申请复议或提起诉讼时,不影响没收或处罚决定的执行。

第二节 旅客乘降安全管理

车站要加强站台两端便门和平过道管理,防止旅客违章进出站造成的人身伤害。在站内设置完善的安全警示标志,比如"禁止旅客由此出站"、"严禁横越股道",遇有雨雪天气时应提示"小心路滑、防止摔倒",乘坐电梯时应提示"请勿踏黄线,注意安全",在列车上端门、边门提示"小心挤伤"、"禁止翻越跳窗"等警示标志。同时要对站内老化设施进行及时维修养护,例如站台塌陷、照明不良、地道积水、候车室座椅破损失修、候车室内厕所地面防滑设施不到位等,这些都可能造成旅客的意外伤害事故。

一、站内平过道的管理

车站站内跨越正线、到发线的平过道要严格按照相关规定进行管理,防止旅客在站内误入平过道导致的人身伤害。

(1)平过道(不含行人专用过道及设备管理单位专用平过道)的安全管理主体单位为车站,各使用单位必须与车站签订平过道通行安全协议,并建立通行车辆发证和凭证通行平过道制度。站内其他平过道,按照"谁使用、谁管理、谁负责"的原则,由使用单位与车站签订安全协议。

(2)列车运行速度超过120km/h区段以及有动车组通行区段设置的平过道(不含行人专用过道及设备管理单位专用平过道),车站必须24小时派人看守,各直属站、车务段应明确平过道看守人员岗位职责,落实看守责任。

(3)平过道栏杆(栅门)以关闭为定位。需要开启栏杆(栅门)前,平过道看守人员须经信号楼(行车室)作业人员准许,得到准许的密码后方可开启栏杆(栅门),并将密码、要点时间记入专门簿册内;信号楼(行车室)作业人员在确认要点时间段内无列车、调车车列通行的情况下方可发出准许的密码。车辆通行结束后,平过道看守人员应立即关闭栏杆(栅门),并及时向信号楼(行车室)作业人员汇报。栏杆(栅门)钥匙或遥控器由车站平过道看守人员负责管理。动车组通过前,平过道看守人员须站立在规定地点,看守平过道。

(4)车辆通行前,须经平过道看守人员同意,并严格执行"一停、二看、三引导、四通过"制度。

(5)平过道看守人员和引导人员应经过安全教育培训考试合格后,持证上岗,上岗时携带口笛,穿戴规定的服装和臂章,坚持立岗瞭望制度,不依赖电话、不依赖报警。

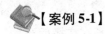

【案例5-1】

1. 事故概况

2005年3月21日13时25分,XYC站客运值班员李某(男)在维持站台秩序过程中,一名旅客抢过站内平交过道时,李某未能认真做好防护,致使一名旅客侵入线路,李某上前拦阻不及,二人一同被通过列车当场撞死。

2. 事故原因

直接原因是李某在维持站台秩序作业中,未能认真做好防护,致使一名旅客侵入线路,采取补救措施不及。间接原因为熊岳城站对站内的平交道口管理不善,未设置防护设施,防护手段单一,日常安全教育不到位。

二、车门乘降安全

旅客上下车时,如果客运人员对旅客乘降组织不到位,也可能引发旅客因拥挤产生挤伤、摔伤、踩踏甚至跌进轨道进入车底的悲惨事故,所以要重点加强旅客上下车的组织工作。在始发和途中站组织旅客乘降时,列车长要督促列车工作人员加强安全宣传提示,对重点旅客进行帮扶,防止旅客摔伤,严格控制车门管理。

(1)车门管理做到"停开、动关、锁",出站台四门检查、瞭望、相邻车厢互检车门;进站提前到岗试开车门(塞拉门除外),停稳开门;运行中车门加双锁管理,严禁擅自开启车门。

(2)车门口严禁堆放物品,堵塞车门。

(3)临时停车时,列车员站在通过台中部,坚守车门,监控车内,未经列车长统一组织不准开启车门,列车启动后检查四门,防止抓车。

(4)变更到发线时,确认站台方向;进入无站台股道乘降时,应开启靠近站台一侧车门;非正常停车需疏散旅客时,应开启列车运行方向左侧车门;确认邻线无列车通过、不危及安全时,方可组织旅客下车。

(5)列车停站锁闭卧车端门,乘坐旅客的车厢与机车、发电车、行李车、邮政车等相连接时,内、外端门和尾部车辆后部的内、外端门锁闭。

(6)列车尾部车门、内端门无论有、无车辆检车员作业,按着谁作业谁负责的原则加锁管理,开车后本节车厢乘务员检查,列车长巡视中进行检查。

1. 始发站乘降安全

(1)始发站发车前,列车长与车站值班员和客运乘务员确认旅客乘降完毕后,听到车站打铃或哨声停止,使用无线对讲机通知司机关闭车门,用语为"动车××次司机,旅客乘降完毕,请关闭车门"。

(2)车门组织乘降必须进行安全宣传,先下后上,扶老携幼,防止对流、拥堵,要及时清除车梯、翻板和通过台积冰积雪、杂物,防止旅客滑倒摔伤。

(3)始发站车门关闭后,特殊情况需要重新开启时,列车长应先确认列车未启动,然后用对讲机通知司机,用语为"动车××次司机,因××原因,请打开车门"。再次关闭车门时,通知司机的程序、用语与第一次相同。

(4)动车组列车重联时,前进方向后组列车长确认本组旅客乘降完毕后,向前组列车长报告;前组列车长在确认本组旅客乘降完毕,并得到后组列车长乘降完毕的报告后,使用对讲机通知司机关闭车门。

2. 中途站乘降安全

(1)列车起动后,乘务员要立即巡视检查责任车厢车门锁闭情况。列车长在广播后要立即对全列车门进行巡视检查,重点检查非客运人员监控的车厢车门,发现故障要立即通知机械师到场处理。

(2)动车组列车在到达中途停车站前10分钟,列车长、乘务员应提示下车旅客做好下车准备,引导重点旅客到车门处等候下车,到站前2分钟,列车工作人员按分工到岗监控车门,下车旅客比较集中时,按分流预案组织旅客均衡下车。

(3)动车组列车到达停车站前,列车工作人员需根据停车站的站台方向,按照规定时间和分工检查车门状态,动车组列车到站停稳后,并按分工监控车门开启状态。

(4)中途停车站,列车工作人员(列车长、乘务员、随车机械师、随车保洁人员)按照动车组列车车门监控分工,到岗监控车门使用开启和锁闭状态。列车长要严格掌握车门状态,对故障车门和隔离车门位置做到心中有数,确定故障车门不能开启时,列车长要指派乘务员在故障车门相邻的另一车门出场,重点监控该出场车门的开启和旅客乘降情况,及时向列车长报告,防止该车门发生故障将旅客拉过站。列车到站停稳后车门未开启时,采取手动开门,同时向列车长或机械师、司机通报有关情况,做好安全宣传,保证旅客乘降安全。

(5)中途站乘务员确认监控车厢旅客乘降完毕后,应用对讲机向列车长报告,列车长在确认全列旅客乘降完毕后,按规定的程序用语通知司机关闭车门。

(6)中途停车站为低站台时,乘务员在到站前按分工打开翻板锁,停稳后组织旅客安全乘降,旅客上下完毕动车启动后,乘务员要立即巡视检查梯处是否有杂物和烟头,清理干净后锁闭翻板。

(7)在夜间或乘降所组织旅客乘降完毕后,要执行安全喊号制度,防止未乘降完毕开车,造成旅客伤害。无站台组织旅客乘降时,乘务员必须下车组织,扶上扶下,避免旅客伤害。

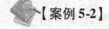【案例5-2】

1. 事故概况

2006年7月31日,××客运段4221次列车00时55分到达清原站一站台一道(正点00

时51分到、00时57分开),00时58分在旅客未乘降完毕情况下发车,导致YZ8车三位门匆忙下车的2名旅客在站台上摔伤,6名下车旅客过站,8车乘务员漏乘。

2. 事故原因

本案例的主要原因是清源站助理值班员不执行作业标准,未确认旅客乘降完毕,在机次第7辆8车车门仍有旅客乘降情况下,向运转车长指示发车信号;事故的次要原因是担当4221次列车的运转车长落实标准不认真,只凭助理值班员指示发车,不认真确认旅客是否乘降完毕,指示司机发车。

三、旅客高站台乘降安全

高站台是指车站内供乘客上下车的地方,高度与火车车厢地板高度基本保持水平的火车站站台,通常高于铁轨面1.25m的高度。高站台方便旅客上下车,加快了乘客上下车的速度,减少了火车停站时间,如图5-3所示。高站台的使用要注意以下几点:

图5-3 高站台示意图

(1)始发站为高站台时,要按规定悬挂安全警示带。

(2)列车进入高站台车站前,要提前准备好安全渡板和止卡器,并确认站台方向。

(3)列车停稳后,要弯腰安放安全渡板,严禁直接将渡板仍在站台上,并且安全渡板要安放平稳牢固。

(4)如因高站台与翻板高度差较大(高差大于10cm),乘务员必须用内侧脚踩住安全渡板一角(以脚掌部踩住为宜),防止安全渡板串动发生意外。高站台与翻板高度差较小时,可不用脚踩安全渡板。

(5)列车出站台后,立即将安全渡板和止卡器放回规定位置。

第三节 列车秩序安全管理

一、列车秩序管理内容

在列车运行过程中,客运人员要确保列车秩序平稳安全,努力实现旅客安全出行、方便出行。要加强车内重点部位、安全防护设施设备和安全警示标志的检查,发现问题及时整改,严格易燃易爆危险品的卡控措施。列车工作人员要做到以下几个方面。

(1)做好安全宣传和防范,加强巡视,维护车内秩序,保持良好的旅行环境。

(2)发现无人护送的精神异常旅客,列车长指派专人看护,乘警应予以协助;列车长编制客运记录交其到站或换乘站处理,不得转交中途站;无人护送的无票精神异常人员应交三等及以上车站处理;发现有人护送的精神异常旅客,列车长、乘警应向护送人介绍安全注意事项,并予以协助。

(3)遇有公安机关和司法部门押解犯罪嫌疑人或犯人时,乘警应予以协助。

(4)发现讨要、拾捡、叫卖、霸座、卖座、赌博等现象应予以劝阻、制止,并及时通知乘警。

(5)组织旅客乘降安全有序,做到先下后上,上下车旅客超过30人时双开车门(高站台除外);高站台需双开车门时,确保每个车门有人值岗;及时疏导车内旅客,保证均衡。

二、旅客乘车途中人身安全

在旅客的旅行过程中,通常绝大部分的时间是在列车上度过的,做好旅客在乘车途中人身伤害预防的意义显而易见。尤其随着社会的不断发展及法制的逐步健全,旅客的维权和法律意识明显提高,旅客人身伤害事故善后处理工作难度加大。要保证旅客在乘车途中的人身安全主要应做到以下几个方面。

(1)始发和中途站开车后,乘务员要认真检查行李摆放情况,做到行李架上无铁器、锐器、重物等不适宜放在行李架上的物品,大件行李放置在大件行李处内,由旅客自行看管。行李架物品摆放要平稳、牢固,塑料旅行箱不得叠放或在旅行箱上放物品,防止滑落或取送物品掉下砸伤旅客。车厢一端的大件行李架旅客不用时需收起,以防止碰伤旅客。

(2)乘务员在巡视作业中,要经常提示携带儿童的旅客不要让儿童在座席、茶桌上站立,在车内单独跑动、如厕、取倒热饮和站停时到站台玩耍。

(3)为行动不便旅客送开水时,斟水不过满,行走时要集中精力,端稳慢走,旅客接稳后松手。

(4)乘务员要经常提示旅客在取开水和冲方便面时,水不要接得过满,不要用饮料瓶和罐头瓶接开水,严禁旅客端拿热饮等在车厢内行走,防止烫伤。

(5)列车采暖期,要经常向旅客宣传不要将水和杂物洒落入暖气罩内,不要将携带品靠近电热气出风口,确保设备安全。

(6)乘务员要经常做好防挤伤的宣传和提示,随时提示旅客不要将手扶在门框、门缝处,防止挤手事故的发生。

(7)运行中严禁旅客倚靠车门,防止因车门故障开启,造成意外事故发生。车门发生故障,在未修复之前,必须保持对车门的安全监控,严禁旅客靠近车门处。

(8)列车售货车、多功能车停放时必须采取止轮措施,防止溜逸撞伤旅客。

(9)发现旅客针织、刺绣、掏耳朵、使用刀叉、利器等不安全现象时,乘务员应及时予以提示和制止。

(10)乘务员要经常观察旅客动态,发现神态、言语、行为异常旅客要重点监控,迅速报告列车长、乘警采取防范措施。发现精神异常旅客有暴力倾向时,应立即疏散旅客,乘警必须采取强制约束措施。

(11)发现无人护送精神病旅客安排在远离驾驶端、紧急制动阀,逃生窗等安全设施的位置乘坐,列车长应指派专人看护,乘警应予协助。发现有人护送精神病旅客,乘务员应向护送人介绍安全注意事项,并予以协助。严禁精神异常旅客独自在车内活动。需要如厕时,必须有监护人(乘警、乘务员)陪同,严禁关锁卫生间门。

（12）旅客列车发生不法分子行凶时，乘务员应采取果断措施，制止不法分子行凶，同时迅速通知乘警、列车长到场。列车长根据情况组织有关人员制服不法分子，维护车内秩序，防止发生旅客跳车、挤伤、误伤等，同时做好调查取证，并及时向上级有关部门报告。对受伤者连同肇事旅客一并由乘警交前方停车站处理。

（13）动车组列车不准押运人犯。遇特殊情况时，对司法部门押送人犯必须安排在车厢一端，不能安排在高铁动车组列车两头车厢，乘警应予协助。

（14）对违反国家法律、法规，在列车内寻衅滋事、扰乱公共秩序的人，可责令其下车，情节严重的送交公共安全部门处理；对未使用至到站的票价不予退还，并在票背面做相应的记载，运输合同即行终止。

三、重点特殊旅客管理

在列车运行过程中要确保旅客列车重点、癔症、六种人、途中提前下车及大站停车下车吸烟、购物等非正常情况下旅客人身安全，消除或减少因旅客爬车、跳车等发生意外伤害的风险。

1. 重点旅客

乘务人员对重点旅客要做到勤巡视、勤观察、勤服务，了解需求，到站前引导到车门口，扶老携幼，有条件的告知站台客运员。不能自理的残疾人、无同行人的重症病人、孕妇，依靠辅助器具才能行动的旅客及其他需要特殊照顾的特殊重点旅客，列车长与车站交接签字。

2. 癔症旅客

乘务人员要经常深入车厢，观察旅客动态，发现神态、语言、行为异常旅客，重点监控，及时报告列车长，采取措施，防范危及安全拉阀停车。

发现患有精神异常旅客乘车且有同行人时，应要求同行人加强看护，并将患病旅客安置在车厢一角，与其他旅客隔离。列车长、乘警和所在车厢乘务员要加强对该旅客的监控，如病人情绪不稳、有狂躁发作迹象的，列车长可指派专人协助同行人共同看护。

若患有精神异常旅客单独乘车时，应将患病旅客安置在车厢一角，与其他旅客隔离，列车长要指派专人进行看护。遇有精神病旅客上厕所时，要设专人监护，厕所门不能锁闭，要留有缝隙，防止发生意外。患病旅客情绪不稳，存在暴力倾向的，列车可视实际情况加派看护人手，并将患病旅客安置位置附近的安全锤、灭火器、渡板等硬质物品收回。

3. 六种重点人

乘务人员作业中、巡视时，观察车厢旅客动态，及时发现精神病人，犯罪嫌疑人，无票乘车人，上车送客未下去车或上错车、坐过站的人，利用铁路自杀的人，酗酒的人。特别对在通过台、洗面间长时间滞留的旅客要进行询问，做到发现及时、报告迅速。同时告知相邻车厢乘务员，共同监控，防范危及安全拉阀停车。

4. 旅客提前、临时下车

（1）卧车提前下车做好登记，到站及时换票，防止拉过站。临时下车通知列车长、乘警，经同意后下车。

（2）重点旅客提前下车，在服务措施中做好登记，并通知列车长，到站前引导到车门，列车长与车站进行交接。

(3)其他临时途中下车的旅客,乘务员了解需求,做好安全提示,有条件的告知站台客运人员。

5. **大站停车下车吸烟、购物旅客**

列车严重超员或列车晚点,乘务员劝阻旅客不要下车,站停时间较长对下车吸烟、购物旅客告知站停时间、开车时刻,做好安全提示。开车前及时通知站台旅客立即上车,防范危及安全拉阀停车。

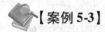【案例5-3】

1. 事故概况

2009年11月14日4时40分,K385次列车,运行至BZ至WA间,一名持16车厢无座席客票的旅客从硬座14号车厢二位端方向走到该车13号座席处,突然跳上茶桌使用安全锤将该座席处运行方向左侧车窗玻璃击碎跳车,造成轻伤。

2. 原因分析

本案例造成的直接原因为跳车者本人,间接原因是列车乘务员对于重点旅客摸排不准确,乘务中缺乏巡视,对重点人员的重点监护失控,同时对于旅客安全监督员的教育和使用无效果。

四、防止旅客意外伤害管理

1. **防止旅客坠车、跳车**

(1)位于列车两端防护栏处的风挡门,必须加双锁,前后部车厢端门必须加锁,防止旅客坠车;乘务员要经常检查厕所车窗、安全防护栏,发现松动或损坏要立即通知检车员,组织修复,防止旅客跳车。

(2)运行中,车门加双锁;塞拉门车必须锁闭隔断锁,挂好防开链,不准旅客倚靠塞拉门,防止塞拉门突然开放;车门故障,必须立即通知检车员,未修复前,要采取措施,指定专人认真监控,严禁旅客倚靠车门。

(3)空调车车窗加锁;非空调车车窗必须安装定位卡,抬起高度不超过15cm。

(4)车门看票时,乘务员要同时进行列车开行方向的提示宣传,防止旅客上错车,导致开车后跳车、抓车。

(5)乘务员上车后在翻板上立岗时,必须注意站台及通过台附近旅客动态,防止跳车。

(6)对六种人加强监控,在列车严重超员时、列车严重虚縻时、列车夜间运行时、气温较高时加强巡视,防止旅客跳车。

2. **防范旅客"撞、摔、挤、砸、烫"伤**

(1)列车广播和乘务员要加强安全宣传,劝阻旅客不要站在车辆连接处,不要手扶门框、风挡,更不要将手脚伸入风挡间隙内,不要将头、手伸出窗外,不要向车外抛物。列车超员或旅客集中如厕以及乘务员出入乘务室开关门时,乘务员必须疏导客流,防止挤伤。

(2)列车进站时要确认站台方向;进入无站台股道乘降时,必须确认站舍一侧临线无机车车辆运行,不危及安全时,方可组织旅客下车。

(3)门止必须作用良好,失灵时要立即通知检车员修复。列车通过隧道前,广播员要进行安全提示,列车员要加强口头宣传,防止气流涌入车内,带动端门关闭或开启,打伤或挤伤旅客。

(4)卧车地毯要铺放平整,两端不得折叠或卷边,避免旅客绊倒摔伤。

(5)储煤箱上盖必须加锁加划,防止煤箱盖开启砸伤旅客。

(6)乘务员要加强行李架物品的整理,物品摆放做到平稳牢固,严禁铁器、玻璃制品、锐器上行李架。

(7)乘务员必须向重点旅客宣传安全注意事项,做到儿童乘车"六不准",即:不准在车内来回跑动;不准在座席、茶桌、卧铺上站立;不准将身体和任何部位伸出车窗;不准赤脚在车厢内行走;不准单独如厕和取水倒水;不准在车厢内爬上爬下。

(8)硬卧中、上铺防护栏必须完好牢固。夜间重点旅客上、下铺时,要帮扶到位,防止摔伤。"绿皮车"夏季使用电扇时,要提示上铺躺卧的旅客,手脚与风扇保持安全距离,避免被电扇叶片打伤。

(9)乘务员要提示旅客在取开水和冲方便面时,不要接得过满,车内行走要注意安全,防止列车晃动开水溢出烫伤旅客;提示旅客不要用饮料瓶和罐头瓶接开水,防止瓶体变形、炸裂烫伤旅客;装有开水的水杯和"大碗面"要放在茶桌中间或边茶桌里侧,并做好安全提示,防止列车耸动或其他人刮碰,烫伤旅客;空调车冬季采暖期间,向旅客宣传身体不要接触电暖气,防止烫伤。

3. 防范旅客其他伤害

(1)旅客列车发生不法分子行凶时,乘务员应机智、勇敢、当机立断,迅速通知乘警和列车长,同时要号召车内旅客共同采取果断措施,制止不法分子行凶。

(2)列车长、乘警应立即赶到现场,根据情况组织有关人员制服不法分子,维护车内秩序,稳定旅客情绪,防止发生旅客挤伤、误伤等。对受伤者及时抢救,编制客运记录交车站。

(3)发现旅客针织、掏耳朵、使用刀叉、利器及放在茶桌上盛满开水的杯子未拧盖等安全隐患时,乘务员要提示、制止,防止伤人。

【案例5-4】

1. 事故概况

2012年10月17日,FX—SH1227次列车CZ北开车后,3车乘务员关乘务室门时,将等候上厕所的3车46号座席旅客袁某(女,32岁,NJ市第一高级中学教师,身份证号:×××× 19810102××××,持XZ—NJ新空硬座客快车票,票号:B003488)左手拇指指甲跟部挤伤,列车广播找医生,无医生到场,列车已做简单处置旅客要求NJ站下车治疗。

2. 处理程序

(1)及时救治。列车长应立即赶到现场,组织对受伤旅客进行救治,伤情严重时应立即通过寻医协助进行急救。

(2)了解情况。及时了解情况,收集不少于两份有效旁证材料。

(3)按章处理。由列车工作人员过失造成旅客伤害时,一定要按规定处理,切忌私下送医院或协议"私了",以免事后发生不必要的麻烦。

(4)站车交接。因伤势严重,需送医院救治时,列车长应编制客运记录交站处理,列车工作人员责任造成旅客挤伤时,当事乘务员不下车参与处理。

受伤旅客下车时,列车长也应编制客运记录(图5-4),说明事情发生经过及处理程序与车站办理交接。同时拍发电报(图5-5)。

××铁路局　　　　　　　　客统—1

客运记录

第　05　号

记录事由：	移交受伤旅客

××站：

2012年10月17日,FX—SH12××次列车CZ北开车后,3车乘务员关乘务室门时,将等候上厕所的3车46号座席旅客袁某(女、32岁,NJ第一高级中学教师,身份证号：××××××19810102××××,持XZ—NJ新空硬座客快车票,票号:B003488)左手拇指指甲跟部挤伤,列车广播找医生,无医生到场,列车已做简单处置,旅客要求你站下车治疗。移交你站,请按章办理。

附:XZ—NJ新空硬座客快车票一张,票号;B003488

旅客旁证两份。

注:1. 站、车需要编制记录时均适用。
　　2. 本记录不能为乘车的凭证。

　　　　　　　　　　　　　　　站
　　　　　__JZKY__段　　编制人员　1227次　　（印）
　　　　　　　　　　　　　　　站
　　　　　_____段　　签收人员　　　　　　（印）
　　　　　　　　　　　　　2012年10月17日编制

图5-4　客运记录样例1

铁 路 电 报						
机水号码						电统—3
发报所	电报号码	等级	词数	日	时分	附注

主送:NJ 站

抄送:SH、SYJ 客运处、JZ 客运段

  2012 年 10 月 17 日,FX—SH12××次列车 CJ 北开车后,3 车乘务员关乘务室门时,将等候上厕所的 3 车 46 号座席旅客袁某(女,32 岁,NJ 市第一高级中学教师,身份证号:××××××19810102××××,持 XZ—NJ 新空硬座客快车票,票号:B003488)左手拇指指甲跟部挤伤,列车广播找医生,无医生到场,列车已做简单处置,旅客要求 NJ 站下车治疗。已编制 05 号客运记录,将受伤旅客及两份旁证移交 NJ 站处理,特电告知。

12××次列车长于 NJ 站

2012 年 10 月 17 日

图 5-5 铁路电报样例 1

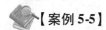

【案例 5-5】

1. 案例概况

  2013 年 1 月 21 日,TL—HLGL6303 次列车 ZSH 到站前,8 车无座席旅客张某(男、51 岁,霍林郭勒市汽车团人,持舍伯吐—HLGL 硬座客票,票号 N063552,身份证号:×××××19630501×××)在 8 车连接处被与其争座位的旅客赵某(40 岁,白音胡硕人,持白音胡硕—霍林郭勒硬座车票,票号 Z013522,身份证号××××××19731002××××)打伤,头部有一处伤口,血流不止,列车广播找医生,无医生到场,列车做简单处置,旅客张某要求霍林郭勒站下车治疗。

2. 处理程序

  (1)依据《铁路旅客人身伤害及携带品损失处理暂行办法》(铁运[2012]319 号)文件,遇下列情形造成的旅客人身伤害应当立即向铁路公安机关报警,列车上向乘警报警:

  ①杀人、抢劫、抢夺、强奸、爆炸、纵火、绑架、结伙斗殴、寻衅滋事、故意伤害、击打列车、故意损毁、移动站车设备等违法犯罪行为;

  ②因散布谣言、谎报险情、疫情、警情、扬言放火、爆炸、投放危险物质或者非法阻拦行车、堵塞通道等,引起公共秩序混乱;

169

③火灾、爆炸、中毒等治安灾害事故；

④精神病人肇事肇祸，醉酒滋事行为。

（2）列车长和乘警接到报告后及时赶赴现场，做好解释工作，制止打架斗殴，防止事态扩大。同时向当事人和周围旅客了解情况，对责任双方加强控制，防止其中一方逃脱，影响后续处理。

（3）由乘警向当事人进行问话笔录，列车长要收集旁证材料，并及时对受伤者进行救治。

（4）列车乘警开具三联单向车站派出所移交，列车长编制客运记录将伤者交前方站处理，乘警在客运记录上签字。

列车长编制客运记录（图5-6）；列车长拍发电报（图5-7）。

沈阳铁路局　　　　　　　　　　　客统—1

客运记录

第 10 号

记录事由：	移交受伤旅客
霍林郭勒站：	
2013年1月21日，TL—HLGL6303次列车ZSH到站前，8车无座席旅客张某（男，51岁，HL市汽车团人，持舍伯吐—HLGL硬座客票，票号N063552，身份证号：×××××19630501×××）在8车连接处被与其争座位的旅客赵某（40岁，BYHS人，持白音胡硕—HLGL硬座车票，票号Z013522，身份证号：×××××19731002×××）打伤，头部有一处伤口，血流不止，列车广播找医生，无医生到场，列车做简单处置，旅客张某要求你站下车治疗，移交你站，请按章办理。	
附：舍伯吐—HLGL硬座客票，票号N063552。	
白音胡硕—HLGL硬座车票，票号Z013522。	
旅客旁证两份，打人、被打旅客自述材料各一份。	

注：1. 站、车需要编制记录时均适用。
　　2. 本记录不能为乘车的凭证。

　　　　　　　　　　　　　　　　　　　　站
　　　　　　　　JZ客运 段　　编制人员　6303次　　（印）
　　　　　　　　　　　　　　　　　　　　站
　　　　　　　　_____ 段　　签收人员　　　　　　（印）
　　　　　　　　　　　　　　　　2013年1月21日编制

图 5-6　客运记录样例 2

铁 路 电 报							
机水号码							电统—3
发报所	电报号码	等级	词数	日	时分		附注

主送：HLCL 站

抄送：SY 局客运处、公安局治安处、TL 公安处、BYHS 车务段、HLGL 站派出所、TL 乘警支队、JZ 客运段

　　2013 年 1 月 21 日，TL—HLGL6303 次列车 ZSH 到站前，8 车无座席旅客张某（男，51 岁，HLGL 市汽车团人，持舍伯吐—HLGL 硬座客票，票号 N063552，身份证号：×××××19630501×××）在 8 车连接处被与其争座位的旅客赵某（40 岁，白音胡硕人，持白音胡硕—HLGL 硬座车票，票号 Z013522，身份证号：×××××19731002×××）打伤，头部有一处伤口，血流不止，列车广播找医生，无医生到场，列车做简单处置，旅客张某要求 HLGL 站下车治疗，已编制客运记录将受伤旅客及打人旅客连同旅客旁证两份、当事旅客自述材料两份一并移交 HLGL 站处理，特电告知。

6303 次列车长于 HLGL 站

2013 年 1 月 21 日

图 5-7　铁路电报样例 2

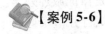【案例 5-6】

1. 案例概况

2013 年 1 月 16 日，SYB—FZ K×××次列车 SHG 站停时，12 车 6 号座席旅客张某（男，36 岁，PJ 油田职工，身份证号码：×××××19770102×××，持 SY 北—天津，硬座客快速车票，票号：N012475）在给上车的旅客让座时，碰倒茶桌上的水杯，将 12 车 5 号座席旅客刘某（男，32 岁，山东省 S 县 SC 镇文化路麻纺南港 478 号，身份证号码：×××××19820611×××，持 SY 北—菏泽新空硬座客快速车票，票号：Y003791，）左腿内侧烫伤，烫伤面积 3cm×4cm，列车广播找医生，无医生到场，列车做简单处置，旅客要求 HZ 站下车治疗。

2. 处理程序

（1）及时救治。列车长应立即赶到现场，组织对受伤旅客进行救治，伤情严重时应立即通过寻医协助进行急救。

（2）了解情况。及时了解情况，收集不少于两份有效旁证材料，旅客伤势较轻时，取旅客自述材料一份。

（3）站车交接。因伤势严重，需送医院救治时，列车长应编制客运记录交站处理。

受伤旅客下车时，列车长也应编制客运记录，说明事情发生经过及处理程序与车站办理交接，同时拍发电报。

五、禁烟管理

车厢连接处为旅客吸烟场所，张贴吸烟标志明示。列车其他场所均禁止吸烟，设立明显

的禁止吸烟标志。加强不吸烟管理,发现旅客在禁止吸烟场所吸烟应进行劝阻,对劝阻不听从者,通知乘警处理。动车组列车实行全列禁烟。

1. 旅客禁烟管理

国务院公布的2014年1月1日起施行的新版《铁路安全管理条例》在动车组列车上或者其他列车的禁烟区域吸烟作为危害铁路安全的行为做了明确规定。并对违反规定的,由公安机关责令改正,对个人处500元以上2000元以下的罚款。

新版《铁路安全管理条例》的实施,将使列车禁烟工作有法可依,对保持旅客的旅行环境和列车安全大有裨益。旅客列车是人员高度密集的流动场所,人多地方小,如果在车内吸烟,一旦起火将危及大家的生命安全。虽然每节车厢配备了灭火器,但是灭火器只能扑救初起火灾,一旦起火加上火车运行时的风力,可能会导致火势的迅速蔓延。可见,列车发生火灾事故,其危害远远大于地面火灾事故。在列车上吸烟时,烟头或火星掉落在任何一个不易发现的地方或易燃物品上,都会埋下火灾隐患。显而易见,一个烟头就是一个火种,是列车火灾不可忽视的隐患,是列车安全的大敌。为了保证安全,消灭火源,防患于未然,禁止在旅客列车内吸烟就显得非常重要。但近年来,因吸烟引起的旅客列车火灾却难以杜绝且屡见报端。

虽然目前禁止在列车上吸烟采取了很多措施,高铁、动车实行了全列戒烟,但在普速旅客列车上仍然在连接处设有吸烟处,个别旅客不遵守禁止在列车内吸烟的规定,不听工作人员劝阻,乱扔烟头,甚至躺在卧铺上吸烟,入睡后烟头自然会掉在衣服、被褥或其他可燃物上,极易引起火灾。

新版《铁路安全管理条例》对违反规定吸烟的旅客处罚力度较大,这既是保证旅客列车安全的需要,更是每一名旅客应尽的义务。同时,列车工作人员也要认真执行并落实好新《条例》的要求,加强对在列车内吸烟旅客的劝阻,做好旅客列车内禁烟工作,消除火灾隐患,确保列车和旅客生命财产的安全。

动车组列车有别于其他列车,它属于全车禁烟,一旦吸烟,列车上的烟火报警系统就会自动报警,不仅会造成列车减速或停车,影响行车安全,严重的还会造成列车火灾,危机列车和旅客生命财产安全。动车组列车要做到车厢内禁烟标识齐全、字迹清楚;车辆部门应定期对动车组列车烟雾报警装置进行检查;各客运段对发现的烟雾报警器故障随时报告,并填写设备联检记录;动车组列车在广播计划中添加禁烟广播内容;在动车组列车车厢两端电子显示屏上滚动显示禁烟宣传内容等。

2. 客运乘务员禁烟管理

(1)班组乘务员在出乘时要主动上缴个人携带的香烟和火种,列车长负责统一收缴、登记和保管。

(2)餐车人员或售货人员的香烟、火种由餐车长或售货组长负责收缴及返还、登记,列车长负责保管。始发列车开车前,列车长要向餐车长或售货组长索要收缴的香烟和火种,并按照保管客运乘务员香烟、火种的措施进行保管。列车长在索要或返还时,要将索要或返还的时间、地点、香烟和火种的品名(数量)登记在《列车长考核手册》内,并要求餐车长或售货组长在手册上签认。

(3)客运班组中间开口的列车,列车长要凭《列车长考核手册》,交接餐车人员或售货人员的香烟、火种,接班列车长在手册上重新登记,并相互在手册上签认;餐车或售货班组中间开口的列车,列车长索要、返还餐车人员或售货人员香烟、火种的措施按照上述第2条的规定执行。

(4)列车运行中乘务员严禁在值岗期间吸烟。双班作业的列车,休班班组乘务员在宿营车休息前或起床后 30min 内,可着便装(无肩牌、胸章)在宿营车允许吸烟端通过台吸烟,休班列车长负责按规定时间发放、收缴和登记,并进行检查、监控。

(5)折返站乘务员不入公寓,车体停留时间在 3h 及以上的列车,车内整备作业结束后,列车乘务员可着便装集中在宿营车或列车中部指定车厢一端通过台吸烟,列车长负责按规定时间发放、收缴、登记香烟和火种,并进行检查、监控。

(6)折返站乘务员不入公寓,且车体停留时间在 3h 以下的列车,单班作业的班组,出乘前列车长收缴的香烟和火种,在车下保管,禁止带上车,班组返回退乘后返还乘务员;双班作业的班组,车体停留期间乘务员禁止吸烟。

(7)折返站入住公寓的班组,乘务员到达公寓后列车长将香烟和火种返还乘务员,折返站出乘时列车长再次收缴、登记、保管香烟和火种,班组到达本部退乘时返还乘务员。

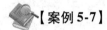
【案例 5-7】

1. 案例概况

1995 年 2 月 25 日,××局 249 次(LZ 至 WLMQ)客车在 WLMQ 站停留时因乘务员在乘务室吸烟引起火灾,烧毁三辆客车。

2. 原因分析

列车乘务人员吸烟严重违反作业纪律,对旅客造成不良的影响和带动,并造成极大的列车防火隐患,同时,列车乘务人员消防知识、防火处理能力也有待提高。

六、消防安全

旅客列车消防工作贯彻"预防为主,防消结合"的方针,坚持专门机关与群众相结合的原则,做到消防安全与行车安全并重,切实做好旅客列车安全防火工作。

(1)乘务人员必须经过全面的消防安全培训,人人达到"三懂三会",即:懂得本岗位的火灾危险性,懂得预防火灾的措施,懂得扑救火灾的方法;会报警,会使用灭火器,会扑救初起火灾。熟记岗位防火职责和火灾事故应急处置基本要求,做到严格考核,持证上岗。保洁人员上岗前也应进行消防安全培训,持证上岗。

(2)操作"两炉一灶"和空调、火灾报警器等设备的乘务人员,应经过专门的消防知识培训,取得合格证后方可上岗。

(3)车辆电气设备必须保持状态良好,电器元件应安装牢固,接线及插座无松动,按钮开关、指示灯作用良好;严禁乱拉电线和违章安装、更换电气装置、元件;严禁擅自使用电热器具等电器。

(4)配电室内禁止存放物品,配电箱、控制箱内及上部不得放置物品,门锁必须良好,人离锁闭;可燃物品不得贴靠电采暖装置。

(5)车辆电气绝缘应符合要求,漏电保护、电气接地等装置应匹配、有效。车辆电气绝缘测试、设备巡检和交接应有记录。严禁用水冲刷地板。

(6)餐车配备的电烤箱、微波炉、电磁炉等餐饮炉具使用时,操作人员不得离岗。

(7)客车取暖和蒸饭锅炉、茶炉应配件齐全、状态良好,落实点火试验和交接制度。使用中,乘务人员应按规定检查水位(压)表、水温表、验水阀、水循环状况,做到不漏水、不超温,严禁缺水、干烧。炉灰应先用水浸灭后再处置,炉室内不准堆放杂物,离人加锁。

(8)餐车炉灶、锅炉烟囱防火隔热装置应完好有效,餐车入库应压火。

(9)列车运行中,餐车严禁炼油,使用燃煤炉灶油炸食品和过油时,油量不得超过容器容积的三分之一。

(10)应定期对餐车炉灶台面、墙壁、抽油烟机、排烟罩、烟道、排风扇、车顶外表面和烟筒口、帽的油垢进行清除,保持清洁,并填写记录。

(11)循环水泵箱、检查孔、观察孔、煤厢、取暖器防护罩内部应保持清洁无杂物;停用的炉室应彻底清除可燃物,加固锁闭。

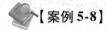【案例5-8】

1.事故概况

2006年12月22日,××铁路局2585次旅客列车(YC至XA)终到XA站后,车底拉到SMC站停留。14时05分,看车人员发现行李车锅炉间冒烟,立即向车站报警。车站将行李车解体拉至安全线实施扑救,14时35分将火扑灭。经查,事故原因系锅炉缺水干烧,车厢壁板因高温灼烧发生阴燃,过火面积约$1m^2$。事故发生时的行李员离岗。

2.事故原因

这起火险是由于乘务员焚火作业中,不认真进行查验,未及时掌握锅炉燃烧状态,造成锅炉缺水干烧,引起火险,暴露了车队对于职工焚火安全管理,安全责任意识教育的严重疏忽。

七、食品安全

为了保障旅客身体健康,列车上的食品安全问题不容忽视,要加强铁路运营食品安全管理。

1.食品安全管理规定

铁路运营中的食品流通、餐饮服务经营者,应当经铁路食品安全监督机构许可后,凭许可文件证件到工商行政管理部门登记。铁路食品安全监督机构按照食品安全法律、行政法规、部门规章以及有关标准、要求、规范对铁路运营中的食品流通、餐饮服务等进行许可和监管,对食品经营者违反《食品安全法》规定的行为进行行政处罚。

铁路餐车使用餐料应当保持清洁,即时加工,隔餐食品必须冷藏。专供旅客列车的配送食品应当符合保质时间和温度控制等食品安全要求。

食品运输车辆应当安全无害,保持清洁,标有清洗合格标识,防止食品污染。禁止承运不符合食品安全标准的食品,禁止食品与有毒有害物品混放、混装、混运。食品运输经营者发现可能受污染的食品,应当及时采取控制措施,并及时报告铁路食品安全监督机构。

2.高铁动车食品安全

(1)列车餐饮服务由与铁路局签订餐饮服务合同的专业餐饮公司承担。为列车提供餐饮服务的企业必须通过ISO 9000或HACCP质量认证。列车销售的食品、饮品应当为全国名优产品并应当有"QS"标志。列车上销售的食品和商品,必须由餐饮公司统一采购。餐饮公司销售人员应将上车食品、商品的出库单交列车长以备检查。列车销售的食品和商品销售应当明码标价、一货一签,并有"CRH"标记。

(2)列车长对餐车上货单所有食品进行全面检查监控,杜绝"三无"食品,通过检查配餐外包装是否完好无破损、生产日期打印清楚且不超过有效期,严防配餐变质。冷热链盒饭超过有效期必须销毁,冷链盒饭加热后2h,热链盒饭生产出4h必须销毁。

(3)加热后未售出的食品严格实行定时报废制度。列车上报废的食品在未处理前应醒目标明"报废"字样存放。高铁动车组列车客运乘务员必须对配餐公司列车食品安全和经营服务工作进行全面监管,发现问题立即制止,并做好信息反馈工作。

第四节 安全设备管理

一、旅客列车安全设施

(1)门(窗)锁、窗卡、各处天棚、煤箱盖、翻板、安全防护栏、塞拉门、锅炉、茶炉、餐车炉灶、电化厨房、配电柜(盘)、人力制动机、轴温报警器、灭火器及其他各类消防设备齐全完备,无故障,状态良好,灭火器压力表朝外,挂具牢固。紧急制动阀无破封。

(2)列车编组车辆方向一致,卧车旅客通道在列车的同一侧,疏散通道保持顺畅;邮政车、行李车货仓安全通道宽度不小于50cm,不堵塞端门;餐车设置2条防火毯,放在离炉灶最近柜橱内,有标志牌。

(3)列车前部、后部风挡门处安装全封闭式安全防护栏;餐车厨房侧门玻璃应改造为内翻式可开启式窗户,尚未改造的应在侧门外加装防护栏,四角加锁固定;餐车后厨门、走廊边门加套明锁,钥匙由餐车长保管;夏季后厨边门使用铁网门,四扣齐全,用U形锁锁闭;车厢固定外顺号牌入槽捆绑固定。

(4)列车高站台乘降使用安全渡板。

(5)售饭、售货、送水车外沿安装防撞胶条;售饭、售货车有制动装置;送水壶有防烫罩,水壶加锁,水嘴有帽。

(6)车内各类禁止、警告、安全提示、消防设施等标志齐全,设置明显、规范、美观、大方、统一。车内应粘贴"禁止吸烟""禁止抛物"等标志;电茶炉设"当心烫伤"标志;与机车、发电车、行李车、邮政车等连接的车厢内端门和尾部乘坐旅客车厢的后部内端门设"请勿通过"标志;塞拉门内侧设"禁止依靠车门"标志;行李车货仓内设"严禁烟火"标志;厕所门处设"当心夹手"标志;紧急制动阀贴有"危险勿动"标志。

二、旅客列车安全设备

(一)紧急停车装置

1.紧急制动阀

紧急制动阀(图5-8)位于车厢乘务间对面的墙壁上或出门的左边墙壁上或通过门的后面。手把上有铅封,旁边有压力表。列车需要紧急停车时使用。

使用方法:使用时,不必先行破封,立即将阀手把向全开位置拉动直到全开为止,不得停顿和关闭。遇弹簧手把时,在列车完全停车以前不得松手。在长大下坡道上,必须先看压力表,如压力表指针已由定压下降100kPa时,不得再行使用紧急制动阀(遇折角塞门关闭时外)。

发现下列危及行车和人身安全情形时应使用紧急制动阀停车:

(1)车辆燃轴或重要部件损坏;

(2)列车发生火灾；

(3)有人从列车坠落或线路内有人死伤(特快旅客列车不危及列车运行安全时除外)；

(4)能判明司机不顾停车信号,列车继续运行；

(5)列车无任何信号指示,进入不应进入的地段或车站；

(6)其他危及行车和人身安全必须紧急停车时。

不能使用紧急制动阀的情况：

(1)列车运行在桥梁上或隧道内时；

(2)列车发生火灾运行在居民稠密区、厂矿、草垛、易燃易爆等危险品存放区时；

(3)在长大下坡道上如风表指针由定压下降100kPa时(遇折角塞门关闭时除外)。

2. 列车人力制动机

客车常用的人力制动机为螺旋式(图5-9),安装在客车通过台端墙板上。人力制动手轮为摇把形,平时手把可缩入端板内。这种制动机主要是在车厢无动力(无机车牵引或机车故障)时使用。如车厢在编组甩挂作业时或列车遇到风暴、火灾、塌方等自然灾害而又失去动力时,就需要将制动机旋紧,以防车厢溜动。

图5-8 紧急制动阀　　　图5-9 列车人力制动机

乘务员听到机车鸣示三短声时,应将人力制动机的手把用手拉出并依顺时针方向转动,嵌入式的要先拔出手把,再将人力制动机旋紧。机车鸣示二短声时,则反转缓解。

(二)消防设施

1. 灭火器

列车上常用的灭火器,如图5-10所示。主要是干粉灭火器、水雾灭火器。适用范围:可燃固体、可燃液体、可燃气体,带电设备初起火灾。

(1)干粉灭火器:使用前先摇匀,拉出保险销,对准火焰根部按下压把即喷,注意灭火时要站在上风位置。

(2)水雾灭火器:使用前先摇匀,拉出保险销,不可倒置使用,对准火焰根部按下压把即喷。

2. 灭火毯(又称防火麻袋)

餐车配备灭火毯2条,放在灭火毯专用箱中,如图5-11所示。灭火毯专用箱置于餐车厨房的门口处。主要用于扑救餐车厨房内的火灾。

3. 消防锤(又称紧急破窗锤)

空调客车硬座车配备消防锤,如图5-12所示,仅限紧急逃生时使用。

使用方法:使用时握住紧急破窗锤把手,用力向外侧拔出,然后敲击车窗动车组敲击紧急逃生红色圆圈提示位置后,利用把手外侧保护框将未完全脱落的玻璃推向车体外侧。

 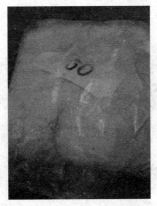 

图 5-10　灭火器　　　　　　图 5-11　灭火毯　　　　　　图 5-12　紧急破窗锤

(三)其他安全装置

1. 轴温报警器

轴温报警器,如图 5-13 所示。位于乘务间配电箱内,用于检测车轴的温度,当轴温高于车外气温 40℃时,轴温报警器发出"嘟、嘟……"声音报警,屏幕闪烁,客运乘务员要及时通知车辆乘务员处理,严禁乱动或关闭轴温报警器。

2. 安全渡板

每个车厢配有一块安全渡板,如图 5-14 所示。当列车停在高站台处时,在列车停稳开门后,置于车门与站台之间,用以补充站台与车体之间的空隙,防止旅客上下车时因踩空发生意外。

图 5-13　轴温报警器　　　　　　　　图 5-14　安全渡板

3. 列车上的电器设备

旅客列车上除停车、消防设备外,还有很多用电的设备,如配电柜、电源开关、电磁炉、电热水器等,这些电器设备都禁止乱动、乱接电源线;禁止超负荷使用;禁止湿手、摸黑开关电器设备;出现故障应立即停用;出现火情,应立即断电,禁止用水扑救。

(四)动车组安全设备

1. 紧急制动装置

动车组紧急制动装置,如图 5-15 所示。紧急情况需要制动时使用,如司机判明可继续行车时,司机可操作将紧急制动复位,列车缓解后可继续运行。

使用方法:使用时不必先行破封,直接将阀手柄向下拉动至底部,即可松手,列车停车后用钥匙将紧急制动阀复位。

2. 防火隔断门

动车组防火隔断门,如图5-16所示。发生火灾时,防火隔断门可阻止或延缓火势蔓延,最长阻燃时间为15min。

图5-15 紧急制动装置　　　　　　　　　图5-16 防火隔断门

使用方法:使用钥匙打开防火隔断门上侧门锁,拉动防火隔断门,直至两边门合闭,然后锁闭防火隔断门。

3. 紧急逃生窗

动车组紧急逃生窗,如图5-17所示。利用手柄开启。仅限紧急逃生时使用。

使用方法:使用紧急破窗锤击破紧急逃生窗玻璃组织旅客按顺序逃生。

图5-17 紧急逃生窗

4. 疏散舷梯

动车组疏散舷梯,如图5-18所示。在动车组运行中途因故障不能继续运行时,疏散舷梯可将乘客从故障动车组上转移至相邻线路的列车上。疏散舷梯时,乘客可以在必要时从列车上下到站台上。疏散舷梯既可作为一个桥来连接停靠在旁边的列车,也可作为一个梯子使用下到地面上。

使用方法:梯身自带扶手,向上拉起,用套管将扶手固定即可。

5. 乘降梯

动车组乘降梯(均为拼装式),如图5-19所示。位于4车二位端逃生梯室内。在动车组运行中发生紧急情况,停车后需将乘客从动车组上转移到地面时使用。乘客下车时,要确保地面上的安全。

使用方法:将梯身拼装好,即可使用。

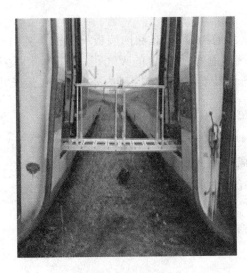
图5-18 紧急疏散舷梯

图5-19 乘降梯

6. 车厢内车门控制装置

动车组车厢内车门控制装置,位于车厢内车门一侧电控挡罩上。由上至下分别为:上解锁、蜂鸣器、紧急开门按钮(外侧有保护罩,是旅客在紧急情况下使用的紧急开门装置)、绿色开门按钮(为触摸式开门装置)、红色关门按钮(为触摸式关门装置)、下解锁、红色手动扳手,用于车厢内操作开、关车门。

使用方法:上解锁为开门锁,使用钥匙向任意一侧拧动,向上扳动红色手动扳手至90°位置后拉动车门即可打开;紧急开门按钮使用时,直接将按钮外部防护罩按破后,按下按钮,将红色手动扳手向上扳动至90°位置后拉动车门即可打开;绿色开门按钮和红色关门按钮必须在司机释放后方可使用,司机释放后开关门按钮内部灯呈亮灯状态,未释放为灭灯状态;下解锁为关门锁,用钥匙向内侧拧动则关闭除当前操作的车门以外的一侧其他车门。注意在操作之前,必须先确认车门右侧下方的手动车门锁未被锁闭,若锁闭,用钥匙解锁后方可操作。

7. 车厢外车门控制装置

动车组车厢外车门控制装置,位于车厢外车门面板右侧。包括手动开门扳手、触摸式开门按钮、手动车门锁,用于在车厢外操作开启车门。

使用方法:在车厢外开门时,将手动开门扳手扳至90°位置不要松手,同时拉动车门即可开启车门;车门中间处的触摸式开门按钮,应在司机释放后才可使用,司机释放后按钮内部灯呈亮灯状态,未释放为灭灯状态。注意在操作之前,必须先确认手动车门锁未被锁闭,若锁闭,用钥匙解锁后方可操作。

8. 站台补偿器

动车组站台补偿器,位于车门地板边缘。在列车停稳开门后站台补偿器自动落下,补充站台与车体之间的空隙,防止旅客下车时因踩空发生意外。

使用方法:站台补偿器应随车门开启和关闭自动落下或收起,自动装置故障时应使用手动开关。手动落下时,使用钥匙手动打开补偿器,站台补偿器方可落下;手动收起时,需用手将补偿器搬起并不得松手同时用钥匙将于动开关关闭即可,此操作必须在车门关闭前完成,否则车门无法关闭。

9. 紧急通风装置

动车组全列每节车厢顶棚均设有针孔状紧急通风系统;车厢内墙板下侧板条缝内侧均设有吸气装置,过道处的吸气装置设在车厢两端过道处,顶棚上的吸气孔。当动车组发生断电,空调系统不能正常运行时自动启动紧急通风装置,用来维持车内空气流通,最长可维持30min。

三、旅客列车防火安全设备

旅客列车出入库防火安全、服务设施设备质量检查内容,以防火安全和直接涉及旅客切身利益的车辆设施设备为主,分为供暖、制冷系统、供水系统、供电系统、消防设施、服务设施设备。主要包括如下设施设备。

(1)配电盘电器开关,各接线柱、电线路、保险容量;

(2)空调车温度控制仪器;

(3)照明、广播、电铃开关,照明灯、应急灯;

(4)电扇、排风扇及开关,通风窗;

(5)空调、暖气、电暖气制冷供热状况,发电车各管路系统;

(6)灭火器、火灾报警器、紧急断电按钮,逃生器、灭火毯、安全锤;

(7)餐车茶炉、锅炉、茶炉炉体顶罩、外套、烟囱、厨房电气化设备;

(8)锅炉验水阀、手泵、电泵、水位表、温度表、管路;

(9)茶炉出水阀、压力表、水位表;

(10)电茶炉水阀、指示灯及发电车燃油炉;

(11)蒸饭锅炉水位表、压力表、阀体;

(12)餐车水槽、炉灶、排烟罩,餐车炉灶炉体、烟道及炉内泥套、排风设施;

(13)餐车冷藏柜、后厨立、卧式冰箱;

(14)各车门、锁、划、止、翻板、卡簧;

(15)地板(塌陷、鼓包);

(16)车厢内各柜门、锁、划、折页、抽屉及车窗、玻璃;

(17)座椅(铺)、茶桌、衣帽钩;

(18)行李架、物品架、卧铺安全带;

(19)揭示框、烟灰盒;

(20)席位标志牌、标高线;

(21)洗面(手)盆、照面镜、梳妆台;

(22)厕所车窗防护栏,坐、蹲便器及盖、集便器;

(23)洗手液盒、卫生纸、架洗面间出水阀、管路;

(24)地漏堵、洗面盆堵、厕所便器堵、厕所出水阀;

(25)安全防护栏、窗帘杆、温度计;

(26)电子显示屏、电视及耳机。

四、两炉一灶管理

"两炉一灶"指客车内安设的燃煤锅炉、茶炉、餐车炉灶。

(1)锅炉室、茶炉室离人加锁,室内应保持清洁,禁止存放物品、晾挂衣物;炉灰用水浸灭装袋随垃圾袋投放,严禁从排灰孔排放;非取暖期间,锅炉室门应封闭。餐车炉灶有火(电)时餐车不得离人。

(2)锅炉、茶炉不缺水,锅炉不超温,蒸饭器不超压。

(3)锅炉点火前必须注水,严禁无水点火。

(4)餐车炉室内不准堆放易燃易爆物品及其杂物,锅炉室门做到人离锁门。

(5)旅客列车到达终点站前或在整备库停留时,锅炉要灭火。

(6)使用电茶炉装置时,要对电茶炉装置进行监控,发现开水炉控制箱内发出异味、冒烟、打火、短路、外壳带电等异常现象时,要立即切断电源,并通知列检检查维修。

(7)电开水炉炉体上、下部及开水炉控制箱上面和内部严禁堆放杂物。

(8)严禁用湿布擦拭电茶炉电器控制箱内、外部和所有电器元件及配线,以免电器短路、漏电。

(9)使用中应经常检查电茶炉开水水龙头的下部固定螺母与手柄是否松脱,防止旅客被烫伤。

(10)灶台做到一餐一清,烟囱内部、排烟罩、排气扇孔固定部分不拆卸能接触的部位一趟一清,有登记、有检查、有签字;每月定期按分工全面进行一次油垢清理;需拆卸清除的排气扇、烟囱帽由车辆部门负责拆卸,餐车乘务人员负责清理,车辆部门拆卸人、包保人、餐车清理人、包保人有签字。

(11)运行中严禁油炸食物,储油容器与炉灶距离不得小于30cm。

五、用电安全

(1)安全使用电源,按操作规程正确使用电器设备。严禁随意调整空调温度设定值及带电开关电暖器。配电室要保持清洁、无其他物品,配电室(柜)、控制箱及时锁闭。

(2)禁止在电源处及配电柜、电暖器、电茶炉等电器装置上部及附近堆放或搭挂物品。冬季开启电暖器时,物品距离电暖器保持10cm以上。

(3)严禁无照明开启电器设备,防止触电;电气化区段站停不冲洗车皮,严禁攀登车顶作业。

(4)严禁擅自私拉电线、增设电器装置;严禁用水冲刷地板、通过台和电暖器;严禁脚踩空调机组顶罩。

六、电气化铁路区段安全

(1)所有接触网设备,自第一次受电开始,在未办理停电接地手续之前,均按有电对待。

(2)在电气化区段,除专业人员按规定作业外,所有职工和所携带物件(如长杆、导线等)与接触网设备的带电部分,必须保持2m以上的距离。

(3)在距离接触网带电部分不足2m的建筑物作业时,接触网必须停电。

(4)在电气化区段,职工不准登上机车车辆顶部或翻越车顶通过线路。

(5)禁止通过任何物体,如棒条、导线、水流等与接触网的各导线及相连部件相接触(接触网特殊带电作业除外)。

(6)用水或一般灭火器浇灭离接触网带电部分不足4m的燃着物体时,接触网必须停电;距离接触网超过4m的燃着物体,可在接触网不停电情况下进行灭火,但水流必须不向接触网方向喷射。若用沙土灭火时,在距接触网2m以上时,可不停电。

第五节　班组安全管理

一、乘务员出、退乘安全管理规定

（1）出乘前（折返站待乘）期间严禁饮酒，充分休息，保证精力充沛。严禁穿超标高跟鞋、钉子鞋，严禁穿塑料底鞋出乘。

（2）班组出退乘时严格按照车队规定的路线列队行走，不得私自离队，行进中列车长做好防护工作，走人行道，注意来往车辆。班组乘务人员提前30min到达站台接车。

（3）列队需在站内横越线路时，必须走天桥、地道。无天桥、地道，走平交道口，执行"一停、二看、三通过"制度，由列车长专职防护。严禁钻爬车底，跨越车钩。不得在线路中心行走、停留。需要顺线路行走时，应走路肩，不走轨心、轨面和轨枕头，并随时警觉前后列车。

（4）在站台等待接车，应站在安全线以内的安全地点，随时注意过往作业车辆。

二、折返站安全管理规定

（1）列车终到折返站后，由列车长组织统一下车，行走规定路线，由列车长负责前后防护。

（2）乘务人员统一到公寓休息，按规定保休，严禁私自外出饮酒、赌博等行为，遇有特殊情况需外出时，要及时向列车长请假，列车长批准后方可外出，不得单独行动，并保证交通安全。

（3）公寓休息严禁违规使用电器设备和在房间内吸烟，防止发生火灾。

（4）需外出时，应结伴同行，严格执行同去同归制度。任何人员严禁以各种名义为借口脱离班组单独行动或组织乘务员集体外出。

三、乘务安全管理规定

（1）列车始发前，工作人员对列车上的电子显示屏、紧急制动阀、安全锤、监控室、车载电话、广播系统、灭火器、车门及翻板状态、餐车配备的冷冻柜、冷藏柜、保温箱、电烤箱、消毒柜、微波炉等电器及电茶炉插座、插头进行检查，做好记载。

（2）保证列车始发、途中、终到车门及翻板作用状态良好。途中停车时，车门设置状态正确。车门发生故障在未修复前必须对车门进行监控，严禁旅客在故障车门处逗留，做好宣传和提示。

（3）行李架上物品摆放要做到平稳牢固，无铁器、锐器、玻璃制品、超大超重及杆状物品。大件物品行李架要摆放牢固整齐。

（4）餐车配备的冷冻柜、冷藏柜、保温箱、电烤箱、消毒柜、微波炉等电器保持清洁；电茶炉插座、插头安装牢固，周围不得有杂物。使用时，操作人员不得离岗，做到人离断电。

（5）加强对灭火器的检查，防止短少、超期、破封或泄压，保证处于良好状态。灭火器应保持清洁，严禁搭挂物品。

（6）做好"三品"的检查，发现有旅客违章携带易燃易爆危险物品或不能判明性质的化工产品，要及时通知乘警长到场按章处理。

（7）列车长在巡视车厢时，重点对行李架、卫生间、车门的检查。

(8)对中途站旅客乘降车门安全监控、换端作业车门安全监控和列车设备安全监控措施的落实情况进行检查。

四、库内安全管理规定

(1)高铁动车组列车在检查库、存车线停留存放时,由动车段(所)负责看守。高铁动车组列车出库后停留期间,由高铁动车组列车停留车站负责在车下看守,看守人员不得上车。

(2)高铁动车组列车终到后,由列车长、机械师、乘警对全列进行检查,确认设备状态正常,无遗留火种和闲杂人员。入库作业完毕后,应全列断电、关闭车门。

(3)车内严禁吸烟和使用明火,客运质检员负责收取保洁人员的火种和香烟,并应督促作业人员遵守消防安全规定。

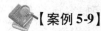
【案例5-9】

1. 事故概况

2008年8月25日20时21分,××客运段担当的TJ至SZT188/5次列车厨师长李某(男)在深圳折返站上公寓洗澡后,独自一人返回车体途中,当行至深圳北下行1道正线时被通过的广州东—深圳T877次快速列车撞上,当场死亡。

2. 事故原因

直接原因一是厨师长李某违反规定单独一人返回车体,二是没有认真执行"一站、二看、三通过"的制度,盲目抢越线路,是造成事故的直接原因。间接原因是餐车主任对本班组人员安全管理要求不严,教育不到位,班组人员之间没有起到安全互控的作用,导致个别人员随意单独行动。

第六节 突发事件应急处置管理

一、站车发生火灾、爆炸事故时的应急处置程序

1. 动车组列车的应急处置程序

(1)动车组列车工作人员(含司机、随车机械师、乘警、客运、餐饮、保洁等人员)发现或接到旅客反映车厢内有爆炸、明火、冒烟或消防设施报警时,应立即到现场查看、施救并通知列车长。列车长接到通知后,应会同随车机械师、乘警根据具体情况,采取相应的措施进行处置。在扑救火灾时,列车乘务人员应保护好现场,并采取措施做好宣传工作,稳定旅客情绪,维持秩序,以免发生混乱。

(2)在确认爆炸后,列车工作人员应立即使用紧急制动阀停车并按下火灾报警按钮(火情小能处置的可不使用制动阀),同时列车长(或随车机械师)立即通知司机。停车后,司机应立即向列车调度员或车站值班员(车务应急值守人员)报告,配合列车长、随车机械师、乘警进行火灾扑救、旅客疏散等工作。有制动停放装置的由司机负责实施防溜,无制动停放装置的由随车机械师做好防溜、防护工作。

(3)列车长应立即指挥列车所有的工作人员进行处置,乘警、随车机械师等列车工作人员应积极配合;同时组织事故车厢的旅客向其他车厢疏散。

(4)待全部人员向安全车厢疏散完毕,火势仍未得到有效控制,需向地面疏散时,列车长

应立即通知司机、随车机械师或其他列车工作人员关闭通道阻火门。司机根据列车长的请求,向列车调度员报告,请求向地面疏散,现场救援。

(5)组织旅客疏散时,必须扣停邻线列车。司机在接到列车调度员已扣停邻线列车的口头指示后,立即通知列车长,列车长接到司机通知后应立即指挥列车工作人员打开车门,根据需要安装好应急梯,组织旅客向地面安全地带疏散。

(6)列车工作人员应组织好旅客有序疏散,并照顾好重点旅客确保人员安全。

(7)要动员旅客中的医护人员和列车工作人员对受伤人员开展紧急救护,并做好对重点旅客的服务工作。

(8)列车工作人员应积极配合公安部门保护好事故现场,协助公安人员调查取证。

(9)如遇火灾危及旅客安全,又未能及时接到扣停邻线列车的命令,列车长应会同司机,组织列车工作人员打开运行方向左侧车门(无线路一侧),结合现场实际,确定旅客疏散方向和疏散方式,列车工作人员应做好旅客安全宣传和防护,严禁旅客跨越线路。

2. 车站的应急处置程序

(1)车站工作人员发现或接到旅客反映站内有爆炸、明火、冒烟或消防设施报警时,应立即报火警并向车站值班干部报告。车站值班干部通知有关人员立即到现场确认和处置,同时赶赴现场。

(2)在确认火灾、爆炸后,车站值班干部负责现场指挥救援,并将事故情况首先上报铁路局客运调度,之后将事故情况逐级上报。

(3)现场工作人员应组织旅客安全有序地撤离事故现场,同时做好受伤人员的紧急救护和重点旅客的服务工作。

(4)车站工作人员应配合公安部门保护好事故现场,并积极协助调查取证。

二、动车组列车晚点的应急处置程序

1. 动车组列车应急处置程序

(1)动车组在始发及运行途中出现故障晚点时,列车长要及时联系铁路局动车调度,了解晚点原因等,报告车内情况和请求协助解决的问题,组织乘务员积极主动做好服务。路局动车调度根据自然灾害、设备故障、施工等情况将晚点原因及预计晚点时间在30min内通知客运处在调度台负责非正常处理的人员,客运处人员向值乘列车长告知晚点原因和预计晚点时间,列车长据此通过广播向旅客告知故障原因和预计晚点时间。晚点30min以上时,列车长应向旅客致歉并告知故障原因,做好解释工作。乘警应与列车长密切配合,经常巡视车厢,维持好车内治安秩序。列车长要了解和掌握旅客提出的要求,并向路局进行反馈,路局及沿途站车单位应尽全力向旅客提供帮助,解决因列车故障及晚点给旅客带来的困难。

(2)列车工作人员应加强车厢巡视,掌握旅客动态,并做好宣传、解释、服务工作,稳定旅客情绪,维护好车内秩序。

(3)列车晚点1h以上且逢用餐时间,列车长应提前统计车上旅客人数,通过司机向列车调度员报告,列车调度员通知调度所客运调度员,或直接向调度所客运调度员报告,调度所客运调度员接到信息后,应安排前方停车站为列车提供饮食品,列车免费为旅客提供。

2. 车站应急处置程序

(1)动车组列车运行晚点超过15min时,车站应及时与调度所客运调度员联系,了解晚点原因和列车运行情况,代表铁路向旅客致歉,并通报晚点原因,每次致歉间隔时间不超过20min。

(2)车站应掌握售票、候车及旅客滞留情况,维持好站内秩序,并立即向客运主管部门报告。

(3)列车晚点1h以上且逢用餐时间时,车站应免费为等候该次动车组列车的旅客提供饮食品;并按调度所客运调度员的安排,为晚点动车组列车提供饮食品。

(4)车站应加强宣传及列车运行信息公告,积极地为旅客办理退票、改签等工作。

【案例5-10】 旅客列车晚点中途停车的处理

1. 事件概况

2008年×月×日BJ南开往TJ的C2069次列车,22时10分正点开车后,运行至YL区间临时停车,终到TJ23时30分,终到晚点50 min,车内旅客447人。

2. 事件经过

YL停车时间在20 min左右,在此期间,列车长随时与客调及动联办联系,积极了解情况。同时要求乘务员在车内做好发放矿泉水的服务及解释致歉工作,列车长同时加强车内的巡视和广播的随时跟进,由于事情处理过程中随时把旅客放在第一位,能让旅客第一时间了解事情进展,同时列车服务深入车厢,因此,在停车中全列447名旅客大部分没有出现激动等过激行为。在列车长巡视至餐吧区的时候,有一名旅客要求对晚点此事进行赔偿,为避免由于此名旅客的索赔要求带动车内其他旅客情绪,列车长将旅客引导至乘务室,在引导过程中在六号车厢有一位旅客同样提出索赔要求,因此,列车长将两位旅客安排到一起,主动了解旅客需要,同时积极做好服务及致歉工作,安抚旅客情绪,防止由于此两名旅客带动更多的旅客出现索赔投诉等更多过激行为。

列车停车20 min后,客调通知要求抽线反方向运行,列车需开回北京南站。司机在换完端后,列车长又得到列车故障排除,可以继续运行的通知,列车长第一时间通知司机,同时与调度联系,司机再次换端。列车开车后以限速缓行的方式运行,运行中随时利用广播对列车停车、列车恢复运行致歉,列车到站、列车晚点等情况随时播报,反复致歉和进行宣传工作,做好旅客情绪的安抚。运行过程中列车长同时与站方工作人员积极协调联系,在列车晚点50 min到站的情况下,列车长要求车内所有工作人员在车门口下车立岗送别旅客,对每位下车旅客逐一鞠躬致歉。通过列车全体人员的共同努力,列车到站后没有出现任何旅客对列车服务提出意见,也没有出现任何旅客滞留的情况。同时两名情绪比较激动的旅客在列车长的积极工作下也顺利下车并与站方办理了交接,由站方进行进一步的处理,没有影响列车的后续运行。

3. 事件分析

在临时停车处理过程中,值乘班组在以下几方面处理得当:

(1)列车长对列车突然停车思想高度重视,能够在第一时间打破常规,亲自利用广播进行宣传及致歉,体现了列车长的大局意识及责任意识。

(2)充分利用广播,及时致歉和宣传,使每一位旅客在心理上得到安抚。同时使旅客及时获取最新的动态消息,使旅客能真切地感受到我们的努力与负责。

(3)服务措施跟进有力,班组多次巡视和送水,随时服务在旅客身边,不仅体现在口头,更有实际的服务内容。

（4）列车长亲自下车厢巡视，不惧怕与旅客正面接触，同时也给旅客通过广播获得的信息以真实感，得到旅客信赖。在巡视中能够发现个别激动旅客并灵活的处理，减小了问题处理的难度。

（5）大局意识强，积极联系各个部门，全面掌握事情的最新进展，随时将事情进展与司机及随车机械师沟通。在处理过程中，责任意识强，能够站在全局的高度去处理，不推卸、不拖延、不搪塞。

（6）服务缺憾补救意识强，旅客下车时，列车全员鞠躬致歉送别旅客，充分体现了京津城际动车组的待客服务态度、大局意识、责任意识及荣誉意识。

三、站车发生重大疫情时的应急处置程序

（1）动车组列车发现疑似鼠疫、霍乱等重大疫情的病例或接到动车组列车上有疑似病例的通知时，列车长、乘警应立即向司机和上级主管部门报告，司机向列车调度员报告，列车调度员立即向值班主任报告，值班主任立即向铁路疾控部门报告。车站发现疑似鼠疫、霍乱等重大疫情的病例或接到车站有疑似病例的通知时，应立即向铁路疾控部门报告。

（2）列车调度员根据铁路局有关部门确定的处置方案，安排动车组在指定车站停车。列车长接到司机指定站停车的通知后，做好疾控人员上车和疑似病例交站等相关准备工作，车站及铁路疾控部门做好接车紧急处置准备。

（3）车站、列车长、乘警应组织隔离传染病人、疑似病人和密切接触者，紧急疏散其他旅客，并对有关人员进行登记。

（4）车站、列车长、乘警应组织封锁已经污染或可能污染的区域，同时做好被隔离人员的交站准备。

（5）站车在指定站将传染病人、疑似病人、密切接触者和其他需要跟踪观察的旅客及相关资料移交铁路疾控部门。

（6）乘警及公安部门应维护好车内、站内秩序，确保区域封锁、旅客隔离、站车移交等工作正常开展。

（7）铁路疾控部门应上车对已经污染或可能污染的区域进行消毒。铁路疾控部门确认处置完毕后，方可解除区域封锁。

四、旅客病情发作时的应急处置程序

1. 旅客病情发作时的应急处置程序

（1）遇有旅客精神异常狂躁发作，危及自身及他人人身安全时，应动员周边旅客协助，采取强制措施，并将患病旅客带到远离旅客密集区的合适处所安置，但不要脱离旅客，并派专人（乘务员、乘警）看护，防止发病旅客自杀、自伤及跳车，看护人员要及时检查车窗、车门，确保锁闭牢固。

（2）列车长、乘警应采取果断措施，必要时乘警应对其搜身以防患病旅客用器械自伤、伤人或贵重物品散失。列车长检查患病旅客车票、携带品及有关证件，取得不少于两份的旅客旁证材料。证实材料应当准确真实，证人的姓名、工作单位、住址、身份证号码、电话号码等要详细记载。

（3）利用广播寻找医务工作者到场协助诊治（登记医生姓名、身份证号码）。

（4）条件允许时可与患病旅客家属取得联系，在到站或换乘站接应。

2. 患病旅客的交接

（1）列车长应编制客运记录移交旅客到站或换乘站处理，不得转交中途站。

（2）车站向列车移交无人护送的精神异常患者，列车长可拒绝接受。对有人护送或由车站工作人员和公安人员护送的精神异常患者，列车要向护送人员介绍安全注意事项，并予以协助，给予方便。

（3）列车向车站交接患病旅客时需有乘警配合，必要时可增加警力、人手。交接过程中应采取防范措施，防止患病旅客在站台上突然挣脱，造成逃逸、钻车、抓车或伤害他人等问题的发生。

（4）患病旅客情绪不稳，存在暴力倾向的，列车长应提前电话通知前方交接站，向车站说明情况，要求车站加派警力、人手进行交接，确保交接过程万无一失。

（5）列车运行中遇有旅客因伤、病必须临时停车抢救时，动车组司机接到列车长请求后，立即向列车调度员或车站值班员报告。列车调度员要及时安排列车在前方有医疗条件车站临时停车，并命令前方站通知120急救中心到站实施抢救。

五、站车发生旅客食物中毒事件时的应急处置程序

（1）动车组列车发生旅客疑似食物中毒事件，列车长应立即向司机和上级主管部门报告，司机向列车调度员报告，列车调度员立即向值班主任报告，值班主任通知铁路疾控部门。车站发生旅客疑似食物中毒事件，应立即向铁路疾控部门报告。

（2）旅客需要紧急救治需停站处置时，列车调度员应安排动车组在最近具备医疗抢救条件的车站停车，并通知前方停车站做好抢救准备。

（3）站车工作人员应对有关人员进行登记，封锁现场，封存可疑食品、饮用水、食具用具等。铁路疾控部门应上车收集中毒人员的呕吐物、排泄物待查。

六、车站突发大客流应急处置程序

（1）车站突发大客流时，应立即组织力量上岗维护好车站秩序，并通知铁路公安部门，铁路公安部门应增派警力协助车站维护秩序，必要时车站应请求地方政府、公安部门给予支援。同时向上级主管部门报告。

（2）车站应协调地方政府，利用电视、广播、报纸等媒体广泛宣传，引导旅客理性选择出行交通工具。

（3）车站应增开售票窗口，并维护好售票秩序。

（4）车站应加强候车组织，充分利用候车能力，做好重点旅客服务工作，必要时可"以车代候"。

（5）加强乘降组织，重点部位安排专人引导、防护，确保旅客进出站、上下车的安全。

（6）铁路局加强运输设备和能力调配，组织加开列车，及时疏散客流。

七、恶劣天气下客运组织应急处置程序

因恶劣天气（含暴雨、大雾、大雪、冰雹、台风等）影响动车组列车正常运行，调度所客运调度员应及时通知客运管理部门及沿线车站及滞留列车，客运管理部门应了解现场情况，指挥应急处置，站车及时公告旅客并致歉。

1. 动车组列车应急处置程序

(1)列车长接到调度所客运调度员或上级主管部门动车组列车因恶劣天气影响非正常运行的通知后,应立即了解车内情况,加强对重点旅客的服务。出现异常情况及时向调度所客运调度员或上级主管部门报告。

(2)列车长应与司机或滞留地所在路局调度所客运调度员保持联系,了解动车组列车的运行情况,及时向旅客通报。

(3)动车组列车应备足餐食和饮用水,确保供应。需补充餐食和饮用水时,列车长应向滞留地所在路局调度所客运调度员或通过司机向列车调度员报告,指定车站为动车组列车补充餐食和饮用水。

2. 车站应急处置程序

(1)车站应及时公告动车组列车因恶劣天气影响非正常运行的情况。售票处、候车室、问询处等服务处所做好对旅客的宣传和服务工作。

(2)车站应及时增开退票和改签窗口,为旅客办理退票、改签等手续。

(3)车站公安派出所应协助客运部门维护好售票、候车、乘降等秩序。

(4)车站应根据安排,及时为动车组列车提供餐食和饮用水。

八、动车组空调失效时应急处置程序

(1)动车组空调装置故障超过20min,且应急通风功能失效或无法满足要求,随车机械师及时通知列车长。列车长视车内温度及通风情况做出打开车门决定,并通知动车组司机转报列车调度员。

(2)需要打开列车部分车门运行时,列车长通知动车组司机向列车调度员提出在前方站停车请求。

(3)列车长根据动车组乘务人员配置情况,组织打开运行方向左侧(非会车侧)4~8个车厢前门,并在车门处安装防护网。需要打开车门时,列车长根据需要打开车门数量通知随车机械师准备好防护网,并指派保洁员到存放处领取防护网,防护网的安装在列车长的组织下,由乘警、随车机械师、餐饮、保洁人员配合。

(4)防护网安装后,由列车长组织乘警、随车机械师、添乘干部、餐售、保洁人员负责值守,严禁旅客自行下车。动车组乘警在第一时间通知前方停车站(区间)所属公安处,由公安处负责第一时间通知停车站(区间)所属派出所指派警力,配合动车组工作人员。

(5)列车长确认值守人员到位后,通知随车机械师。随车机械师确认防护网固定状态和动车组状态后,通知动车组司机。动车组司机向列车调度员申请打开车门限速运行的调度命令。列车调度员向沿途各站及司机下达"×次因空调失效开放部分车门运行,限速60km/h(通过高站台时限速40km/h运行)"的调度命令。

【案例5-11】

1. 事故概况

3月19日,CF—HGT的42××次旅客列车9时29分4210次列车从CF站正点发车。9时50分左右,添乘干部和列车长从14车巡视到11车(YW664272)7、8号铺空处时,闻到车厢内有烟味,立即进行排查。发现在该铺空中间距顶灯约10cm天棚处冒出白烟,立即传车辆乘务员,车辆乘务员到场后顶灯罩即脱落,明火燃起。

2. 处理程序

列车火灾分为初起火险和火灾爆炸事故。

(1) 发生初起火险时按以下程序处置

①针对衣物、棉絮起火时,应就地取材灭火,用水浇灭,用脚踩灭或用非易燃物品扑灭。石油产品、油漆、有机溶剂、电器设备起火时,应使用干粉灭火器。扑灭后要立即控制火源,防止易燃物扩散。同时立即通知邻车,严禁喧哗,防止引起旅客恐慌。由邻车乘务员报告列车长、车辆乘务人员和乘警前来处理。

②初起火灾扑救后,要注意观察冒烟起火部位,待列车长、车辆乘务人员到达后,详细介绍发生的时间和扑救的过程及有关情况。火情扑灭后,列车长、乘警长、检车长要对起火部位进行全面检查,确认火已完全熄灭后,保护现场,调查取证,由列车长向段调度室报告。

(2) 发生火灾爆炸事故时按以下程序处置

①立即停车。运行中车厢内某部位起火,发生火灾或爆炸时,本车厢和相邻车厢乘务员应立即拉动紧急制动阀,但停车时应避开桥梁、隧道、长达下坡道。并迅速切断电源。

②疏散旅客。紧急制动后,列车乘务人员应迅速组织旅客疏散到两端邻近车厢,同时向列车长、乘警报告。需向地面疏散时,应组织在列车无线路一侧下车。

③迅速扑救。在疏散旅客的同时,利用现有条件迅速扑救。列车长、乘警要立即指挥列车灭火组人员及其他工作人员进行扑救。并通知各车厢乘务人员封锁车厢,严禁旅客下车、跳车、串车,防止其他意外事故发生。

④切断火源。协助车辆、机车乘务员和运转车长迅速将起火车厢与列车分离,切断火源,防止火势蔓延。

⑤设置防护。列车分离后,运转车长和机车乘务员要迅速设置防护。运转车长、车辆检车员负责指挥乘务人员拧紧人力制动机。

⑥报告救援。列车长、乘警或运转车长要尽快向所在地铁路局客调或行调报告事故概况。报告内容要简明扼要,车次、时间、地点、火情及初步伤亡情况要报告清楚,并根据事故程度请求救援。

⑦抢救伤员。在疏散旅客、迅速扑救的同时,要积极抢救伤员。

⑧保护现场。要注意保护好现场,列车乘务人员要采取措施做好宣传工作,稳定旅客情绪,维护秩序,以免发生混乱。

⑨协助调查。列车长及列车乘务人员要积极协助公安机关了解情况,提供线索,帮助查破。

⑩认真取证。乘警应及时掌握事故情况,列车长、乘警长、车辆乘务长要对起火部位进行全面检查、封锁火灾现场。认真配合公安人员对火灾现场调查取证,寻找目击证人收集物证。

【案例 5-12】

1. 事故概况

2013 年 11 月 18 日,受黑龙江、吉林地区普降暴雪影响,京哈线北部线严重拥堵,21××次列车 CC 站开车后即开始限速慢行晚点,后又在 WP 站临时停车待避 1h,TLZ 站临时停车待避 5h07min,CJG 站临时停车待避 1h33min,终到 HEB 站晚点 12h20min。期间因列车滞留在 TLZ 站,列车上的餐料严重不足,经段调度室与 CC 车务段联系,在当地采购补充 40 箱方便面、10箱矿泉水和咸菜、面包等餐饮食品,16名中转换乘的旅客由列车长编制客运记录移交 HEB 站处理。

2. 处理程序

(1) 道歉通报。列车晚点超过30min,列车长应代表铁路诚恳向旅客道歉。列车晚点超过1h需要通报。通报内容:列车当前晚点时间、晚点原因。发生线路中断时,应按照上级指示通报预计恢复通车(继续晚点)时间和列车退行、绕行、停运等调整列车运行方案信息。向旅客通报时,列车广播每次间隔不超过30min。

(2) 安抚解释。遇旅客询问时,列车工作人员必须按照上级规定的统一口径解释列车晚点情况,应耐心细致回答,不得使用"不知道"、"没点"等不负责任言语或有不耐烦表现。

(3) 食品餐料。在灾害多发季节,段及各车队应协调餐饮服务段相关部门增备餐料、易于保质的食品、饮用水,乘务科为各班组配足应急药品,以备急需。途中因长时间晚点造成车内餐料不足时,列车长应安排餐售人员及时向餐饮服务段汇报解决,如因时间、地点等原因餐饮服务段无法立即解决时,列车长应及时与停留车站沟通联系,就近采买补充。必要时,向段调度室汇报,由段调度室协调相关部门解决。餐售严禁乱收费、乱加价。

(4) 请示汇报。中途停留列车列车长要及时与当地铁路局客调和列车停留站站长取得联系,了解晚点原因等情况,报告车内情况和请求协助解决的问题,组织乘务员积极主动做好服务,同时将信息向所属局客调、本段进行汇报。乘警应与列车长密切配合,经常巡视车厢,维持好车内治安秩序。

(5) 现场处置。列车长应深入车厢及时发现并解决旅客问题,乘务员应坚守岗位,防止旅客擅自开启车窗、车门下车以及发生其他危及安全的行为。控制车内用电设备,关闭不必要的电气,节省燃油及蓄电池电量。

(6) 滞留旅客。因终到晚点旅客在列车上不下车时,列车长应当立即通知车站客运值班员,车站应当立即报告铁路局客运调度。车站领导应当及时到场解决。如遇中转旅客赶不上车时,列车长应编制客运记录移交车站处理。

(7) 后续组织。列车长及段调度室应根据列车晚点情况,及时与旅服段、餐饮段协调客车整备、卧具上下、餐饮供应等工作。段及车队要组织当班、休班职工帮班助战,在保证整备质量的前提下,尽最大努力压缩整备作业时间;保证列车折返正点。

【案例 5-13】

1. 事故概况

2011年7月12日,CF—CD6030次列车,运行在JJG至YZ间,4号硬座车厢一名旅客王某(男,33岁,CF市自来水公司工人,持CF—CD客票,票号N018547,随身携带黑色背包一个,内有衣服2件,充电器1个,身份证1个,无同行人)从列车运行方向左侧45号座席处车窗口跳车。该车厢列车员听到乘车旅客呼叫时立即使用紧急制动阀停车,列车停在京通线JJG至YZ间K659+90处。列车长组织乘务员下车寻找,找到跳车旅客已昏迷,将其抬上列车,列车广播寻找医生,医生赵某(男,44岁,CF人民医院外科主任医师)到场,初步诊断为左手骨折、头部轻伤,建议前方站下车做详细检查、治疗。

2. 处理程序

(1) 列车上发现旅客跳车(坠车)时应立即使用紧急制动阀停车处理(特快列车不危及本列车运行安全时除外),将跳车人抬上车并寻医救治。如跳车人已死亡,乘警应勘验现场,清理遗物,绘制事故现场略图,如尸体侵入线路,将尸体移出限界外,不得延误行车。列车长及时通知就近车站处理。在不具备停车条件或迟延发现时,列车长应通知就近车站派人寻找。

(2)列车长会同乘警及时勘验事故现场,检查跳(坠)车旅客受伤情况、是否持有效车票,如受伤旅客伤势严重不能继续旅行时,编制客运记录一式两份,移交三等及以上具有医疗条件的车站进行抢救。

(3)列车长应在前方停车站拍发电报,向事故发生地所属铁路局和列车担当铁路局主管部门报告。收集不少于两份同行人或见证人的证言和有关证据,并保护好证据材料。

列车长编制客运记录,见图5-20;列车长拍发电报,见图5-21。

	SY 铁路局	客统—1
	客运记录	第 02 号

记录事由: 移交受伤旅客

SHY 站:

　　2011年7月12日,CF—CD6030次列车,运行在JJG至YZ间,4号硬座车厢一名旅客王某(男,33岁,CF市自来水公司工人,持CF—CD客票,票号N018547,随身携带黑色背包一个,内有衣服2件,充电器1个,身份证1个,号码 为:××××19800501×××,无同行人)从列车运行方向左侧45号座席处车窗口跳车。该车厢列车员听到乘车旅客呼叫时立即使用紧急制动阀停车,列车停在京通线JJG至YZ间K659+90处。列车长组织乘务员下车寻找,找到跳车旅客已昏迷,将其抬上列车,列车广播寻找医生,医生赵某(男,44岁,CF人民医院外科主任医师)到场,初步诊断为左手骨折、头部轻伤,建议前方站下车做详细检查、治疗。现编制客运记录,交你站按章处理。

附:CF—CD客票1张,票号:N018547。

　　旅客旁证两份,医生旁证一份。

　　黑色背包一个,内有衣服2件,充电器1个,身份证1个。

注:1.站、车需要编制记录时均适用。
　　2.本记录不能为乘车的凭证。

　　　　　　　　　　　　　　　　　　　　　　站
　　　　　　　　　　　 JZ客运 段　　编制人员　6030次　　(印)
　　　　　　　　　　　　　　　　　　　　　　站
　　　　　　　　　　　　　　　段　　签收人员　　　　　(印)
　　　　　　　　　　　　　　　　　　2011年7月12日编制

图 5-20　客运记录样例 3

铁 路 电 报							
机水号码							电统—3
发报所	电报号码	等级	词数	日	时分	附注	

主送：SHY 站

抄送：SY 铁路局客运处、TL 公安处、CF 车务段、TL 乘警支队、JZ 客运段

2011 年 7 月 12 日，CF—CD6030 次列车，运行在 JJG 至 YZ 间，4 号硬座车厢一名旅客王某（男，33 岁，CF 市自来水公司工人，持 CF—CD 客票，票号 N018547，随身携带黑色背包一个，内有衣服 2 件，充电器 1 个，身份证 1 个，号码为：15040119800501××××，无同行人）从列车运行方向左侧 45 号座席处车窗口跳车。该车厢列车员听到乘车旅客呼叫时立即使用紧急制动阀停车，列车停在京通线 JJG 至 YZ 间 K659+90 处。列车长组织乘务员下车寻找，找到跳车旅客，将昏迷旅客抬上列车，列车广播寻找医生，医生赵某（男，44 岁，CF 人民医院外科主任医师）到场，初步诊断为左手骨折、头部轻伤，建议前方站下车做详细检查、治疗。旅客旁证两份，医生旁证一份。编制 02 号客运记录，将旅客及证明材料一并移交 SHY 站按章处理，特电告知。

6030 次列车长于 SHY 站

2011 年 7 月 12 日

图 5-21　铁路电报样例 3

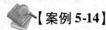

【案例 5-14】

1. 事故概况

2013 年 8 月 7 日 D1××次列车运行至 CCX 至 SYB 间，5 车空调故障无法修复，车内温度 35℃。运行至 TSB 至 BJ 间，全列空调故障无法修复，全列车内温度 40℃。

2. 处置程序

（1）发生单节车厢空调故障时：立即通知随车机械师到场处置，并向旅客做好解释安抚工作。如空调故障不能修复时，将故障车厢旅客引导至其他车厢的剩余座位，如果剩余座位较少时，要以重点旅客先行安排，列车长要坚守在空调故障车厢，加强服务，向旅客做好解释和致歉工作。

（2）发生全列空调故障时：如全列空调故障超过 20min，车内通风状态无法满足时，由司机向列车调度员汇报在前方站停车，开启车门安装防护网。列车停车后，列车长组织乘务员安装防护网（开启车门安装防护网的数量原则上允许为运行方向左侧 4～8 个车厢前门），机械师手动开门，并在开启车门处安装安全提示牌，机械师确认防护网固定状态后，列车长通知司机向列车调度员请求开车指令。敞门运行时，列车长、乘警、机械师、乘务员及保洁员应分工负责，在开门处值守，值守时工作人员要站稳抓牢，面向车内，监控车厢内的动态，阻止旅客靠近发生意外。

（3）汇报内容：发生空调故障超过 15min 未修复时，列车长应立即向路局高铁计划客服、

段调度室汇报。包括：时间、车次、运行区段（停车站）、空调故障车厢、车内人数、调整人数、故障修复时间等。如全列空调故障无法修复时，还需汇报开启车门安装防护网的数量、位置及工作人员防护情况。

思考题

1. 铁路旅客运输的任务是什么？
2. 旅客列车对旅客携带品有哪些规定？
3. 旅客进入哪些场所时即有义务接受运输安全检查？
4. 站车发现危险品应该如何处理？
5. 旅客列车车门管理有哪些规定？
6. 使用高站台乘降时应注意哪些方面？
7. 如何保障重点特殊旅客的乘车安全？
8. 旅客列车安全设备主要包括哪些？
9. 发现哪些情形时应使用紧急制动阀停车？
10. 乘务员出、退乘安全管理规定有哪些？
11. 旅客病情发作时的应急处置程序有哪些？
12. 站车发生火灾、爆炸事故时的应急处置程序有哪些？

第六章 铁路运输事故的预防

★ **教学目标**

本章主要讲述了贯彻"安全第一、预防为主"的方针;培养职工健康的心理素质等内容。通过本章内容的学习使学生明确我国铁路运输安全管理采取的"安全第一、预防为主、综合治理"的方针,掌握该指导方针的主要作用,了解贯彻"安全第一,预防为主,综合治理"指导方针的原创要求。明确铁路运输安全与心理现象的关系,掌握感觉和知觉与运输安全的关系,记忆和思维与运输安全的关系,注意与运输安全的关系,情绪与运输安全的关系,气质和性格与运输安全的关系,能力与运输安全的关系,疲劳与运输安全的关系,需要和动机与运输安全的关系。掌握铁路运输安全心理保障条件,包括增强安全意识、坚持正面教育、强化三种安全管理意识、通过典型示范的内容。让学生有安全的意识,懂得安全的前提是预防。

★ **建议学时**

4 学时。

第一节 贯彻"安全第一、预防为主"的方针

"安全第一,预防为主,综合治理"是我国铁路运输安全管理方针。"安全第一"就是要求运输企业在组织生产,指挥生产时,坚持把安全生产作为企业生存与发展的第一要素和保证条件。"预防为主"就是要求运输企业以主动积极的态度,从组织管理和技术措施上,增强运输安全保障系统的整体功能,把事故遏制在萌芽状态,做到防患于未然。

一、铁路运输安全管理指导方针的历史

"安全第一,预防为主"是人们经过无数伤亡事故的血泪教训,在实践、认识、再实践、再认识过程中,与时俱进总结出来的安全生产管理方针,所有企业都应该坚定不移地贯彻执行。可是,有些单位偏要别出心裁,提出五花八门的"安全生产管理方针",比如"安全第一、质量第二、××第三","安全为了生产,生产必须安全"等,所以,首先要弄清楚安全生产管理方针的由来和内涵。

早在我国国民经济恢复时期,毛主席在劳动部的工作报告上明确批示:"在实施增产节约的同时,必须注意职工的安全、健康和必不可少的福利事业。如果只注意前一方面,忘记或稍加忽视后一方面,那是错误的。"根据这一批示,1952 年第二次全国劳动保护会议提出了劳动保护工作必须贯彻"安全生产"的方针。也就是说,针对当时在工业生产中实施增产节约的时候有人错误地"忘记或稍加忽视后一方面(即职工的安全、健康和必不可少的福利事业)",而制定劳动保护的方针——"安全生产",强调的是生产与安全的统一,要安全地生产。

在这样的背景下,提出了"安全为了生产,生产必须安全"的口号,这在当时是进步;但

是,其根本目的是生产,安全仅仅是手段;"目的"与"手段"相比,当然是"目的"第一,"手段"第二。所以,当时实质的指导思想是生产第一,安全其次。这在当时为了恢复和发展生产,存在认识上的局限,是可以理解的。如此一来,违章冒险作业,盲目蛮干现象时有发生,产生了不少"事故英雄"。

"大跃进"期间,片面追求产量、速度,忽视甚至排斥安全工作的错误造成伤亡事故高峰。1963年3月30日,《国务院关于加强企业生产中安全工作的几项规定》开宗明义提出:"进一步贯彻执行安全生产方针,加强企业生产中安全工作的领导和管理,以保证职工的安全与健康,促进生产。"

可见,当时就应该提出"生产必须安全,安全促进生产"了。但是,由于思想界极"左"思潮的影响,对"安全为了生产"这一提法,没有人提出非议,许多单位至今仍然"情有独钟"。如2001年发生"7·17"特大透水事故又隐瞒不报的GXND矿,有一幅醒目的大标语"安全为了生产",实际上,这正是该矿必然发生特大事故的"理论依据"。

实际工作中,当生产与安全对立时,一句"安全为了生产",就把安全置之脑后了。能不出事?

十年动乱期间,安全生产工作遭到严重破坏、伤亡事故再次大幅度上升,形成新中国成立以来第二个事故高峰。

1978年10月,《中共中央关于认真做好劳动保护工作的通知》指出"加强劳动保护工作,搞好安全生产。保护职工的安全和健康,是我们党的一贯方针"。

1980年8月,国务院做出决定严肃处理"渤海二号"翻沉事故,指出"安全生产是全国一切经济部门和生产企业的头等大事"。

1981年3月,国家经委、劳动总局等9个部门《关于开展安全活动的通知》中提出"进一步贯彻安全生产方针、树立安全第一思想",同时要求"预防为主"。

1983年4月20日,劳动人事部、国家经委、全国总工会在《关于加强安全生产和劳动安全监察工作的报告》中提出"必须树立安全第一的思想,坚决贯彻预防为主的方针"。

1983年5月18日,在国发85号文《国务院批转劳动人事部、国家经委、全国总工会关于加强安全生产和劳动安全监察工作报告的通知》中提出:"在安全第一、预防为主的思想指导下,搞好安全生产,是经济管理、生产管理部门和企业领导的本职工作,也是不可推卸的责任"。

到了1987年,在全国劳动安全监察会议上,进一步明确提出"安全第一、预防为主的方针"。

此后的表述一般为:在安全生产中贯彻"安全第一、预防为主"的方针。1990年以来,政府文件或权威文章都宣传:贯彻执行"安全第一、预防为主"的安全生产方针。

2002年7月1日我国颁布的《安全生产法》表述为:安全生产管理坚持安全第一、预防为主的方针。这种提法,是广大安全生产管理工作者与时俱进,艰难探索的成果,十分精练、十分科学,具有十分深刻的内涵;正确地阐明了安全与生产的关系、预防和事故处理的关系;体现了党和国家对劳动者的关怀;体现了党和政府对经济发展规律的深刻认识;符合"三个代表"的思想。

二、"安全第一,预防为主,综合治理"指导方针的作用

安全生产是社会主义运输企业管理的一项基本原则。安全是与计划、生产、技术、质量、

物资、设备、劳动和财务等管理密切相关并渗透其中的企业管理的首要任务。安全管理是上述八项管理中与安全相关的管理内容的综合和发展,并由专门机构和人员负责统一规划、组织协调、监控实施。铁路运输安全管理以"安全第一、预防为主、综合治理"作为指导方针,是安全科学理论与安全生产实践相结合的结果,也是几十年来我国铁路运输安全工作经验和教训的科学总结。这一不以人们意志为转移的客观规律,不仅深刻地揭示了安全与效率、安全与效益及安全管理与其他管理工作之间的辩证关系,同时也表明了安全管理自身各项工作应遵守的原则。"安全第一,预防为主"指导方针主要有导向、规范、约束、评价四个方面的作用。

1. 导向作用

在铁路运输生产中存在各种各样的矛盾,如安全与效率、技术与管理、软件与硬件、局部与整体等。安全与效率始终是主要矛盾,而安全又是矛盾的主要方面,在任何时候只有首先抓住了主要矛盾和矛盾的主要方面,也就是对影响安全的不利因素,如隐患、危险等主动出击,预先防止,就能牢牢把握住运输生产的主动权,促使矛盾向有利于安全的方面转化,任何单位和个人违背这个原则,必将受到事故惩罚,造成无法挽回的损失。

2. 规范作用

铁路运输生产是一个动态变化的过程,影响安全和生产的因素很多。凡事预则立,不预则废,把"安全第一"要做的工作、"预防为主"必办的事情落实到实处,才能收到预期的安全效果。如从指导思想到奋斗目标,阶段任务到主攻方向,实施方案到具体办法,组织分工到监控反馈等进行周密规划、统一部署,并按变化做出必要调整,形成着眼于现场作业控制的管理落实机制,使运输生产处于有序可控状态。

3. 约束作用

安全需要纪律严明、按章办事,工作高效的个人行为、群体行为、管理行为的联合保证。这就需要上上下下有"安全第一,预防为主"的共同思想基础,并以此为准则,抵制克服不利于安全的思想和行为。为此,按照"安全第一,预防为主"的要求,加强安全教育和培训,制定各级安全责任制,健全安全生产激励机制,使广大铁路职工心往一处想,劲往一处使,共同开创运输安全新局面。

4. 评价作用

以发生事故的数量及其损失大小可以衡量一个生产单位安全状况的好坏。但由于事故具有潜在性和再现性、偶然性和必然性、事发原因的多重性和因果性等特性,为了实事求是地判断运输企业的安全状况和发展趋势,除以事故指标衡量外,还需要考察"安全第一"的思想和"预防为主"的措施落实情况及其效果,即对运输系统中的关键人员、关键岗位、关键作业、关键设备等有无防范举措,安全观念中是否有超前防护意识,作用如何等进行评价。可见,"安全第一,预防为主"不是一句空洞的口号,而是具有丰富的内涵。深刻认识其本质含义并发挥其应有作用,关键在于认识的深化、决策的正确和扎扎实实地工作。

三、"安全第一,预防为主,综合治理"是一个不可分割的整体

如前所述,在铁路运输生产中,"安全第一"主要由运输生产的特点所决定的,"安全第一"的思想到位,解决好各种各样的矛盾,是"预防为主"的前提,离开这个前提就谈不上"预防为主"。因为,不解决好"安全第一"的思想认识和实际问题,职工预防事故的自觉性、主动性和积极性就难以调动和持久。再说,预防事故是主动而为,事故抢救室迫不得已,对来

自天灾人祸的事故而言必须以预防为主,这是运输安全不可动摇的原则。"预防为主"就是要对事故发生的原因进行调查研究、系统分析、制定原则、采取对策。真正做到思想上重视,制度上保证,工作上落实,作风上适应,常抓不懈,持久以恒。

"安全第一,预防为主"最终还是以清除隐患,预防事故发生为归宿。故应积极采取措施,消除各种不利因素,把事故消灭在萌芽状态之中,满足"安全第一"需要。可见,"预防为主",是"安全第一"的重要保证,失去这种保证,"安全第一"就成为一句空话。"安全第一"和"预防为主"的辩证关系与生产实践相结合,共同构成了运输生产的安全屏障,二者密不可分。当"安全第一,预防为主"的指导方针未能得到彻底贯彻落实的时候,影响安全的因素,如人员、设备、环境、管理等,其非正常状态就成为事故发生的原因。据我国铁路运输安全专家和科技工作者的最新研究结果表明:2001—2008年间铁路行车重大、大事故及险性事故的原因中,人员失误占56.12%,设备故障占24.51%,环境恶劣(自然灾害、气候不良等)占3.19%,管理不善(规章制度不健全、不合理、教育培训效果差等)占0.25%,其他原因(路外人员责任、人为破坏及不明原因等)占15.93%,其中人员失误和设备故障两原因合计接近80%,已成为预防事故发生的主攻方向。

四、贯彻"安全第一,预防为主,综合治理"指导方针的原创要求

我国《铁路主要技术政策》明确指出:铁路运输生产必须坚持"安全第一"的原则,依靠先进技术和装备,保障行车安全。以行车安全为核心,保障旅客运输安全为重点,系统配套发展铁路安全技术与装备、制订、修订有关行车安全的规程、法规和标准,加强安全管理,完善行车安全保障体系。

1. 牢固树立"安全第一"的思想,强化"安全第一"的责任意识

这是保障运输安全的重要前提。人的因素是影响运输安全最重要的因素,人的安全思想和意识是安全行为的基础。因此,必须加强以人为中心的管理,持久深入地进行安全生产教育,增强广大职工在市场经济条件下的安全责任感和紧迫感,以及不安全的危机感,营造人人重视安全,事事确保安全的工作氛围。而运输生产中存在的隐患、发生的事故(除不可抗拒的自然原因外)归根结底是人的"安全第一"思想不牢、安全责任意识淡薄所致。在安全工作与其他工作发生矛盾,或安全工作取得成绩的时候,"安全第一"的思想往往被淡化或移位。这是安全措施不落实、安全形势不稳定的根本原因,应坚决克服纠正。

2. 遵守规章制度,严格组织纪律

这是运输安全的重要保证。在长期生产实践中,我国铁路部门根据运输生产规律、事故发生的因果关系和防止事故的宝贵经验,制定了许多保证安全、提高效率的规章制度和作业标准,并根据情况变化及时加以完善和发展。有章必循,就要有严格的组织纪律约束。纪律松弛,有章不循是对运输生产安全的最大威胁。因此,必须加强职工队伍的组织性和纪律性,使"严字当头、铁的纪律、团结协作、雷厉风行"的路风得以发扬光大。

建立健全严格的安全管理制度,最为重要的是各级安全责任制的逐步完善和切实执行。应避免职责不清、分工不明、互相推诿的不良现象发生,并通过各种管理手段做到是非分明、赏罚分明,形成强有力的竞争、激励和约束机制。

3. 加强职工教育培训工作,提高职工队伍安全素质

这是运输安全的重要基础。提高人员安全素质最为有效的途径就是理论联系实际的教育或培训。这在高科技广泛应用于铁路运输的情况下显得更为迫切和重要。通过各种形式

的教育和培训,大力抓好职工队伍的职业道德建设,培养爱岗敬业的精神和遵章守纪的良好习惯,提高实际操作能力,特别是非正常情况下的作业技能和应急处理能力。全国落实作业标准化。与此同时,还要不断加强干部的技术业务培训,普遍提高干部队伍的业务素质。

4. 不断改善和更新运输技术设备

这是保障运输安全的物质基础。运输设备质量决定于出厂的产品质量、也取决于运用中的设备能经常得到精心的维护和保养。因此,要坚持设备检修与保养并重、预防与整治相结合的原则,攻克设备隐患,落实维修标准,作业标准和质量标准,努力提高设备的有效性,使设备经常保持良好状态。同时,增加经费投入,改善设备功能,加快实现主要运输装备现代化的步伐。积极发展和完善既能提高运输效率,又能确保安全的各种安全技术设备,这是提高铁路运输安全水平的必由之路。

5. 争取地方政府和人民群众的支持

这是运输安全的坚强后盾。党和国家领导同志指出:"铁道部门的工作没有各地的支持是做不好的"。铁路运输安全尤为突出。铁路应主动加强与地方的安全联防和共建,不断改善铁路沿线的治安秩序,积极依靠地方政府和沿线人民群众参与事故救援、抢修等工作。加强铁路安全宣传教育,防止人身伤亡和交通事故的发生,保证铁路运输安全畅通。

第二节　培养职工健康的心理素质

在铁路运输人—机—环境系统中,人的心理现象及其规律性与运输安全密切相关,因此,研究和揭示运输生产过程中人的心理现象及其规律性,已越来越受到国内外运输安全管理部门和专家学者的高度重视。

一、铁路运输安全与心理现象的关系

心理现象在心理学上一般理解为心理活动的表现形式,是人的大脑对客观现实的反映,它包括心理过程和个性心理特征两个互相联系又相互制约的方面,且各自都包含一些复杂的心理要素和具体表现形式。人的心理现象是多种多样的,它们之间的关系也是非常复杂的。但是心理现象是人们时刻都在产生着的,因而也是每个处于清醒状态的人所熟悉的。

心理过程是指人的心理活动过程,包括人的认识过程、情绪和情感过程、意志过程。心理过程是人们共同具有的心理活动。但是,由于每个人的先天素质和后天环境不同,心理过程在产生时又总是带有个人的特征,从而形成了不同的个性。

一般而言,影响运输安全的心理素质主要有感觉、知觉、记忆、思维、注意、情绪、能力、疲劳、需要、动机、意识、气质和性格等。

人在一切活动、劳动、学习和游戏中都有心理现象。比如,听到树叶的沙沙声;看到光亮、颜色;尝到滋味;闻到气味,摸到物体知道软硬、冷热等都是感觉。感觉是客观事物直接作用于人的感觉器官,在人脑中所产生的对事物的个别属性的反应。它作为一种最简单的心理现象,在动物心理进化过程中和在儿童心理发展的初期,都曾经独立地存在过,但是正常的成年人的心理活动中却很少独立存在。在成年人那里,除非在某些特殊情况下,如来不及看清物体或在实验条件下只要求反映某一属性的时候,才有单纯的感觉。感觉是认识的入口和开端,没有感觉便不会有比较高级和复杂的知觉、表象和思维,而且在后来的心理活动中仍然需要感觉给予充实和修正。

在感觉的基础上，人们进一步能辨认出这是刮风、阳光，那是花朵、果实等等，属于知觉。在离开了刺激物的作用后，原来听过的话语，看过的某些图形、物象仍"话犹在耳"、"历历在目"，这就是记忆。人不仅能通过记忆把经过的事物回想起来，而且还能想出自己从未经历过的事物，这是想象。凭借人特有的语言，通过分析综合、判断事物的本质及其发生、发展的规律，即是思维。

感觉、知觉、记忆、想象、思维都是属于对客观事物的认识活动，都是为了弄清客观事物的性质和规律而产生的心理活动，这种心理活动在心理学上统称为认识过程。

人在认识客观事物时并非无动于衷，常常会产生满意和不满意，愉快或不愉快等态度体验，这在心理学上叫做情感或情绪。除此之外，人还能够根据对客观事物及其规律的认识自觉地改造世界。人能够根据自己的认识确定行为目的，拟订计划和步骤，克服各种困难，最后把计划付诸行动，这种自觉地确定目标并力求加以实现的心理过程，叫做意志过程。

认识、情感、意志这三个心理过程是相互联系、互相促进，统一在一起，构成心理过程。而人的心理现象中的兴趣、能力、气质和性格，又统称为个性的心理特征。

在铁路运输生产活动中，人的操作过程主要有三个环节，即辨认接收信息、操纵控制设备、观察调整运作，而这些行为都要受心理现象影响。当人的心理现象处于积极状态时，感知快速，思维敏捷，动作可靠，能保证系统正常运转。否则，人的感知觉、思维和反应机能就不能正常发挥、差错增多，导致事故发生的可能性就很大。

因此，积极的心理现象是保证铁路运输安全的内在依据，消极的心理现象及由此产生的侥幸、麻痹、惰性、烦闷、自满和好奇等心理倾向，是人的差错（辨认不清、主观臆测、理解不当、判断失误等）引发事故的深层次原因。人的心理现象状态及其转变程度，成为铁路运输生产中事故与安全相互转化的制约因素，铁路运输安全的心理保障关键就在于采取各种有效的手段和措施提高人的心理素质。

二、心理要素与运输安全

1. 感觉和知觉与运输安全

感觉是人通过感觉器官对客观事物个别属性的直接反映。知觉是客观事物直接作用于人的感觉器官，人对客观事物的各种表面现象和诸多属性在大脑中的综合反映。

知觉和感觉一样，都是当前的客观事物直接作用于我们的感觉器官，在头脑中形成的对客观事物的直观现象的反映。客观事物一旦离开我们感觉器官所及的范围，对这个客观事物的感觉和知觉也就停止了。但是，知觉又和感觉不同，感觉反映的是客观事物的个别属性，而知觉反映的是客观事物的整体。

知觉以感觉为基础，但不是感觉的简单相加，而是对大量感觉信息进行综合加工后形成的有机整体。知觉不仅依赖现实的感觉，而且也依赖于以往感觉经验的积累。感觉和知觉二者密不可分，通常将这两种心理现象称之为感知或感知觉。

在运输生产过程中，有些事故是由于人的感知觉发生错误（如误认信号、误听或误传命令等）而造成的。引起错觉的原因很复杂，既有心理因素，也有生理因素。错觉现象也很多，其中，以视觉错误对运输安全的影响较大。

2. 记忆和思维与运输安全

记忆是人脑对所经历过的人和事的识记、保持和重现。记忆主要以回忆（再现）和认知（再认）的方式表现出来。以前感知过的事物不在目前，把对它的反映重新呈现出来，叫做回忆;客观事物在目前,感到熟悉,确知是以前感知过的,叫做认知。例如我们以前听过一个曲调,若能不看乐谱把它哼出来,便是回忆;若别人演奏时能听出是以前听过的,便是认知。记忆是反映机能的一个基本方面,没有记忆,一切心理的发展、一切智慧活动,都是不可能的。

思维是大脑在感知和记忆基础上,对客观信息进行分析、综合、判断和推理的心理过程。思维是人的心理过程中最复杂的心理现象之一,是人脑对客观事物的本质属性及其内在规律的反映。事物的本质属性,指的是能决定事物的主要特征的、某一类事物共同的不可缺少的根本特性。事物的内在规律,主要是指事物之间的因果关系和必要联系。思维,就是人类专门去揭示事物的这种内在的本质属性和规律性的心理活动。这是思维与其他心理活动根本不同的地方。由于思维的非直观和复杂性,目前为止,科学尚未能彻底揭示思维的本质及其内在规律。

记忆和思维是铁路运输企业职工应该具备的重要心理要素之一,没有较好的记忆能力,就不能很好地按章办事,执行计划。没有较强的思维能力就难以对非正常情况下的各种作业进行妥善处理。例如在工作中,运输指挥人员忘记将计划变更内容及时准确地通知作业人员,或因情况变化,不能立即分析判断,采取对策,就会因贻误时机而直接危及运输安全。

3. 注意与运输安全

注意,是一种心理活动状态,通常是指选择性注意,即注意是有选择的加工某些刺激而忽视其他刺激的倾向。它是心理活动对一定对象的指向和集中。注意有两个基本特征:一个是指向性,是指心理活动有选择的反映一些现象而离开其余对象。二是集中性,是指心理活动停留在被选择对象上的强度或紧张。

心理活动对一定对象的指向和集中,是伴随着感知觉、记忆、思维、想象等心理过程的一种共同的心理特征。注意按其作用或功能分为三种情况:

一是注意集中,即把心理活动重点指向特定对象,对其他无关的心理活动进行抑制,不因无关刺激源的干扰而分散精力。

二是注意分配,即在同时进行两种及以上活动时,把注意力有目的地指向不同对象,也就是通常所说的"一心二用"。如一边看电视,一边打毛衣。注意分配的条件是,同时进行的活动只有一种是不熟悉的,其余活动都达到了自动化的程度。

三是注意转移,即是个体根据新的任务,主动地把注意由一个对象转移到另一个对象上。注意的转移要求新的活动符合引起注意的条件。同时,注意的转移与原先注意的强度有关。原先的注意越集中,转移就越困难。

注意是保证运输安全的基本心理条件。任何一项工作都是由多个作业环节组成的,如果作业人员的注意不集中,或过分集中而不能及时转移,或注意分配不当等,都有可能导致运输事故发生。

4. 情绪与运输安全

个体往往对客观事物是否满足自身需要,或是否符合自己的愿望和观点而表现出来的肯定(满意、愉快、高兴等)或否定(不满、不快、憎恨等)的态度体验,这就是情绪的表现。情绪是指伴随着认知和意识过程产生的对外界事物的态度,是对客观事物和主体需求之间关系的反应。它是以个体的愿望和需要为中介的一种心理活动。情绪包含情绪体验、情绪行为、情绪唤醒和对刺激物的认知等复杂成分。

情绪和情感状态有积极和消极之分,良好的情绪和情感是保证运输安全的充分必要条件;情绪不稳、心境不佳则是发生事故的重要原因。

5. 气质和性格与运输安全

气质是人的个性心理特征之一,它是指在人的认识、情感、言语、行动中,心理活动发生时力量的强弱、变化的快慢和均衡程度等稳定的人格特征。气质都是在人的生理素质的基础上,通过生活实践,在后天条件影响下形成的,并受到人的世界观和性格等的控制。主要表现在情绪体验的快慢、强弱、表现的隐显以及动作的灵敏或迟钝方面。气质体现了人的心理过程在强度、速度、灵活性和稳定性等方面的心理动力特征,与日常生活中人们所说的"脾气"、"性格"、"性情"等含义相近。性格是人对周围人和事的稳定态度和行为方式的心理特征。气质与性格二者互相渗透、相互影响。

因为气质和性格的外在表现都是围绕着"做什么"(表现为对现实的态度)、"怎样做"(表现为行为方式)展开的,因此,从事运输生产人员的性格和气质对运输安全直接相关。良好的气质和性格是作业人员实现自控的心理保证。而气质较差、性格有缺陷的职工,因客观存在的心理障碍而导致自控能力较差的问题,应通过各种安全管理手段促使矛盾向有利于安全的方面转化。

6. 能力与运输安全

能力是完成某种活动所必需的并直接影响活动效率的身心发展基本品质,是个性心理重要特征之一。能力是直接影响活动效率,并使活动顺利完成的个性心理特征。能力总是和人完成一定的活动相联系在一起的。离开了具体活动既不能表现人的能力,也不能发展人的能力。但是,我们不能认为凡是与活动有关的,并在活动中表现出来的所有心理特征都是能力。只有那些完成活动所必需的直接影响活动效率的,并能使活动能顺利进行的心理特征,才是能力。例如人的体力,知识,以及人是否暴躁、活泼等,虽然对活动有一定影响,但不是顺利完成某种活动最直接最基本的心理特征,因此,不能称之为能力。

能力可分为一般能力和特殊能力,观察力、记忆力、注意力、思维力和想象力等属于一般能力范畴,为人们认识客观事物,掌握科学文化知识提供了智力保证。诸如色彩辨别力、音响辨别力、图像识别力等均系特殊能力,只能在特定范围和条件下发生作用。例如在列车技术作业过程中,列检所车辆检修人员通过锤敲耳听就能探测出车辆部件或零件的故障或隐患所在,这就是一种特殊能力。

运输职工能力强弱直接关系到运输生产的安危,如细心观察、牢靠记忆、沉着应变、敏捷思维、准确判断及清楚表达等能力是广大职工安全高效地完成运输生产任务的重要保证。反之,观察不细、记忆不好、判断不准、表达不清和反应迟缓等,就会使运输事故发生的可能性增加。

7. 疲劳与运输安全

疲劳又称疲乏,是主观上一种疲乏无力的不适。是人在连续工作一定时间后,体力和精力消耗超过正常限度所出现的生理心理机能衰退的现象,其表现是:生理机能下降,肌肉酸痛,身体困乏,头痛头晕,视觉模糊,呼吸急促,心率加快,血压升高等;心理机能下降,注意力分散,感知觉失调,记忆和思维减退,反应迟缓等。感觉疲劳不是特异症状,很多疾病都可引起疲劳,很少有患病后更觉浑身是劲的情况,不同疾病引起不同程度的疲劳,有些疾病表现更明显,有时可作为就诊的首发症状。

疲劳对工作中的职工在生理上会产生"不能再干下去"和心理上"不想再干下去"的综合影响,轻则使工作效率降低,重则因判断失误或操作不当而导致事故发生。

铁路运输工作中,客货列车运行速度高、噪声大、露天作业天然环境条件差,职工连续工作时间长,加之安全正点要求高,使生产和管理人员心理压力大,耗费的身心能量多。因此,研究和减轻疲劳,对保证运输安全有重要意义。

8.需要和动机与运输安全

需要是人为了生存发展而产生的生理需求和对社会的需求在大脑中的反映。人为了求得个体和社会的生存和发展,必须要求一定的事物。例如,食物、衣服、睡眠、劳动、交往等等。这些需求反映在个体头脑中,就形成了他的需要。需要被认为是个体的一种内部状态,或者说是一种倾向,它反映个体对内在环境和外部生活条件的较为稳定的要求。

动机是人由于某种需要或愿望而引起的一种心理活动,是激励人们以行为达到目的的内因和动力,是为实现一定目的而行动的原因。动机是个体的内在过程,行为是这种内在过程的表现。

人对安全的需要是"需要层次理论"的重要组成部分。来自安全需要的安全动机有两方面的含义:一方面是保护自身不受伤害的动机;另一方面是保护他人、财产和设备等不被伤害和损坏的动机。前者是人的本能,一般情况下人不可能做出有意伤害自身的事情,这种自卫的动机基本上不需要培养和激励,但应经常告诫和提醒。而后者涉及他人、集体和国家利益,需要加强培养和激励。

人的安全行为是在一定条件下,受安全动机指使的主观努力的结果,运输安全心理保障所要研究解决的核心问题,就是如何强化人的安全意识和动机,助长遵章守纪、按标准化作业的安全行为,最大限度地减少消极心态对安全生产的不良影响。

三、铁路运输安全心理保障条件

1.增强安全意识

意识是人对客观事物的认识、思维和需求等心理活动发展到高级阶段时的心理沉淀,人的意识来自于实践,并在实践中得到发展。意识的自觉性和能动性,具有客观现实的作用。牢固的安全意识是铁路运输安全的重要前提和保证,它是铁路运输企业的广大干部和职工对运输安全的认识、情感和态度发展到严于律己时的思维定式,是形成安全动机和行为的先决条件。增强个人安全意识可确保安全自控;增强群体安全意识可实现安全互控和联控。

2.坚持正面教育

不断进行安全教育和定期培训,使广大职工正确认识并处理好安全与效率、效益的关系;安全和国家、集体、个人之间的关系;安全和自控、互控、联控之间的关系,使安全意识的能动性得到充分发挥。

3.强化三种安全管理意识

一是人本意识,人是安全生产中最富有主观能动性、创造性和积极性的要素。

二是长远意识,应警钟长鸣。长治久安是安全运输的根本所在,来不得半点松懈和麻痹。

三是辩证意识,硬性制度、严格检查和加大奖惩力度是必要的,但更需要在提高职工队伍综合素质及促进安全习惯行为的养成上下功夫。

4.通过典型示范

使班组成员学、比有榜样,赶、超有对象,牢固树立"安全生产光荣,违章违纪可耻"的观念,自觉为安全生产多做贡献。

思考题

1. 铁路运输安全管理的方针是什么？
2. 贯彻铁路运输安全管理指导方针有哪些要求？
3. 什么是感觉？什么是知觉？
4. 什么是注意？注意有哪两个基本特征？
5. 注意按其作用或功能分为哪三种情况？
6. 铁路运输安全的心理保障条件有哪些？

附录 《铁路安全管理条例》

第一章 总　则

第一条　为了加强铁路安全管理,保障铁路运输安全和畅通,保护人身安全和财产安全,制定本条例。

第二条　铁路安全管理坚持安全第一、预防为主、综合治理的方针。

第三条　国务院铁路行业监督管理部门负责全国铁路安全监督管理工作,国务院铁路行业监督管理部门设立的铁路监督管理机构负责辖区内的铁路安全监督管理工作。国务院铁路行业监督管理部门和铁路监督管理机构统称铁路监管部门。

国务院有关部门依照法律和国务院规定的职责,负责铁路安全管理的有关工作。

第四条　铁路沿线地方各级人民政府和县级以上地方人民政府有关部门应当按照各自职责,加强保障铁路安全的教育,落实护路联防责任制,防范和制止危害铁路安全的行为,协调和处理保障铁路安全的有关事项,做好保障铁路安全的有关工作。

第五条　从事铁路建设、运输、设备制造维修的单位应当加强安全管理,建立健全安全生产管理制度,落实企业安全生产主体责任,设置安全管理机构或者配备安全管理人员,执行保障生产安全和产品质量安全的国家标准、行业标准,加强对从业人员的安全教育培训,保证安全生产所必需的资金投入。

铁路建设、运输、设备制造维修单位的工作人员应当严格执行规章制度,实行标准化作业,保证铁路安全。

第六条　铁路监管部门、铁路运输企业等单位应当按照国家有关规定制定突发事件应急预案,并组织应急演练。

第七条　禁止扰乱铁路建设、运输秩序。禁止损坏或者非法占用铁路设施设备、铁路标志和铁路用地。

任何单位或者个人发现损坏或者非法占用铁路设施设备、铁路标志、铁路用地以及其他影响铁路安全的行为,有权报告铁路运输企业,或者向铁路监管部门、公安机关或者其他有关部门举报。接到报告的铁路运输企业、接到举报的部门应当根据各自职责及时处理。

对维护铁路安全作出突出贡献的单位或者个人,按照国家有关规定给予表彰奖励。

第二章　铁路建设质量安全

第八条　铁路建设工程的勘查、设计、施工、监理以及建设物资、设备的采购,应当依法进行招标。

第九条　从事铁路建设工程勘察、设计、施工、监理活动的单位应当依法取得相应资质,并在其资质等级许可的范围内从事铁路工程建设活动。

第十条　铁路建设单位应当选择具备相应资质等级的勘察、设计、施工、监理单位进行工程建设,并对建设工程的质量安全进行监督检查,制作检查记录留存备查。

第十一条　铁路建设工程的勘察、设计、施工、监理应当遵守法律、行政法规关于建设工程质量和安全管理的规定,执行国家标准、行业标准和技术规范。

铁路建设工程的勘察、设计、施工单位依法对勘察、设计、施工的质量负责,监理单位依法对施工质量承担监理责任。

高速铁路和地质构造复杂的铁路建设工程实行工程地质勘察监理制度。

第十二条 铁路建设工程的安全设施应当与主体工程同时设计、同时施工、同时投入使用。安全设施投资应当纳入建设项目概算。

第十三条 铁路建设工程使用的材料、构件、设备等产品,应当符合有关产品质量的强制性国家标准、行业标准。

第十四条 铁路建设工程的建设工期,应当根据工程地质条件、技术复杂程度等因素,按照国家标准、行业标准和技术规范合理确定、调整。

任何单位和个人不得违反前款规定要求铁路建设、设计、施工单位压缩建设工期。

第十五条 铁路建设工程竣工,应当按照国家有关规定组织验收,并由铁路运输企业进行运营安全评估。经验收、评估合格,符合运营安全要求的,方可投入运营。

第十六条 在铁路线路及其邻近区域进行铁路建设工程施工,应当执行铁路营业线施工安全管理规定。铁路建设单位应当会同相关铁路运输企业和工程设计、施工单位制定安全施工方案,按照方案进行施工。施工完毕应当及时清理现场,不得影响铁路运营安全。

第十七条 新建、改建设计开行时速120公里以上列车的铁路或者设计运输量达到国务院铁路行业监督管理部门规定的较大运输量标准的铁路,需要与道路交叉的,应当设置立体交叉设施。

新建、改建高速公路、一级公路或者城市道路中的快速路,需要与铁路交叉的,应当设置立体交叉设施,并优先选择下穿铁路的方案。

已建成的属于前两款规定情形的铁路、道路为平面交叉的,应当逐步改造为立体交叉。

新建、改建高速铁路需要与普通铁路、道路、渡槽、管线等设施交叉的,应当优先选择高速铁路上跨方案。

第十八条 设置铁路与道路立体交叉设施及其附属安全设施所需费用的承担,按照下列原则确定:

(一)新建、改建铁路与既有道路交叉的,由铁路方承担建设费用;道路方要求超过既有道路建设标准建设所增加的费用,由道路方承担;

(二)新建、改建道路与既有铁路交叉的,由道路方承担建设费用;铁路方要求超过既有铁路线路建设标准建设所增加的费用,由铁路方承担;

(三)同步建设的铁路和道路需要设置立体交叉设施以及既有铁路道口改造为立体交叉的,由铁路方和道路方按照公平合理的原则分担建设费用。

第十九条 铁路与道路立体交叉设施及其附属安全设施竣工验收合格后,应当按照国家有关规定移交有关单位管理、维护。

第二十条 专用铁路、铁路专用线需要与公用铁路网接轨的,应当符合国家有关铁路建设、运输的安全管理规定。

第三章 铁路专用设备质量安全

第二十一条 设计、制造、维修或者进口新型铁路机车车辆,应当符合国家标准、行业标准,并分别向国务院铁路行业监督管理部门申请领取型号合格证、制造许可证、维修许可证或者进口许可证,具体办法由国务院铁路行业监督管理部门制定。

铁路机车车辆的制造、维修、使用单位应当遵守有关产品质量的法律、行政法规以及国家其他有关规定，确保投入使用的机车车辆符合安全运营要求。

第二十二条 生产铁路道岔及其转辙设备、铁路信号控制软件和控制设备、铁路通信设备、铁路牵引供电设备的企业，应当符合下列条件并经国务院铁路行业监督管理部门依法审查批准：

（一）有按照国家标准、行业标准检测、检验合格的专业生产设备；

（二）有相应的专业技术人员；

（三）有完善的产品质量保证体系和安全管理制度；

（四）法律、行政法规规定的其他条件。

第二十三条 铁路机车车辆以外的直接影响铁路运输安全的铁路专用设备，依法应当进行产品认证的，经认证合格方可出厂、销售、进口、使用。

第二十四条 用于危险化学品和放射性物品运输的铁路罐车、专用车辆以及其他容器的生产和检测、检验，依照有关法律、行政法规的规定执行。

第二十五条 用于铁路运输的安全检测、监控、防护设施设备，集装箱和集装化用具等运输器具，专用装卸机械、索具、篷布、装载加固材料或者装置，以及运输包装、货物装载加固等，应当符合国家标准、行业标准和技术规范。

第二十六条 铁路机车车辆以及其他铁路专用设备存在缺陷，即由于设计、制造、标识等原因导致同一批次、型号或者类别的铁路专用设备普遍存在不符合保障人身、财产安全的国家标准、行业标准的情形或者其他危及人身、财产安全的不合理危险的，应当立即停止生产、销售、进口、使用；设备制造者应当召回缺陷产品，采取措施消除缺陷。具体办法由国务院铁路行业监督管理部门制定。

第四章 铁路线路安全

第二十七条 铁路线路两侧应当设立铁路线路安全保护区。铁路线路安全保护区的范围，从铁路线路路堤坡脚、路堑坡顶或者铁路桥梁（含铁路、道路两用桥，下同）外侧起向外的距离分别为：

（一）城市市区高速铁路为10米，其他铁路为8米；

（二）城市郊区居民居住区高速铁路为12米，其他铁路为10米；

（三）村镇居民居住区高速铁路为15米，其他铁路为12米；

（四）其他地区高速铁路为20米，其他铁路为15米。

前款规定距离不能满足铁路运输安全保护需要的，由铁路建设单位或者铁路运输企业提出方案，铁路监督管理机构或者县级以上地方人民政府依照本条第三款规定程序划定。

在铁路用地范围内划定铁路线路安全保护区的，由铁路监督管理机构组织铁路建设单位或者铁路运输企业划定并公告。在铁路用地范围外划定铁路线路安全保护区的，由县级以上地方人民政府根据保障铁路运输安全和节约用地的原则，组织有关铁路监督管理机构、县级以上地方人民政府国土资源等部门划定并公告。

铁路线路安全保护区与公路建筑控制区、河道管理范围、水利工程管理和保护范围、航道保护范围或者石油、电力以及其他重要设施保护区重叠的，由县级以上地方人民政府组织有关部门依照法律、行政法规的规定协商划定并公告。

新建、改建铁路的铁路线路安全保护区范围，应当自铁路建设工程初步设计批准之日起30日内，由县级以上地方人民政府依照本条例的规定划定并公告。铁路建设单位或者铁路运输企业应当根据工程竣工资料进行勘界,绘制铁路线路安全保护区平面图,并根据平面图设立标桩。

第二十八条 设计开行时速120公里以上列车的铁路应当实行全封闭管理。铁路建设单位或者铁路运输企业应当按照国务院铁路行业监督管理部门的规定在铁路用地范围内设置封闭设施和警示标志。

第二十九条 禁止在铁路线路安全保护区内烧荒、放养牲畜、种植影响铁路线路安全和行车瞭望的树木等植物。

禁止向铁路线路安全保护区排污、倾倒垃圾以及其他危害铁路安全的物质。

第三十条 在铁路线路安全保护区内建造建筑物、构筑物等设施,取土、挖砂、挖沟、采空作业或者堆放、悬挂物品,应当征得铁路运输企业同意并签订安全协议,遵守保证铁路安全的国家标准、行业标准和施工安全规范,采取措施防止影响铁路运输安全。铁路运输企业应当派员对施工现场实行安全监督。

第三十一条 铁路线路安全保护区内既有的建筑物、构筑物危及铁路运输安全的,应当采取必要的安全防护措施;采取安全防护措施后仍不能保证安全的,依照有关法律的规定拆除。

拆除铁路线路安全保护区内的建筑物、构筑物,清理铁路线路安全保护区内的植物,或者对他人在铁路线路安全保护区内已依法取得的采矿权等合法权利予以限制,给他人造成损失的,应当依法给予补偿或者采取必要的补救措施。但是,拆除非法建设的建筑物、构筑物的除外。

第三十二条 在铁路线路安全保护区及其邻近区域建造或者设置的建筑物、构筑物、设备等,不得进入国家规定的铁路建筑限界。

第三十三条 在铁路线路两侧建造、设立生产、加工、储存或者销售易燃、易爆或者放射性物品等危险物品的场所、仓库,应当符合国家标准、行业标准规定的安全防护距离。

第三十四条 在铁路线路两侧从事采矿、采石或者爆破作业,应当遵守有关采矿和民用爆破的法律法规,符合国家标准、行业标准和铁路安全保护要求。

在铁路线路路堤坡脚、路堑坡顶、铁路桥梁外侧起向外各1000米范围内,以及在铁路隧道上方中心线两侧各1000米范围内,确需从事露天采矿、采石或者爆破作业的,应当与铁路运输企业协商一致,依照有关法律法规的规定报县级以上地方人民政府有关部门批准,采取安全防护措施后方可进行。

第三十五条 高速铁路线路路堤坡脚、路堑坡顶或者铁路桥梁外侧起向外各200米范围内禁止抽取地下水。

在前款规定范围外,高速铁路线路经过的区域属于地面沉降区域,抽取地下水危及高速铁路安全的,应当设置地下水禁止开采区或者限制开采区,具体范围由铁路监督管理机构会同县级以上地方人民政府水行政主管部门提出方案,报省、自治区、直辖市人民政府批准并公告。

第三十六条 在电气化铁路附近从事排放粉尘、烟尘及腐蚀性气体的生产活动,超过国家规定的排放标准,危及铁路运输安全的,由县级以上地方人民政府有关部门依法责令整改,消除安全隐患。

第三十七条 任何单位和个人不得擅自在铁路桥梁跨越处河道上下游各1000米范围内围垦造田、拦河筑坝、架设浮桥或者修建其他影响铁路桥梁安全的设施。

因特殊原因确需在前款规定的范围内进行围垦造田、拦河筑坝、架设浮桥等活动的,应当进行安全论证,负责审批的机关在批准前应当征求有关铁路运输企业的意见。

第三十八条　禁止在铁路桥梁跨越处河道上下游的下列范围内采砂、淘金:

(一)跨河桥长500米以上的铁路桥梁,河道上游500米,下游3000米;

(二)跨河桥长100米以上不足500米的铁路桥梁,河道上游500米,下游2000米;

(三)跨河桥长不足100米的铁路桥梁,河道上游500米,下游1000米。

有关部门依法在铁路桥梁跨越处河道上下游划定的禁采范围大于前款规定的禁采范围的,按照划定的禁采范围执行。

县级以上地方人民政府水行政主管部门、国土资源主管部门应当按照各自职责划定禁采区域、设置禁采标志,制止非法采砂、淘金行为。

第三十九条　在铁路桥梁跨越处河道上下游各500米范围内进行疏浚作业,应当进行安全技术评价,有关河道、航道管理部门应当征求铁路运输企业的意见,确认安全或者采取安全技术措施后,方可批准进行疏浚作业。但是,依法进行河道、航道日常养护、疏浚作业的除外。

第四十条　铁路、道路两用桥由所在地铁路运输企业和道路管理部门或者道路经营企业定期检查、共同维护,保证桥梁处于安全的技术状态。

铁路、道路两用桥的墩、梁等共用部分的检测、维修由铁路运输企业和道路管理部门或者道路经营企业共同负责,所需费用按照公平合理的原则分担。

第四十一条　铁路的重要桥梁和隧道按照国家有关规定由中国人民武装警察部队负责守卫。

第四十二条　船舶通过铁路桥梁应当符合桥梁的通航净空高度并遵守航行规则。

桥区航标中的桥梁航标、桥柱标、桥梁水尺标由铁路运输企业负责设置、维护,水面航标由铁路运输企业负责设置,航道管理部门负责维护。

第四十三条　下穿铁路桥梁、涵洞的道路应当按照国家标准设置车辆通过限高、限宽标志和限高防护架。城市道路的限高、限宽标志由当地人民政府指定的部门设置并维护,公路的限高、限宽标志由公路管理部门设置并维护。限高防护架在铁路桥梁、涵洞、道路建设时设置,由铁路运输企业负责维护。

机动车通过下穿铁路桥梁、涵洞的道路,应当遵守限高、限宽规定。

下穿铁路涵洞的管理单位负责涵洞的日常管理、维护,防止淤塞、积水。

第四十四条　铁路线路安全保护区内的道路和铁路线路路堑上的道路、跨越铁路线路的道路桥梁,应当按照国家有关规定设置防止车辆以及其他物体进入、坠入铁路线路的安全防护设施和警示标志,并由道路管理部门或者道路经营企业维护、管理。

第四十五条　架设、铺设铁路信号和通信线路、杆塔应当符合国家标准、行业标准和铁路安全防护要求。铁路运输企业、为铁路运输提供服务的电信企业应当加强对铁路信号和通信线路、杆塔的维护和管理。

第四十六条　设置或者拓宽铁路道口、铁路人行过道,应当征得铁路运输企业的同意。

第四十七条　铁路与道路交叉的无人看守道口应当按照国家标准设置警示标志;有人看守道口应当设置移动栏杆、列车接近报警装置、警示灯、警示标志、铁路道口路段标线等安全防护设施。

道口移动栏杆、列车接近报警装置、警示灯等安全防护设施由铁路运输企业设置、维护;

警示标志、铁路道口路段标线由铁路道口所在地的道路管理部门设置、维护。

第四十八条 机动车或者非机动车在铁路道口内发生故障或者装载物掉落的,应当立即将故障车辆或者掉落的装载物移至铁路道口停止线以外或者铁路线路最外侧钢轨5米以外的安全地点。无法立即移至安全地点的,应当立即报告铁路道口看守人员;在无人看守道口,应当立即在道口两端采取措施拦停列车,并就近通知铁路车站或者公安机关。

第四十九条 履带车辆等可能损坏铁路设施设备的车辆、物体通过铁路道口,应当提前通知铁路道口管理单位,在其协助、指导下通过,并采取相应的安全防护措施。

第五十条 在下列地点,铁路运输企业应当按照国家标准、行业标准设置易于识别的警示、保护标志:

(一)铁路桥梁、隧道的两端;

(二)铁路信号、通信光(电)缆的埋设、铺设地点;

(三)电气化铁路接触网、自动闭塞供电线路和电力贯通线路等电力设施附近易发生危险的地点。

第五十一条 禁止毁坏铁路线路、站台等设施设备和铁路路基、护坡、排水沟、防护林木、护坡草坪、铁路线路封闭网及其他铁路防护设施。

第五十二条 禁止实施下列危及铁路通信、信号设施安全的行为:

(一)在埋有地下光(电)缆设施的地面上方进行钻探,堆放重物、垃圾,焚烧物品,倾倒腐蚀性物质;

(二)在地下光(电)缆两侧各1米的范围内建造、搭建建筑物、构筑物等设施;

(三)在地下光(电)缆两侧各1米的范围内挖砂、取土;

(四)在过河光(电)缆两侧各100米的范围内挖砂、抛锚或者进行其他危及光(电)缆安全的作业。

第五十三条 禁止实施下列危害电气化铁路设施的行为:

(一)向电气化铁路接触网抛掷物品;

(二)在铁路电力线路导线两侧各500米的范围内升放风筝、气球等低空漂浮物体;

(三)攀登铁路电力线路杆塔或者在杆塔上架设、安装其他设施设备;

(四)在铁路电力线路杆塔、拉线周围20米范围内取土、打桩、钻探或者倾倒有害化学物品;

(五)触碰电气化铁路接触网。

第五十四条 县级以上各级人民政府及其有关部门、铁路运输企业应当依照地质灾害防治法律法规的规定,加强铁路沿线地质灾害的预防、治理和应急处理等工作。

第五十五条 铁路运输企业应当对铁路线路、铁路防护设施和警示标志进行经常性巡查和维护;对巡查中发现的安全问题应当立即处理,不能立即处理的应当及时报告铁路监督管理机构。巡查和处理情况应当记录留存。

第五章 铁路运营安全

第五十六条 铁路运输企业应当依照法律、行政法规和国务院铁路行业监督管理部门的规定,制定铁路运输安全管理制度,完善相关作业程序,保障铁路旅客和货物运输安全。

第五十七条 铁路机车车辆的驾驶人员应当参加国务院铁路行业监督管理部门组织的考试,考试合格方可上岗。具体办法由国务院铁路行业监督管理部门制定。

第五十八条 铁路运输企业应当加强铁路专业技术岗位和主要行车工种岗位从业人员

的业务培训和安全培训,提高从业人员的业务技能和安全意识。

第五十九条 铁路运输企业应当加强运输过程中的安全防护,使用的运输工具、装载加固设备以及其他专用设施设备应当符合国家标准、行业标准和安全要求。

第六十条 铁路运输企业应当建立健全铁路设施设备的检查防护制度,加强对铁路设施设备的日常维护检修,确保铁路设施设备性能完好和安全运行。

铁路运输企业的从业人员应当按照操作规程使用、管理铁路设施设备。

第六十一条 在法定假日和传统节日等铁路运输高峰期或者恶劣气象条件下,铁路运输企业应当采取必要的安全应急管理措施,加强铁路运输安全检查,确保运输安全。

第六十二条 铁路运输企业应当在列车、车站等场所公告旅客、列车工作人员以及其他进站人员遵守的安全管理规定。

第六十三条 公安机关应当按照职责分工,维护车站、列车等铁路场所和铁路沿线的治安秩序。

第六十四条 铁路运输企业应当按照国务院铁路行业监督管理部门的规定实施火车票实名购买、查验制度。

实施火车票实名购买、查验制度的,旅客应当凭有效身份证件购票乘车;对车票所记载身份信息与所持身份证件或者真实身份不符的持票人,铁路运输企业有权拒绝其进站乘车。

铁路运输企业应当采取有效措施为旅客实名购票、乘车提供便利,并加强对旅客身份信息的保护。铁路运输企业工作人员不得窃取、泄露旅客身份信息。

第六十五条 铁路运输企业应当依照法律、行政法规和国务院铁路行业监督管理部门的规定,对旅客及其随身携带、托运的行李物品进行安全检查。

从事安全检查的工作人员应当佩戴安全检查标志,依法履行安全检查职责,并有权拒绝不接受安全检查的旅客进站乘车和托运行李物品。

第六十六条 旅客应当接受并配合铁路运输企业在车站、列车实施的安全检查,不得违法携带、夹带管制器具,不得违法携带、托运烟花爆竹、枪支弹药等危险物品或者其他违禁物品。

禁止或者限制携带的物品种类及其数量由国务院铁路行业监督管理部门会同公安机关规定,并在车站、列车等场所公布。

第六十七条 铁路运输托运人托运货物、行李、包裹,不得有下列行为:

(一)匿报、谎报货物品名、性质、重量;

(二)在普通货物中夹带危险货物,或者在危险货物中夹带禁止配装的货物;

(三)装车、装箱超过规定重量。

第六十八条 铁路运输企业应当对承运的货物进行安全检查,并不得有下列行为:

(一)在非危险货物办理站办理危险货物承运手续;

(二)承运未接受安全检查的货物;

(三)承运不符合安全规定、可能危害铁路运输安全的货物。

第六十九条 运输危险货物应当依照法律法规和国家其他有关规定使用专用的设施设备,托运人应当配备必要的押运人员和应急处理器材、设备以及防护用品,并使危险货物始终处于押运人员的监管之下;危险货物发生被盗、丢失、泄漏等情况,应当按照国家有关规定及时报告。

第七十条 办理危险货物运输业务的工作人员和装卸人员、押运人员,应当掌握危险货物的性质、危害特性、包装容器的使用特性和发生意外的应急措施。

第七十一条 铁路运输企业和托运人应当按照操作规程包装、装卸、运输危险货物,防止危险货物泄漏、爆炸。

第七十二条 铁路运输企业和托运人应当依照法律法规和国家其他有关规定包装、装载、押运特殊药品,防止特殊药品在运输过程中被盗、被劫或者发生丢失。

第七十三条 铁路管理信息系统及其设施的建设和使用,应当符合法律法规和国家其他有关规定的安全技术要求。

铁路运输企业应当建立网络与信息安全应急保障体系,并配备相应的专业技术人员负责网络和信息系统的安全管理工作。

第七十四条 禁止使用无线电台(站)以及其他仪器、装置干扰铁路运营指挥调度无线电频率的正常使用。

铁路运营指挥调度无线电频率受到干扰的,铁路运输企业应当立即采取排查措施并报告无线电管理机构、铁路监管部门;无线电管理机构、铁路监管部门应当依法排除干扰。

第七十五条 电力企业应当依法保障铁路运输所需电力的持续供应,并保证供电质量。

铁路运输企业应当加强用电安全管理,合理配置供电电源和应急自备电源。

遇有特殊情况影响铁路电力供应的,电力企业和铁路运输企业应当按照各自职责及时组织抢修,尽快恢复正常供电。

第七十六条 铁路运输企业应当加强铁路运营食品安全管理,遵守有关食品安全管理的法律法规和国家其他有关规定,保证食品安全。

第七十七条 禁止实施下列危害铁路安全的行为:

(一)非法拦截列车、阻断铁路运输;
(二)扰乱铁路运输指挥调度机构以及车站、列车的正常秩序;
(三)在铁路线路上放置、遗弃障碍物;
(四)击打列车;
(五)擅自移动铁路线路上的机车车辆,或者擅自开启列车车门、违规操纵列车紧急制动设备;
(六)拆盗、损毁或者擅自移动铁路设施设备、机车车辆配件、标桩、防护设施和安全标志;
(七)在铁路线路上行走、坐卧或者在未设道口、人行过道的铁路线路上通过;
(八)擅自进入铁路线路封闭区域或者在未设置行人通道的铁路桥梁、隧道通行;
(九)擅自开启、关闭列车的货车阀、盖或者破坏施封状态;
(十)擅自开启列车中的集装箱箱门,破坏箱体、阀、盖或者施封状态;
(十一)擅自松动、拆解、移动列车中的货物装载加固材料、装置和设备;
(十二)钻车、扒车、跳车;
(十三)从列车上抛扔杂物;
(十四)在动车组列车上吸烟或者在其他列车的禁烟区域吸烟;
(十五)强行登乘或者以拒绝下车等方式强占列车;
(十六)冲击、堵塞、占用进出站通道或者候车区、站台。

第六章 监督检查

第七十八条 铁路监管部门应当对从事铁路建设、运输、设备制造维修的企业执行本条例的情况实施监督检查,依法查处违反本条例规定的行为,依法组织或者参与铁路安全事故的调查处理。

铁路监管部门应当建立企业违法行为记录和公告制度,对违反本条例被依法追究法律责任的从事铁路建设、运输、设备制造维修的企业予以公布。

第七十九条 铁路监管部门应当加强对铁路运输高峰期和恶劣气象条件下运输安全的监督管理,加强对铁路运输的关键环节、重要设施设备的安全状况以及铁路运输突发事件应急预案的建立和落实情况的监督检查。

第八十条 铁路监管部门和县级以上人民政府安全生产监督管理部门应当建立信息通报制度和运输安全生产协调机制。发现重大安全隐患,铁路运输企业难以自行排除的,应当及时向铁路监管部门和有关地方人民政府报告。地方人民政府获悉铁路沿线有危及铁路运输安全的重要情况,应当及时通报有关的铁路运输企业和铁路监管部门。

第八十一条 铁路监管部门发现安全隐患,应当责令有关单位立即排除。重大安全隐患排除前或者排除过程中无法保证安全的,应当责令从危险区域内撤出人员、设备,停止作业;重大安全隐患排除后方可恢复作业。

第八十二条 实施铁路安全监督检查的人员执行监督检查任务时,应当佩戴标志或者出示证件。任何单位和个人不得阻碍、干扰安全监督检查人员依法履行安全检查职责。

第七章 法律责任

第八十三条 铁路建设单位和铁路建设的勘查、设计、施工、监理单位违反本条例关于铁路建设质量安全管理的规定的,由铁路监管部门依照有关工程建设、招标投标管理的法律、行政法规的规定处罚。

第八十四条 铁路建设单位未对高速铁路和地质构造复杂的铁路建设工程实行工程地质勘察监理,或者在铁路线路及其邻近区域进行铁路建设工程施工不执行铁路营业线施工安全管理规定,影响铁路运营安全的,由铁路监管部门责令改正,处10万元以上50万元以下的罚款。

第八十五条 依法应当进行产品认证的铁路专用设备未经认证合格,擅自出厂、销售、进口、使用的,依照《中华人民共和国认证认可条例》的规定处罚。

第八十六条 铁路机车车辆以及其他专用设备制造者未按规定召回缺陷产品,采取措施消除缺陷的,由国务院铁路行业监督管理部门责令改正;拒不改正的,处缺陷产品货值金额1%以上10%以下的罚款;情节严重的,由国务院铁路行业监督管理部门吊销相应的许可证件。

第八十七条 有下列情形之一的,由铁路监督管理机构责令改正,处2万元以上10万元以下的罚款:

(一)用于铁路运输的安全检测、监控、防护设施设备,集装箱和集装化用具等运输器具、专用装卸机械、索具、篷布、装载加固材料或者装置、运输包装、货物装载加固等,不符合国家标准、行业标准和技术规范;

(二)不按照国家有关规定和标准设置、维护铁路封闭设施、安全防护设施;

(三)架设、铺设铁路信号和通信线路、杆塔不符合国家标准、行业标准和铁路安全防护要求,或者未对铁路信号和通信线路、杆塔进行维护和管理;

(四)运输危险货物不依照法律法规和国家其他有关规定使用专用的设施设备。

第八十八条 在铁路线路安全保护区内烧荒、放养牲畜、种植影响铁路线路安全和行车瞭望的树木等植物,或者向铁路线路安全保护区排污、倾倒垃圾以及其他危害铁路安全的物质的,由铁路监督管理机构责令改正,对单位可以处 5 万元以下的罚款,对个人可以处 2000 元以下的罚款。

第八十九条 未经铁路运输企业同意或者未签订安全协议,在铁路线路安全保护区内建造建筑物、构筑物等设施,取土、挖砂、挖沟、采空作业或者堆放、悬挂物品,或者违反保证铁路安全的国家标准、行业标准和施工安全规范,影响铁路运输安全的,由铁路监督管理机构责令改正,可以处 10 万元以下的罚款。

铁路运输企业未派员对铁路线路安全保护区内施工现场进行安全监督的,由铁路监督管理机构责令改正,可以处 3 万元以下的罚款。

第九十条 在铁路线路安全保护区及其邻近区域建造或者设置的建筑物、构筑物、设备等进入国家规定的铁路建筑限界,或者在铁路线路两侧建造、设立生产、加工、储存或者销售易燃、易爆或放射性物品等危险物品的场所、仓库不符合国家标准、行业标准规定的安全防护距离的,由铁路监督管理机构责令改正,对单位处 5 万元以上 20 万元以下的罚款,对个人处 1 万元以上 5 万元以下的罚款。

第九十一条 有下列行为之一的,分别由铁路沿线所在地县级以上地方人民政府水行政主管部门、国土资源主管部门或者无线电管理机构等依照有关水资源管理、矿产资源管理、无线电管理等法律、行政法规的规定处罚:

(一)未经批准在铁路线路两侧各 1000 米范围内从事露天采矿、采石或者爆破作业;

(二)在地下水禁止开采区或者限制开采区抽取地下水;

(三)在铁路桥梁跨越处河道上下游各 1000 米范围内围垦造田、拦河筑坝、架设浮桥或者修建其他影响铁路桥梁安全的设施;

(四)在铁路桥梁跨越处河道上下游禁止采砂、淘金的范围内采砂、淘金;

(五)干扰铁路运营指挥调度无线电频率正常使用。

第九十二条 铁路运输企业、道路管理部门或者道路经营企业未履行铁路、道路两用桥检查、维护职责的,由铁路监督管理机构或者上级道路管理部门责令改正;拒不改正的,由铁路监督管理机构或者上级道路管理部门指定其他单位进行养护和维修,养护和维修费用由拒不履行义务的铁路运输企业、道路管理部门或者道路经营企业承担。

第九十三条 机动车通过下穿铁路桥梁、涵洞的道路未遵守限高、限宽规定的,由公安机关依照道路交通安全管理法律、行政法规的规定处罚。

第九十四条 违反本条例第四十八条、第四十九条关于铁路道口安全管理的规定的,由铁路监督管理机构责令改正,处 1000 元以上 5000 元以下的罚款。

第九十五条 违反本条例第五十一条、第五十二条、第五十三条、第七十七条规定的,由公安机关责令改正,对单位处 1 万元以上 5 万元以下的罚款,对个人处 500 元以上 2000 元以下的罚款。

第九十六条 铁路运输托运人托运货物、行李、包裹时匿报、谎报货物品名、性质、重量,或者装车、装箱超过规定重量的,由铁路监督管理机构责令改正,可以处 2000 元以下的罚款;情节较重的,处 2000 元以上 2 万元以下的罚款;将危险化学品谎报或者匿报为普通货物托运的,处 10 万元以上 20 万元以下的罚款。

铁路运输托运人在普通货物中夹带危险货物,或者在危险货物中夹带禁止配装的货物的,由铁路监督管理机构责令改正,处 3 万元以上 20 万元以下的罚款。

第九十七条 铁路运输托运人运输危险货物未配备必要的应急处理器材、设备、防护用品,或者未按照操作规程包装、装卸、运输危险货物的,由铁路监督管理机构责令改正,处 1 万元以上 5 万元以下的罚款。

第九十八条 铁路运输托运人运输危险货物不按照规定配备必要的押运人员,或者发生危险货物被盗、丢失、泄漏等情况不按照规定及时报告的,由公安机关责令改正,处 1 万元以上 5 万元以下的罚款。

第九十九条 旅客违法携带、夹带管制器具或者违法携带、托运烟花爆竹、枪支弹药等危险物品或者其他违禁物品的,由公安机关依法给予治安管理处罚。

第一百条 铁路运输企业有下列情形之一的,由铁路监管部门责令改正,处 2 万元以上 10 万元以下的罚款:

(一)在非危险货物办理站办理危险货物承运手续;

(二)承运未接受安全检查的货物;

(三)承运不符合安全规定、可能危害铁路运输安全的货物;

(四)未按照操作规程包装、装卸、运输危险货物。

第一百零一条 铁路监管部门及其工作人员应当严格按照本条例规定的处罚种类和幅度,根据违法行为的性质和具体情节行使行政处罚权,具体办法由国务院铁路行业监督管理部门制定。

第一百零二条 铁路运输企业工作人员窃取、泄露旅客身份信息的,由公安机关依法处罚。

第一百零三条 从事铁路建设、运输、设备制造维修的单位违反本条例规定,对直接负责的主管人员和其他直接责任人员依法给予处分。

第一百零四条 铁路监管部门及其工作人员不依照本条例规定履行职责的,对负有责任的领导人员和直接责任人员依法给予处分。

第一百零五条 违反本条例规定,给铁路运输企业或者其他单位、个人财产造成损失的,依法承担民事责任。

违反本条例规定,构成违反治安管理行为的,由公安机关依法给予治安管理处罚;构成犯罪的,依法追究刑事责任。

第八章 附 则

第一百零六条 专用铁路、铁路专用线的安全管理参照本条例的规定执行。

第一百零七条 本条例所称高速铁路,是指设计开行时速 250 公里以上(含预留),并且初期运营时速 200 公里以上的客运列车专线铁路。

第一百零八条 本条例自 2014 年 1 月 1 日起施行。2004 年 12 月 27 日国务院公布的《铁路运输安全保护条例》同时废止。

参 考 文 献

[1] 韩买良.铁路行车安全管理[M].北京:中国铁道出版社,2010.
[2] 杨炎坤.行车安全心理[M].北京:中国铁道出版社,2009.
[3] 丁国平,李丁卯.漫画安全[M].北京:中国铁道出版社,2009.
[4] 卢耀深.接发列车安全读本[M].北京:中国铁道出版社,2003.
[5] 秦进.铁路运输安全管理[M].长沙:中南大学出版社,2011.
[6] 鲁新,汤兆平.铁路货运安全概论[M].北京:中国铁道出版社,2012.
[7] 张穹,等.铁路运输安全保护条例释义[M].北京:中国铁道出版社,2005.
[8] 冯春祥,等.车务系统行车作业应急处置[M].北京:中国铁道出版社,2012.
[9] 杨涛,等.动车组客运岗位培训适用性教材[M].北京:中国铁道出版社,2014.
[10] 王越.铁路客运组织[M].北京:人民交通出版社,2013.
[11] 李惠玲.城市轨道交通安全管理[M].北京:人民交通出版社,2011.